교회를 세우는
다니엘 강해

Today's Sermon Series

신동식 지음

신동식

저자는 삶의 모든 영역에 하나님의 주인 되심을 증거하는 것을 소명으로 삼고 살아가는 전도자이며, 늘 정직한 질문을 던지고 성경을 통하여 정직한 답을 추구하는 탐구자이자 진리에 대하여 결코 양보하지 않고 정직하게 선포하는 설교자이다.

총신대신학대학원과 Reformed Bible College & Seminary(D.Miss)에서 수학했으며, 현재 기독교윤리실천운동 교회신뢰운동본부장, 문화와설교연구원과 개혁파선교협의회(RMA) 대표로 섬기고 있다. 실천의 현장으로서 고양시 덕양구 주교동에서 빛과소금교회를 섬기고 있다.

주요 저서로 『정직한 질문 정직한 답변』(토라), 『신뢰받는 교회를 위한 30일 여정』(예영커뮤니케이션), 『쉬운 창세기』 외 15권(프리셉트), 『변화는 가능하다』, 『믿음의 유일한 근거, 십자가』, 『청년, 길을 찾다』, 『기독교 세계관이 상실된 세상에서』, 『빠름에서 바름으로』, 『선교는 교회 세움이다』, 『도피 성도』, 『팬데믹과 교회격변』, 『비전인가, 욕망인가』(이상 우리시대) 등이 있으며 설교사역과 왕성한 저작 및 강연 활동을 하고 있다.

교회를 세우는
다니엘 강해

Today's Sermon Series

차 례

서문

『교회를 세우는 요한계시록 강해』를 출간한 후 자연스럽게 구약의 예언서인 에스겔서와 다니엘서 강해에 대한 요청이 있었습니다. 요한계시록을 이해하는 데 에스겔서와 다니엘서가 매우 중요하기 때문입니다. 동시에 에스겔서와 다니엘서를 이해하는 데에도 요한계시록이 중요합니다.

이러한 관계성으로 인해 에스겔서와 다니엘서를 설교하게 되었습니다. 그리고 오랜 시간에 걸쳐 에스겔서와 다니엘서 강해 설교를 마칠 수 있었습니다.

우선 분량이 다소 적은『다니엘 강해』를 먼저 출판하려고 합니다. 이후에 에스겔서가 출판되면 예언서에 대한 균형 잡힌 시각을 갖게 될 것입니다.

지역 교회 설교자로 섬기면서 성경 각 권을 설교할 수 있는 특권을 가졌습니다. 긴 시간 동안 함께 말씀을 나누고 있는 성도들에게 너무 고맙고 감사합니다.

매주 설교하였던 다니엘서를 통하여 하나님의 위대한 구원 계획을 살필 수 있었습니다. 이제 한 권의 책으로 함께 나눌 수 있게 됨에 또한 감사합니다.

다니엘서는 역사와 예언의 조화가 있는 말씀입니다. 하나님의 사람 다니엘을 통하여 보여주시는 하나님의 구원 계획은 오늘을 살아가는 우리들에게 큰 힘이 됩니다. 앞서 출판된 요한계시록 강해와 함께 읽는다면 더 큰 도움이 되리라 생각합니다.

한편 한편의 설교를 준비하고 기도하며 증거하였던 시간들이 생각이 납니다. 이 작은 설교집이 하나님의 뜻을 알아가는 길에 작은 도움이 되기를 기도합니다.

이 책을 만들기 위하여 수고한 권혜영 편집장과 교열 교정으로 섬긴 허우주 형제 그리고 디자인으로 책을 예쁘게 만들어 준 김선 자매에게 감사를 드립니다. 또한 설교에 회중으로 함께하였던 빛과소금교회 성도들에게 진심을 다하여 감사드립니다. 언제나 그랬듯이 묵묵히 기도와 사랑으로 함께한 아내와 자녀들에게도 고마움을 전합니다.

그러나 이 모든 것은 하나님의 은혜이며 사랑입니다. 모든 것이 주께로부터 왔음을 잘 알고 있습니다. 참으로 감사하고 영광을 돌립니다.

2024년 6월 1일
소명의 땅 원당에서
신동식 목사

1장

하나님은 성도의 삶을 인도해 주십니다.
우리는 하나님 없이 살 수 없습니다.
우리 주님이 우리를 인도하여 주십니다.
성도는 이 사실을 확신하는 자입니다.
다니엘과 세 친구가 담대하게 목숨까지도 내놓으며
뜻을 정할 수 있었던 것은
바로 하나님이 인도하심을 알고 있었기 때문입니다.

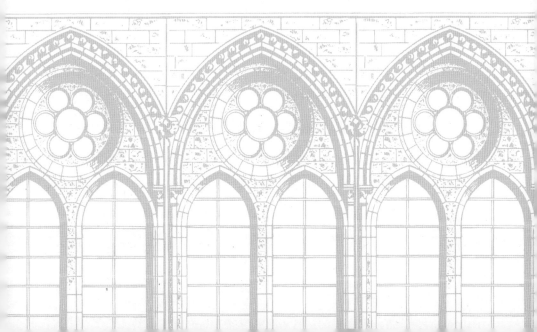

바벨론의 문화전쟁 (단 1:1-7)

　다니엘은 바벨론 포로기부터 포로 후까지 모든 시간을 아울렀던 선지자 중 한 사람입니다. 어쩌면 격동의 시간을 몸소 체험했다고 할 수 있습니다. 하나님은 이러한 다니엘을 통하여 하나님 나라를 알려주셨습니다. 다니엘서는 이스라엘의 역사만이 아니라 종말의 역사까지 보여주신 말씀입니다. 계시록을 쓴 요한 역시 다니엘의 말씀을 잘 알고 인용하고 있음을 봅니다.

　다니엘서는 총 12장으로 되어 있습니다. 내용상 1장과 2-7장, 8-12장의 세 부분으로 나눌 수 있습니다. 1장에는 다니엘의 개인적인 배경이 기록되어 있습니다. 2-7장은 이방 세력들의 지배 순서에 대한 예언입니다. 8-12장은 이스라엘의 미래에 대한 예언입니다. 다니엘서는 이러한 순서로 하나님께서 역사를 움직이심을 보여주는 말씀입니다.

　다니엘서의 전체적인 주제는 세상의 주권자는 하나님이시고 마침내 하나님께서 그의 백성을 모으시고 통치하심입니다. 비록 이방 국가들의 지배가 주님 재림까지 계속되겠지만, 의의 왕인 그리스도가 오셔서 만국을 통치하신다는 사실입니다.(단 2:35, 45, 7:13-14) 다니엘서는 환상을 통하여 주신 말씀에 있어서 역사적 순서를 가지고 있습니다. 의의 왕 그리

　　　　　　　　　　　　　　　교회를 세우는 다니엘 강해

스도가 오기까지의 역사적 질서를 말씀합니다.

저자

본서의 저자는 다니엘입니다. "나 다니엘이 이 환상을 보고 그 뜻을 알고자 할 때에 사람 모양 같은 것이 내 앞에 섰고"(단 8:15)라고 말하였습니다. 이러한 모습은 8:27, 9:2, 10:2, 7, 12:4-5에서 볼 수 있습니다. 다니엘은 세 친구와 함께 포로로 잡혀 왔지만, 크게 성공하였습니다. 다니엘은 두 제국 바벨론(2:48)과 메대-바사 제국(6:1-2)에서 신임을 받았습니다. 예수님도 다니엘을 인정합니다. "그러므로 너희가 선지자 다니엘이 말한 바 멸망의 가증한 것이 거룩한 곳에 선 것을 보거든 (읽는 자는 깨달을진저)"(마 24:15) 그러므로 다니엘서의 저자는 다니엘이 분명합니다. 다니엘서가 기록될 때의 공용어는 아람어였습니다. 다니엘서는 아람어로 기록되었습니다. 다니엘은 고국을 떠나왔지만 믿음의 모습에서 흔들리지 않고 있음을 볼 수 있습니다.(단 6:10)

역사적 배경

다니엘이 처한 역사적 배경은 1절에 잘 나타나 있습니다. 통일 이스라엘은 여로보암과 르호보암 시기에 남쪽 유다와 북쪽 이스라엘로 분단됩니다. 그리고 북쪽 이스라엘은 주전 722년에 앗수르에 의해 약 209년 만에 망합니다. 남쪽 유다는 주전 586년에 멸망합니다. 그러나 멸망하기 전이미 바벨론에 의하여 세 차례나 공격을 받고 백성들은 포로로 잡혀 갑니다.

좀 더 세밀하게 역사적 상황을 보겠습니다. 다니엘이 포로로 잡혀가야 했던 시대는 유다왕 여호야김 때입니다. 여호야김과 바벨론의 왕 느부갓 네살은 매우 불완전한 관계를 유지합니다.(왕하 24:1-5) 예루살렘을 침공 한 느부갓네살은 유다에 있어서는 가장 치욕스러운 일을 행합니다. 그것 은 전리품으로 하나님의 전 기구와 이스라엘의 왕족과 귀족을 데리고 간 것입니다.(2-4절) 앞으로 진행되는 사건을 통해서 알 수 있지만, 하나님을 위하여 쓰여졌던 전의 기구들이 이방인들의 행사 도구로 전락하고 말았 습니다. 결국 이스라엘의 성전을 짓밟음으로 정신적 뿌리를 없애려고 한 것입니다.

다니엘은 1차 예루살렘 침공 시기인 주전 606/605년에 포로로 잡혀갑 니다. 그리고 여호야김의 반란으로 인하여 바벨론의 2차 침공을 받습니 다. 이때가 주전 598년입니다. 이 시기에 에스겔이 잡혀갑니다. 그리고 시드기야가 왕이 되어 통치합니다. 그러나 시드기야도 바벨론에 반란을 일으킵니다. 결국 주전 587/586년에 이스라엘은 완전히 망하고 맙니다. 그런 후에 바벨론에 포로로 잡혀간 햇수를 계산할 때 70년 뒤인 주전 539 년 바벨론이 메대-바사에 의하여 망하게 됨으로 이스라엘은 포로에서 해 방됩니다. 다니엘은 이때까지 생존합니다. 그리고 주전 536년까지 하나 님의 말씀을 전합니다.

이스라엘이 받을 징계는 이미 히스기야에게 보여주셨습니다. 교만하였 던 히스기야는 바벨론의 외교 사절단에게 왕궁과 성전의 모든 기물을 보 여주었습니다. 이로 인하여 하나님은 심판을 하셨습니다. 그러나 히스기 야에게는 하지 않겠다고 하셨습니다.

"보라 날이 이르리니 네 집에 있는 모든 소유와 네 조상들이 오늘까지 쌓아 둔 것이 모두 바벨론으로 옮긴 바 되고 남을 것이 없으리라 여호와의 말이니라 또 네게서 태어날 자손 중에서 몇이 사로잡혀 바벨론 왕궁의 환관이 되리라 하셨나이다 하니"(사 39:6-7)

다니엘과 세 친구들의 포로 됨은 바로 히스기야에게 내리셨던 징계가 이뤄졌음을 보여줍니다.

"주께서 유다 왕 여호야김과 하나님의 전 그릇 얼마를 그의 손에 넘기시매 그가 그것을 가지고 시날 땅 자기 신들의 신전에 가져다가 그 신들의 보물 창고에 두었더라"(2절)

이렇게 이스라엘은 수치를 당하게 됩니다. 그때 느부갓네살은 환관장 아스부나스에게 데려올 인재의 조건을 제시합니다. 첫째, 왕족과 귀족이어야 합니다. 둘째, 육체적으로 흠이 없고 용모가 아름다워야 합니다. 셋째, 지혜와 지식과 학문에 통찰력이 있고 익숙하여야 합니다. 넷째, 왕궁에 설만 한 자격이 있어야 합니다.

상당히 까다로운 조건입니다. 환관장은 이스라엘의 왕족과 귀족 가운데 모든 자격을 갖춘 소년을 찾아야 했습니다. 본문에는 그 과정이 없지만 상당한 시간 동안 찾았을 것입니다. 그리고 마침내 네 사람이 발탁되었습니다. 물론 네 사람뿐 아니라 몇몇이 있었습니다. 그러나 하나님의 손은 네 친구들과 함께하셨습니다. 네 사람은 이러한 모든 조건을 통과하였습니다. 그러나 환관장 아스부나스가 모르는 것이 있었습니다. 이들의 신앙입니다. 그 무엇과도 바꿀 수 없는 신앙이 이들에게 있었습니다. 만약 조건 가운데 신앙이 없어야 한다고 하였다면 결코 발탁될 수 없었을 것입니다.

이스라엘의 왕족과 귀족을 데려감은 더 이상 배반할 수 없도록 왕족과 인재들을 없애버린 것과 같습니다. 또한 이러한 정책은 포로들의 반란을 잠재우는 효과도 있습니다. 바벨론에 잡혀온 청소년 가운데 건강하고 용모가 아름답고, 지혜와 지식에 출중한 이들을 선발해 바벨론 사람의 학문과 언어를 가르치게 합니다.(4절) 학문과 언어는 사람의 본질을 바꾸는 일이 됩니다.

예를 들면 한국어는 토씨를 사용합니다. 그래서 글의 순서가 변해도 토씨에 따라 이해가 됩니다. "나는 너를 사랑한다, 사랑한다 나는 너를, 너를 사랑한다 나는" 이 말에서 주어와 동사와 목적어를 다 알 수 있습니다. 그러나 영어는 논리언어입니다. "I LOVE YOU, YOU LOVE I, LOVE YOU I." 영어는 순서가 바뀌면 주어, 목적어, 동사가 바뀌거나 말이 되지 않습니다. 그러므로 혈통이 같아도 언어가 다르면 다른 사람이라 할 수 있습니다. 언어의 교육은 근간부터 바꾸는 교육입니다. 그리고 바벨론의 학문은 바벨론 역사를 집중적으로 교육했다고 볼 수 있습니다. 철저하게 바벨론화하여 사용하고자 함입니다.

또한 왕이 지정하여 그들에게 왕의 음식과 포도주를 날마다 마실 수 있도록 하였습니다. 이 일을 3년 동안 하였습니다.(5절) 이들은 나이가 14-15세 전후인 똑똑한 청소년들이었으며 언어와 학문을 빠르게 습득했을 것입니다. 이들 가운데 다니엘과 하나냐, 미사엘, 아사랴가 있었습니다.(6절)

교회를 세우는 다니엘 강해

그런데 환관장이 이들의 이름을 개명합니다. 창씨개명은 이들의 뿌리부터 흔들어서 바벨론의 국민으로 만들려는 계획입니다. 아주 치밀하고 철저한 과정입니다. 이러한 유혹에 넘어가지 않을 사람이 얼마나 되겠습니까? 환관장이 창씨개명한 내용을 보면 더욱 그러합니다.

이들의 이름에서 이들의 신앙을 엿볼 수 있습니다. 그런데 개명된 이름은 철저하게 신앙을 지우게 합니다. 다니엘과 세 친구들의 이름이 변한 것을 통하여서도 분명히 나타납니다. '다니엘'은 '하나님은 나의 재판자이시다'라는 뜻이지만 '벨드사살'은 '벨이여 그의 생명을 보존하소서'라는 의미입니다. '미사엘'은 '하나님 같은 분 누구인가?'라는 뜻인 반면 '메삭'은 '아쿠(수메르의 월신) 같은 자 누구인가?'라는 의미를 갖고 있습니다. '하나냐'는 '하나님은 은혜로우시다'라는 의미이지만, '사드락'은 '달의 신인 아쿠가 명령한다', 아사랴는 '여호와께서 도우셨다'는 의미이며, 아벳느고는 '바벨론의 신 느고의 종'이라는 뜻입니다.

이름을 개명함으로 민족과 신앙의 정체성을 없애려는 의도입니다. 어린 시절부터 준비한 이들의 계략입니다. 바벨론의 준비는 참으로 무서웠습니다. 하지만 하나님은 이 모든 것을 의미 없게 하셨습니다. 무지한 정치 권력자들의 불순종으로 나라를 빼앗겼지만, 하나님의 회복의 역사는 전혀 다른 곳에서 일어나고 있었습니다. 바벨론은 자신들의 계략을 통해서 이스라엘의 인재들을 모두 없애고 바벨론 국민으로 만들려고 하였습니다. 이들이 쓴 방법은 다양한 영역에서 여전히 사용되고 있습니다.

하나님의 섭리

포로 기간 동안 에스겔과 다니엘 그리고 하나냐, 미사엘, 아사랴는 하나님의 말씀을 전하는 통로였습니다. 이들은 고난의 현장에 살아야 했습니다. 어린 소년들은 통치자들의 불순종과 오만함으로 인하여 타지에서 살아야 했습니다. 그런데 이들은 이방의 땅에서 하나님을 위한 빛나는 별이 되었습니다. 어떻게 이런 일이 일어났습니까? 다니엘서는 그 비밀을 알려주고 있습니다. 앞으로 다니엘서를 살피면서 우리는 고난 가운데 영광을 얻는 길이 무엇인지를 알게 될 것입니다.

다니엘과 세 친구들에게 벌어진 일을 통하여 하나님은 분명한 교훈을 주십니다. 첫째, 세상이 하나님 나라를 대적하는 방법이 얼마나 교묘한지를 보여줍니다. 그리고 이러한 전략을 기억하고 분별하고 물리쳐야 한다는 말씀입니다.

일본이 우리나라를 침략하였던 시대에 행한 강압통치 가운데 하나가 바로 한글사용 금지, 창씨개명과 황국신민화였습니다. 조선인을 일본인화시키는 것으로 학교에서 한글을 금지하고 일본어를 가르치면서 시작되었습니다. 아직도 그 잔재가 남아 일상 언어 중에 여전히 일본어가 존재합니다. 일본의 지배에서 성공하려면 일본 성을 써야 했습니다. 친일파들은 모두 일본 성을 가졌습니다.

이탈리아의 네오마르크스주의자였던 안토니오 그람시는 마르크스 사상의 문화와 교육을 통하여 세상을 전복하고자 하였습니다. 이때 그가 쓴 문화전략이 제도권을 향한 전진으로 유명한 진지전 전략입니다. 교육과 문화의 영역으로 침투하여 오랜시간 동안 진지를 구축하여 영역을 전복하는 사상입니다.

　　　　　　　　　　　교회를 세우는 다니엘 강해

둘째, 언어와 부귀와 개명은 한 사람의 정체성을 뿌리부터 없애는 일입니다. 언어는 말입니다. 말은 그 사람의 정체성을 세우는 일입니다. 우리의 입술에서 무슨 말이 나를 지배하고 있는지 살펴보아야 합니다. 말은 그 사람이기 때문입니다. 우리의 입술이 말씀으로 가득 차고, 감사로 풍성해지기를 소망합니다.

부귀에 영혼을 빼앗기면 안 됩니다. 달콤한 것에 맛들기 시작하면 헤어날 길이 없습니다. 사단은 항상 배부른 돼지를 만들고자 합니다. 세상이 주는 즐거움에 빠져서 하나님 나라를 바라보지 못하면 마침내 슬피 울며 이를 가는 날을 맞이하게 됩니다.

우리는 그리스도인이라는 자랑스러운 이름을 가졌습니다. 그리스도인의 자부심을 가져야 합니다. 그리고 그리스도의 이름이 먹칠당하지 않도록 더욱 지혜와 지식이 필요합니다. 하나님이 우리에게 능력을 주심은 하나님을 영화롭게 하고 이웃을 사랑하기 위함임을 잊지 말아야 합니다. 그 능력을 오직 나만 위하여 사용한다면 그것은 그리스도인의 이름을 부끄럽게 만드는 일입니다.

셋째, 바벨론의 동화정책은 문화전쟁의 한 모습입니다. 문화를 통해 하나님을 지우려는 전략입니다. 이 전쟁은 여전히 진행중이며 주님 오시는 그날까지 계속될 것입니다. 사단은 지혜를 가진 자를 자신의 노예로 삼습니다. 그리고 그 지혜를 문화와 교육을 비롯한 모든 영역으로 가지고 갑니다. 그래서 배운 자들이 하나님을 대적하게 합니다. 철저하게 인본주의자가 되게 하여서 하나님과 교회를 무시하게 합니다. 그러기에 똑똑하다고 하는 이들을 조심해야 합니다. 그들이 가진 도구가 하나님과 교회를 허무는 데 사용된다면 그들을 정확하게 분별할 수 있어야 합니다.

화란의 아브라함 카이퍼 목사는 그리스도인이 삶의 모든 영역에 하나님의 주권을 선포해야 한다고 하였습니다. 모든 영역에서 문화전쟁이 있음을 의미하였습니다. 모든 영역에 하나님의 주권을 선포하기 위해서 무엇보다도 성경적 세계관으로 투철하게 무장해야 합니다. 세상을 이기는 지혜는 말씀을 통하여 성령께서 주심을 믿어야 합니다.

오늘도 이름을 바꾸고, 교육을 바꾸고, 문화를 주도하는 일을 합니다. 여기에 그리스도인의 준비가 없으면 그 달콤한 유혹과 물량 공세에 노예가 될 것입니다. 그러므로 성경적 세계관으로 무장하는 일이 정말 중요합니다. 시대의 사상과 성경의 가르침을 면밀하고 정직하게 살펴야 합니다. 그러지 않으면 시대의 사상과 문화에 사로잡히고 맙니다.

이 땅에 하나님 나라를 건설하는 일은 결코 쉽지 않습니다. 더욱이 성경의 가치가 부정되는 시대입니다. 교회 안에 있다는 것이 안전을 보장하지 않습니다. 더욱 말씀을 붙잡고 견고해져야 합니다. 특별히 교회학교 교육이 중요합니다. 교회마다 교회학교를 세워서 성경적 세계관에 입각한 교육을 하는 것이 절실히 필요한 시대라고 생각합니다.

바벨론에서 보여준 시대 상황을 분명하게 인식하고 모든 것을 그리스도의 십자가 앞에 무릎 꿇게 하는 일이 필요합니다. 이 일에 더욱 분명한 믿음의 고백이 필요합니다. 그리고 우리 모두 이 일에 쓰임받기 위해 더욱 믿음으로 준비해야 합니다. 주님의 은혜가 우리 가운데 임하기를 소망합니다.

교회를 세우는 다니엘 강해

뜻을 정하여 (단 1:8-16)

본문은 바벨론 제국에 포로로 잡혀간 이스라엘 백성들의 증언입니다. 특히 우리가 잘 알고 있는 다니엘과 세 친구의 사건이 그 중심에 있으며 놀라운 역사적 예언이 기록되어 있는 성경입니다. 그래서 다니엘서를 묵시문학의 한 형태라 합니다. 미래에 일어날 일을 기록하고 있기 때문입니다.

다니엘서는 주전 605년 여호야김 3년에 일어난 사건을 기록하고 있습니다. 이스라엘 백성들을 포로로 삼은 바벨론 왕 느부갓네살은 포로로 잡은 이스라엘의 소년들 중에서 왕족과 귀족 몇 사람을 왕궁에 있게 하기 위하여 뽑습니다. 그리고 그들에게 갈대아 사람, 즉 바벨론의 학문과 방언을 가르칩니다. 이렇게 하는 것은 빨리 동화시키기 위합니다. 어릴 적부터 교육시켜서 갈대아 사람을 섬기게 하려는 의도입니다. 이런 상황 가운데 느부갓네살의 신하들은 뽑힌 소년들을 훈련시키기 위하여 최상의 것을 공급합니다.

특별히 느부갓네살은 자신이 직접 지정하여 자신의 진미와 자신이 마시는 포도주를 주어 마시게 합니다. 이것은 엄청난 대우입니다. 그런데 다니엘과 세 친구는 아주 놀라운 결정을 합니다. 뜻을 정하여 진미와 포도주를 먹지 않음으로 자신을 더럽히지 않을 것을 결정합니다. 그리고 자신 있게 채소만을 먹을 테니 다른 이들과 시험해 보라고 합니다. 그리고 열흘 후에 15절에 기록된 것과 같이 놀라운 일이 일어납니다.

다니엘서는 바로 이러한 다니엘과 세 친구의 신앙적 결단과 하나님의 긍휼과 은혜로우심으로 시작되고 있습니다. 이러한 하나님의 살아계심이 나타난 본문은 우리에게 중요한 도전과 결단을 요구하고 있습니다. 다니엘과 같이 뜻을 정하기를 촉구하고 있는 것입니다. 본문을 통하여 우리에게 말씀하시는 교훈이 무엇인지 함께 살펴보고자 합니다.

첫째, 믿음으로 세상의 유혹을 극복할 때 하나님의 역사가 일어납니다. 이것은 매우 중요한 가르침입니다. 다니엘이 처한 환경은 어느 모로 보나 정상적인 환경은 아니었습니다. 그러나 다니엘은 자신에게 주어진 환경에서 하나님의 자녀로 부끄러움이 없는 모습을 보여 주었습니다. 그리고 하나님의 살아계심의 역사를 이룬 것입니다.

다니엘이 처한 환경은 세 가지로 정리할 수 있습니다. **우선 자유와 주권이 없는 포로의 환경이었습니다.** 자신의 뜻대로 행동하는 것은 불가능합니다. 먹으면 먹어야 되고 절하면 절해야 하는 상황입니다. 우리나라가 일제 식민지였을 때 교회가 일본 신사 앞에서 절을 하면서 눈물을 흘린 것은 바로 포로가 되어 자유와 주권을 빼앗겼기 때문입니다. **둘째, 혼합되어 더럽혀질 수 있는 환경이었습니다.** 바벨론의 책략을 보십시오. 4절 하반절은 이들에게 갈대아인의 학문과 방언, 즉 언어를 가르칩니다. 그리

교회를 세우는 다니엘 강해

고 7절은 이들의 이름을 바꿉니다. 다시 한번 더 그들의 이름을 살펴보겠습니다.

다니엘은 '하나님은 나의 심판관이시다', 하나냐는 '여호와의 은혜'입니다. 미사엘은 '하나님은 강한 분이시다', 아사랴는 '여호와는 도움'입니다. 이들의 이름에서 이들의 신앙을 엿볼 수 있습니다. 그런데 개명된 이름은 철저하게 신앙을 지워버리게 합니다. 벨드사살(다니엘)은 "벨이여 그의 생명을 보존하소서", 사드락(하나냐)은 "달의 신인 아쿠가 명령한다", 메삭(미사엘)은 "아쿠 같은 분이 어디 있느냐" 아벳느고(아사랴)는 "느고의 종"이라는 의미입니다.

아주 철저하게 개조시키려는 준비입니다. 이것은 이방 민족으로의 동화 정책입니다. 우리나라도 일제 식민지 때에 일본이 이러한 정책을 폈던 것을 알고 있습니다. 내선일체, 황국신민화라는 미명 아래 시행된 간사한 술책이었습니다. 이렇게 하는 것은 빨리 자신의 것을 잊어버리고 이방의 문화로 예속되기를 소망하는 것입니다. **셋째, 세상적으로 성공할 수 있는 좋은 기회가 주어진 환경입니다.** 이것은 포로 생활 가운데 얻을 수 있는 특권입니다. 비록 매국노란 말을 듣지만 편안하게 살 수 있는 것입니다.

다니엘은 이러한 환경 가운데서 놀라운 결정을 합니다. 그것은 이 모든 것을 극복하는 결정입니다. 왕이 먹으라고 한 진미를 먹지 않겠다는 결정입니다. 이것은 생명을 내놓는 것입니다. 성공하여 잘 살 수 있는 기회를 포기합니다. 성공보다 하나님의 자녀답게 살기로 결정합니다. 어떻게 보면 다니엘은 차려 놓은 밥그릇을 차버리는 것같이 보입니다. 그러나 다니엘의 이러한 결정은 위대한 것입니다. 다니엘과 세 친구의 이러한 결정은 금 신상에게 절해야 하는 문제가 있을 때 믿음을 지킬 수 있게 하였습니다. 하나님의 은혜로 총리가 된 다니엘이 왕인 다리오의 어인이 찍힌 조서를 보고도 하루에 세 번씩 하나님께 기도할 수 있었던 것도 이러한 결정에 있었습니다. 죄는 죄를 낳기 때문입니다.

세상은 끊임없이 우리를 유혹의 길로 이끕니다. 우리를 세상의 포로로 삼고 세상에 동화시키려고 합니다. 그러나 이러한 유혹은 결단코 기쁨의 삶을 살게 하지 못합니다. 시작은 그럴듯하나 반드시 불행한 최후를 맞이하게 됩니다. 이 세상의 역사도 이러한 자를 부끄럽게 여깁니다. 하물며 공의로우신 하나님의 심판은 더욱 예리하게 적용되는 것입니다.

그러나 눈에 보이는 환경을 초월하여 하나님의 거룩한 뜻에 순종하면 하나님의 역사를 맛볼 수 있습니다. 다니엘과 세 친구의 결정에 따른 놀라운 역사하심을 보시기 바랍니다. 15절에 보면 그들의 얼굴이 더욱 아름답고 살이 더욱 윤택했다고 말합니다. 이것이 어찌 외모뿐이겠습니까? 우리의 영혼의 문제도 동일합니다. 자신의 몸과 영혼을 더럽히지 않는 자는 아무것도 없는 것 같으나 얼굴에 웃음과 평화가 흘러나옵니다. 결코 불행한 자가 아닙니다. 이것이 신앙의 역사요 기적입니다. 이것은 우리 자신에게만 나타나는 것이 아닙니다. 하나님만을 의지할 때 세상은 우리를 칭송합니다.

19, 20절을 보시기 바랍니다. 이것이 바로 보이는 환경을 초월하여 신앙을 지킨 자들의 아름다움입니다. 이 아름다움이 바로 우리들의 열매가 되어야 합니다. 눈에 보이는 것을 부러워하거나 두려워하여 하나님을 저버리는 어리석은 행동을 해서는 안 됩니다. 우리 주님도 사단으로부터 시

교회를 세우는 다니엘 강해

험을 받았으나 이기셨습니다. 예수님의 가르침을 받은 사도들은 사람보다 물질보다 하나님을 두려워했습니다. 물 위를 걸어오시는 주님께서 베드로의 믿음 없음을 책망하신 것은 바로 주님을 보지 않고 환경을 보았기 때문입니다. 우리가 바라보아야 할 것은 모든 것의 주인 되시는 여호와 하나님입니다. 우리 모두가 이러한 믿음의 뜻을 정하기를 소망합니다.

둘째, 성도는 하나님이 인도하여 주십니다. 본문을 통하여 얻을 수 있는 또 하나의 교훈은 성도는 하나님이 인도하여 주신다는 것입니다. 우리는 이것 없이 살 수가 없습니다. 우리 주님이 우리를 인도하여 주십니다. 성도는 이 사실을 확신하는 자입니다. 다니엘과 세 친구가 담대하게 목숨까지도 내놓으며 뜻을 정할 수 있었던 것은 바로 하나님이 인도하심을 알고 있었기 때문입니다.

9절을 보시기 바랍니다. 뜻을 정한 다니엘에게 하나님은 은혜와 긍휼을 주십니다. 환관장의 마음을 움직이신 것입니다. 식민지 포로에게 있어서 상상할 수 없는 일이 일어난 것입니다. 바로 하나님의 인도하심입니다. 17절을 보시기 바랍니다. 다니엘과 세 친구에게 지혜와 명철을 주십니다. 믿음을 지킨 자들에게 주시는 선물입니다. 사실상 우리는 하나님의 인도하심이 없이는 살 수 없는 존재들입니다. 우리의 지혜와 명철도 하나님이 주셔야 합니다. 우리가 잘 아는 3:16-18까지의 믿음의 위대한 결단은 바로 이러한 하나님의 인도하심을 확신하는 자의 자연스러운 모습입니다. 시편기자는 이렇게 말합니다. "여호와께 힘을 얻고 그 마음에 시온의 대로가 있는 자는 복이 있다"(시 84:5)고 노래하였습니다. 그러므로 시인은 "주의 궁정에서 한 날이 다른 곳에서 천 날보다 나은즉 악인의 장막에 거함보다 내 하나님 문지기로 있는 것이 좋사오니"(시 84:10)라고 한 것입니다.

성도는 하나님께서 지켜주십니다. 이것은 변함없는 약속입니다. 아브라함에게 하셨던 약속입니다. 그리고 그리스도가 이루신 약속입니다 주님은 "너희는 마음에 근심하지 말라 하나님을 믿으니 나를 믿으라"고 하셨습니다. "그러므로 세상에서 환난을 당하나 담대하라 내가 세상을 이기었다"고 하셨습니다. 이것이 바로 성도의 삶의 진정한 모습입니다. 다니엘이 위대한 것이 아닙니다. 다니엘과 세 친구를 지켜주신 하나님이 위대하십니다. 그리고 그 하나님이 예수 그리스도를 통하여 우리에게 오셨습니다. 주님은 "수고하고 무거운 짐진 자들아 다 내게로 오라 내가 너희를 쉬게 하리라"(마 11:28)고 말씀하셨습니다. 우리의 부족하고 부끄러운 모습을 뒤로하시고 우리에게 참 안식을 주십니다. 상한 갈대를 꺾지 아니하며 꺼져가는 심지를 끄지 아니하기를 심판하여 이길 때까지 지켜 주신다고 하셨습니다.(마 12:20) 이 주님을 굳게 붙잡고 나아감으로 승리의 삶을 누리는 복이 있기를 소망합니다.

우리는 다니엘과 세 친구의 모습을 통하여 우리에게 말씀하시는 하나님의 가르침을 보았습니다. 신앙은 환경을 초월할 때 하나님의 역사를 맛볼 수 있음을 보았습니다. 초월하는 것이 그렇게 쉽지 않습니다. 그러나 환경에 얽매이고 세상에 갇혀 살면 영적인 행복을 결코 누릴 수 없습니다. 그러므로 다니엘과 세 친구처럼 뜻을 정하는 것이 필요합니다. 하나

교회를 세우는 다니엘 강해

님을 위하여 어떻게 살 것인지 개인적인 결단을 내려야 합니다.

　하나님은 살아계신 하나님입니다. 죽은 하나님이 아니요 거짓의 하나님이 아닙니다. 우리 하나님은 살아계셔서 자신의 자녀들을 인도하시는 분입니다. 지치고 힘든 자들에게 쉼을 주시는 분입니다. 환난 가운데 담대함을 주시는 분입니다. 염려하지 말라고 하시는 분입니다. 우리를 사랑 가운데서 지켜주시는 분입니다. 바로 우리가 믿고 있는 독생하신 하나님입니다.

　이제 우리 뜻을 정합시다. 하나님을 위하여 헌신하겠다고 고백합시다. 우리를 인도하시는 분은 우리를 결코 포기하지 않으시는 주님이십니다. 이 주님을 위하여 우리의 남은 생애를 드립시다. 세상에 더럽혀지는 것을 과감하게 거부합시다. 그리고 거짓과 부패로 뒤덮인 세상을 향하여 하나님의 공의로우심을 나타냅시다. 이것이 오늘 우리에게 말씀을 통하여 주신 가르침입니다.

세상에서 그리스도인답게 사는 법
(단 1:8-16)

사방이 다 막혀있다고 생각할 때 어떻게 해야 하겠습니까? 당황스럽고 무서울 수 있습니다. 이때 한 가지 길이 있습니다. 바로 하늘을 바라보는 일입니다. 하늘로부터 내려오는 은혜를 누릴 때 새로운 길을 찾을 수 있습니다.

바벨론의 포로가 된 다니엘과 하나냐, 미사엘, 아사랴는 새로운 상황에 처하게 됩니다. 자신들이 할 수 있는 일이란 아무것도 없습니다. 점령자의 명령에 순종할 수밖에 없습니다. 바벨론 왕은 자신이 지정한 음식과 포도주를 먹으라고 하였습니다. 하지만 왕의 음식과 포도주를 먹는 것은 합당하지 않았습니다. 그래서 결정을 합니다. 왕이 요구한 음식과 포도주가 아닌 채식을 달라고 요청합니다. 그러자 환관장은 두려웠습니다. 다른 소년들은 왕이 정한 음식을 먹고 건강하였는데 다니엘과 세 친구의 얼굴이 초췌하다면 그것은 자신이 왕의 명령을 어긴 책임으로 이어지기 때문입니다.

다니엘은 왕이 제공한 음식을 먹는 것이 자신을 더럽히는 것이라 생각하였습니다.(8절) 이것은 포도주와 음식 자체에 문제가 있는 것이 아닙니다. 일부 해석은 그것들이 율법이 규정한 부정한 음식이었다고 말합니다. 그러나 그 의미보다는 바벨론 왕궁의 음식은 바벨론 우상에게 드려진 후에 먹기 때문으로 생각합니다. 다니엘에게는 우상숭배가 더 큰 문제였습니다. 그러므로 다니엘과 세 친구는 정중하게 거절하였습니다.

이들은 이스라엘이 망한 이유 중 가장 큰 것이 우상숭배임을 잘 알고 있었습니다. 충분한 교육을 받은 네 사람은 우상숭배의 무서움을 잘 알고 있었습니다. 그러므로 다니엘과 세 친구는 거절할 수밖에 없었습니다.

그러나 무례하게 행동하지 않고 정중하게 그리고 대안을 가지고 요청합니다. 그것은 우상에게 올려지지 않은 채소입니다. 그것만으로 얼마든지 건강할 수 있다고 요구합니다. 하나님은 환관장에게 은혜와 긍휼을 베푸셨습니다. 그리고 다니엘과 세 친구를 감독하는 이에게 다니엘이 요청한 대로 10일 동안 시험을 한 뒤에 결정하자고 합니다. 그리고 10일 후에 누구보다도 건강한 모습을 보이게 됩니다. 대안은 받아들여졌고 성공하였습니다.

다니엘과 세 친구는 왕의 음식과 포도주를 마시지 않고도 건강하였습니다. 그러자 감독하는 자들이 지정된 음식과 마실 포도주를 제하고 채식만 주었습니다. 네 사람은 우상숭배에서도 자유하게 되었고, 육체도 건강하게 되었습니다. 영과 육이 건강한 결과를 얻게 되었습니다.

바벨론에 잡혀간 네 친구의 행동은 분명한 도전을 주고 있습니다. 얽매인 상태에서도 자신의 신앙을 지킨 모습이 모든 것이 자유한 상태에서 신앙을 가볍게 여기고 있는 우리 시대의 모습과 대조됩니다. 특별히 바벨론의 문화전쟁에서 승리할 수 있었던 비결이 무엇인지 볼 수 있습니다. 그런 의미에서 네 친구의 신앙적 결단은 세상에서 그리스도인으로 살아가는 방법이 무엇인지 말해주고 있습니다. 그렇다면 네 친구를 통해 우리에게 주시는 교훈을 함께 생각하고자 합니다.

첫째, 모태로부터 시작된 신앙교육의 중요성입니다. 네 친구는 지금 10대입니다. 그리고 현재 이방의 나라에 포로로 잡혀왔습니다. 자신의 삶을 판단하고 결정하기에는 적은 나이라고 생각할 수 있습니다. 그런데 지금 네 친구는 누구의 도움도 받을 수 없는 상태에서 신앙적 결단을 해야 합니다. 그리고 놀랍게도 이들은 우상숭배에 드려진 음식을 먹지 않고 자신의 순결한 신앙을 지키겠다고 결정합니다. 10대의 아이들이 그 일을 하였습니다. 물론 지금의 10대와는 다르다고 말할 수 있을지 모르겠습니다. 그러나 10대는 10대입니다.

이들이 누구의 도움도 없는 상태에서 순결한 결정을 할 수 있었던 것은 확고한 신앙이 있었기 때문입니다. 이들의 신앙은 모태로부터 이어진 가정의 신앙교육에 있다고 할 수 있습니다. 하나님이 함께하심을 아는 바른 신앙이 이들을 지배하고 있었습니다. 그러므로 위기의 순간에 바른 결정을 할 수 있었습니다.

모세를 키운 요게벳, 사무엘을 키운 한나, 디모데를 키운 유니게를 생각합니다. 이들의 아름다운 교육은 마침내 하나님 나라를 위하여 귀하게

교회를 세우는 다니엘 강해

사용되었습니다. 모태로부터 준비된 영적 교육은 위기의 순간에 바른 결단을 하게 하였습니다. 이들 교육의 핵심은 하나님의 손에 맡기는 일이었습니다. 자신은 최선을 다하고 그리고 모든 것을 하나님께 맡기는 자세였습니다. 이러한 교육은 네 친구들의 삶에 나타났습니다. 결정의 순간에 하늘을 바라보며 온전히 하나님께 자신을 맡기고 의지하였습니다. 모태로부터 시작된 신앙교육의 중요성은 수천 번 반복하여도 또 반복할 수 있습니다. 네 친구의 결정은 이러한 교훈을 줍니다.

둘째, 하나님의 은혜와 긍휼입니다. 모태로부터의 교육이 잘 되고, 학교에서의 신앙교육이 잘 되었다고 세상의 문화전쟁에서 이긴다는 보장은 없습니다. 세상이 그렇게 호락호락하지 않습니다. 그러나 세상의 유혹과 문화전쟁에서 이긴 사람들에게는 공통점이 있습니다. 바로 "하나님의 보이지 않는 손, 즉 은혜와 긍휼"입니다. 사람이 아무리 준비하여도 인도하시는 분은 하나님입니다.

네 친구들은 죽으면 죽으리라는 분명한 믿음이 있었습니다. 10대의 믿음이 때로는 엄청난 힘을 발휘할 때가 있습니다. 하지만 그 용기가 오래가지 못함을 봅니다. 그래서 10대의 무모함이라는 말을 합니다. 그런데 네 친구들은 엄청난 일을 해냈습니다. 여기에는 이들이 가진 믿음도 있지만, 궁극적인 것은 하나님의 손이 이들과 함께하셨기 때문입니다.

하나님은 네 친구를 관리하는 환관장에게 은혜와 긍휼을 베푸셨습니다. 네 친구들의 제안을 열린 마음으로 들을 수 있게 하였습니다. 환관장입장에서는 쓸모없는 시험입니다. 환관장의 생각대로 조금이라도 잘못되면 왕에게 큰 낭패를 당할 수 있기 때문입니다. 그런데 그 마음이 풀어졌습니다. 하나님께서 그 마음을 만지셨기 때문입니다.

세상에서 우리가 믿음으로 살아갈 수 있는 힘은 하나님의 은혜에 있습니다. 아무리 준비를 잘 한다 할지라도 하나님의 은혜가 없으면 불가능합니다. 영적 전쟁, 문화전쟁에서 승리하며 사는 길은 하나님의 은혜와 긍휼입니다. 이것이 바로 십자가에서 주신 선물입니다. 예수님의 십자가는 우리에게 은혜와 긍휼을 선물로 주셨습니다. 그러므로 우리로 하여금 이 세상에서 믿음으로 살게 합니다. 믿음의 결단과 하나님의 은혜가 세상에서 승리하며 살아가는 길입니다.

셋째, 하나님을 존중하는 믿음이 있어야 합니다. 네 친구의 모습에서 볼 수 있는 것은 하나님을 향한 순종입니다. 이들은 자신들이 어떤 자리에 있든지 하나님을 순종하였습니다. 그들이 배운 말씀대로 순종하였습니다. 분명 어렵고 힘든 상황이지만, 순결한 신앙을 지키기 위하여 하나님의 뜻에 순종하였습니다. 이것은 하나님을 존중히 여기는 자세입니다. 의심하지 않았습니다. 그러자 하나님이 이들을 존중히 여겨 주셨습니다.

하나님은 엘리 제사장의 집을 심판하시면서 의미심장한 말씀을 하셨습니다. 나를 존중히 여기는 자는 존중히 여기지만 나를 멸시하는 자는 내가 경멸하겠다(삼상 2:30)고 하셨습니다. 네 친구들은 하나님을 존중히 여겼습니다. 그리고 하나님은 이들을 존중히 여기셨습니다. 이것은 예수님의 말씀에서도 확증됩니다.

"누구든지 사람 앞에서 나를 부인하면 나도 하늘에 계신 내 아버지

교회를 세우는 다니엘 강해

앞에서 그를 부인하리라 내가 세상에 화평을 주러 온 줄로 생각하지 말라 화평이 아니요 검을 주러 왔노라"(마 10:33-34)

하나님을 존중히 여긴다는 말은 하나님을 부인하지 않음을 의미합니다. 예수님을 부인할 때 예수님도 우리를 부인하십니다. 우리를 모른다고 하시면 우리는 영원한 형벌 가운데 떨어지게 됩니다. 그러나 우리가 주님을 고백하고 순종할 때 주님은 우리와 함께하시고 심판의 날에 우리를 인정하십니다. 그러므로 세상에서 그리스도인으로 담대하게 살아가는 길은 하나님을 존중히 여기는 자세입니다. 예수 그리스도를 나의 주님으로 고백하는 일입니다. 이 고백이 세상을 이기게 합니다.

본문 말씀은 다니엘과 세 친구의 믿음의 결단과 하나님이 은혜의 선물을 보여줍니다. 이들이 하나님 앞에서 순결하게 살 것을 결정하였습니다. 얼마든지 타협하여 성공의 길을 갈 수 있지만, 좁은 길을 선택하였습니다. 하나님은 이들의 결정에 함께하셨습니다. 하나님은 환관장과 감독에게 은혜를 주셔서 제안을 받아들이게 하십니다. 모든 것이 하나님이 은혜임을 보여줍니다.

다니엘과 세 친구들이 어린 시절부터 배운 대로 믿음의 결단을 할 수 있었던 것은 하나님의 은혜가 늘 함께함을 확신하였기 때문입니다. 하나님 없는 세상, 성공이 모든 것을 지배하고 있는 세상, 그리스도인이 많아도 거룩한 신앙이 잘 보이지 않는 세상에서 믿음을 감당하려면 바른 신앙교육과 하나님의 은혜와 하나님을 존중히 여기는 자세를 가져야 합니다. 무슨 일을 할 때 하나님을 존중히 여기고 있는 행동인지 돌아보아야 합니다. 우리가 종종 이 사실을 잃을 때가 있지만, 또다시 하나님의 은혜를 구하고 회복의 자리에 서야 합니다.

여러분은 어떻게 하고 있습니까? 자녀를 키우고 있는 분들은 더욱더 아이들이 말씀을 가까이 할 수 있도록 도와야 합니다. 자녀가 자란 분들도 같은 자세가 필요합니다. 부모가 말씀 가운데 살고 있는 모습을 보여야 합니다. 성경과 책을 읽는 모습을 보여야 합니다. 그리고 간절함으로 자녀들의 영혼을 위하여 기도해야 합니다. 자녀들의 성공을 위한 기도가 아니라 영혼을 위하여 기도해야 합니다. 사라질 것을 위하여 기도하는 것이 아니라 영혼을 위하여 구하고 기도해야 합니다. 하나님을 존중하는 아이로 키우려면 아이가 기도하는 자리에 있어야 합니다. 기도가 주는 능력을 알려주어야 합니다.

오늘 우리는 신앙의 자유를 가지고 있습니다. 얼마든지 마음만 먹으면 교회를 떠날 수 있고, 신앙을 버릴 수 있는 세상입니다. 신앙생활 안 한다고 욕하지도 않고 신앙생활 한다고 박해하지도 않습니다. 이단 집단들을 제외하고는 신앙의 자유가 주어져 있습니다. 그기에 복음에 대한 확실한 고백이 필요합니다. 역사적 신앙고백 위에 바르게 세움을 입어야 합니다.

세상은 우리의 신앙을 분명하게 고백할 수 있는 현장입니다. 말씀을 배우셔야 합니다. 마르틴 루터는 신앙 훈련을 받지 않으면 성경의 권위가

교회를 세우는 다니엘 강해

아니라 교회와 사람의 권위에 무너진다고 하였습니다. 우리 믿음의 최종 권위는 성경입니다. 성경을 배우고 익히는 일에 열심을 낼 수 있기를 소망합니다. 우리 모두 더욱 분명한 믿음 가운데 바르게 세움을 입기를 주님의 이름으로 축복합니다.

세상을 살아가는 능력의 원천
(단 1:17-21)

사람이 이 땅에 태어나서부터 살아간다는 것은 쉬운 일이 아닙니다. 모파상은 『여자의 일생 』의 저자입니다. '여자의 일생'이라는 제목만 들어도 쉽지 않은 인생이라는 느낌이 듭니다. 야곱도 자신의 삶을 험악한 세월이었다고 말합니다. 인생이 힘든 이유는 부패한 세상에서 죄인으로 살기 때문입니다. 하나님 나라에서는 눈물이 없지만, 이 땅에서는 눈물이 그칠 날이 없습니다.

다니엘, 하나냐, 미사엘, 아사랴의 삶이 그러합니다. 10대에 타국에서 포로가 되어 살아가야 할 삶입니다. 자신의 미래가 어떻게 될지 도대체 알 수 없는 현실입니다. 하지만 우리의 눈 앞에 보여진 네 친구의 모습은 참으로 대단하다 할 수 있습니다. 상황을 탓하지 않고 믿음의 모습으로 이겨나가고 있기 때문입니다.

담대하게 왕의 제안을 거절하고 하나님의 지켜주심을 의지하여 우상에

교회를 세우는 다니엘 강해

게 드려진 제물을 먹지 않습니다. 이것은 그리스도가 오기 전까지 율법에 근거한 삶이었습니다. 그러나 그리스도가 오셔서 율법을 완성하신 후에는 우상에 드린 제물을 먹는 것이 문제가 되지 않습니다. 다만 믿음이 연약한 자들을 위하여 삼갈 뿐입니다.

그러나 다니엘의 시대에는 율법에 근거하여 우상에게 드려진 제물을 먹는 것은 우상숭배와 같았습니다. 그러므로 채소만 먹고 10일 동안 시험하여 달라고 요청하였습니다. 그리고 10일 후에 나타난 결과는 대단하였습니다. 얼굴이 아름답고, 살이 윤택하여 왕의 음식을 먹은 다른 소년보다 더욱 좋아 보였습니다.(15절) 그러자 감독자들이 이들에게는 지정된 음식이 아니라 채식을 주었습니다.

하나님의 인도하심이 얼마나 위대한지를 보여주었습니다. 하나님의 인도하심은 여기서 끝나지 않았습니다. 하나님이 네 소년에게 학문을 주셨습니다.(17절) 여기서 학문은 지식을 의미합니다. 하나님께서 네 친구에게 지식을 주셔서 모든 서적을 깨닫게 하셨습니다. 책을 깨닫는 것은 참된 지식에 이르게 합니다. 그리고 지혜도 주셨습니다. 책을 깨달을 뿐 아니라 책을 삶에 적용하고 살아갈 수 있는 지혜를 주셨습니다. 그리고 모든 환상과 꿈을 깨달아 알 수 있는 선물을 주셨습니다.

험악하고 무섭고 두렵고 앞이 보이지 않는 세상을 살아갈 수 있는 힘을 주셨습니다. 네 친구의 앞길이 사람의 보기에는 암담하고 캄캄하지만, 하나님께서 살아갈 수 있는 빛을 주셨습니다.

드디어 왕이 정한 기한이 되었습니다. 3년이 지난 후에 네 친구는 왕 앞에서 평가받게 되었습니다. 왕의 평가는 놀라웠습니다. 무리 중에 네 친구와 같은 자가 없다고 말합니다. 우리 표현대로 한다면 "합격"입니다.(19절) 20절 말씀은 네 친구가 왕의 마음을 빼앗은 이유를 설명합니다.

"왕이 그들에게 모든 일을 묻는 중에 그 지혜와 총명이 온 나라 박수
와 술객보다 십 배나 나은 줄을 아니라"

네 친구의 지혜와 총명이 온 나라 박수와 술객보다 10배나 나았기 때문입니다. 10배라는 의미는 비교가 되지 않았다는 뜻입니다. 박수와 술객과 비교된 지혜와 총명은 객관적인 지식과 삶의 지혜를 의미한다고 할 수 있습니다.

21절은 다니엘이 고레스 원년, 주전 536년까지 살았음을 기록합니다. 다니엘은 고레스 원년 이후까지 살았습니다.(단 10:1) 본문에 이러한 기록이 있는 것은 고레스 원년이 바로 다니엘이 바벨론으로 포로로 잡혀 온지 70년이 되는 구원의 날이기 때문입니다. 그러므로 특별하게 이 날을 기록하였습니다. 또한 다니엘은 70년 동안 포로의 신분으로 와서 바벨론의 고위 공직자로 살았습니다. 앞이 보이지 않았던 10대가 80대가 될 때까지 살았습니다. 다니엘이 70년을 온전히 살았다는 그 자체만으로도 참으로 위로가 되고 도전이 됩니다. 다니엘이 고레스 원년까지 살았다는 말씀을 통하여 세상을 살아가는 능력의 원천이 무엇이고 어디에서 오는지

교회를 세우는 다니엘 강해

를 배울 수 있습니다.

다니엘과 세 친구가 이렇게 귀한 삶을 살 수 있었던 것은 "하나님의 은혜" 때문입니다. 하나님은 믿음으로 당당하게 세상을 살아가는 이들에게 든든한 버팀목이 되었습니다. 하나님의 놀라운 은혜가 이들과 함께하였습니다. 그리고 고난의 시간을 영광의 시간으로 지냈습니다. 이 모든 것이 하나님의 은혜입니다. 그렇다면 네 친구들에게 임한 하나님의 은혜는 어떤 모습입니까?

첫째, 부모님께 교육받은 믿음이 진짜인지, 가짜인지를 확인할 수 있는 은혜가 주어졌습니다. 분명한 회심과 신앙고백이 있어도 확신의 자리에 이르기까지 시간이 걸릴 수 있습니다. 의롭다함을 받았음에도 확신의 자리에 이르기까지 기간이 걸릴 수 있습니다. 더구나 10대입니다. 삶의 다양한 경험을 하기에는 부족합니다. 그런 측면에서 바벨론 70년의 시간은 하나님의 은혜를 온몸으로 경험한 시간이었습니다. 부모님들이 가르쳤고 전해주었던 하나님의 은혜를 확인하는 시간이었습니다. 고난이 이러한 은혜를 보게 하였습니다.

우리는 이 사실을 알기에 믿음을 전하는 일에 끝까지 최선을 다해야 합니다. 하나님의 은혜를 누리는 시간이 있기 때문입니다. 삶이 다양하듯이 깨달음의 모습도 다양하지만 네 친구들에게는 바벨론 포로의 삶이 은혜를 누리는 시간이었습니다.

둘째, 하나님이 인도하신다는 약속을 온전하게 알 수 있는 은혜의 시간 이었습니다. 믿음생활을 할 때 가장 많이 듣는 말 중의 하나가 하나님께서 인도하신다는 말씀입니다. 다니엘도 아브라함과 선지자들의 가르침을 잘 알고 있었습니다. 하나님은 믿음의 조상인 아브라함을 갈대아 우르에서 부르시고 떠날 것을 명령하셨습니다.

"여호와께서 아브람에게 이르시되 너는 너의 고향과 친척과 아버지의 집을 떠나 내가 네게 보여 줄 땅으로 가라 내가 너로 큰 민족을 이루고 네게 복을 주어 네 이름을 창대하게 하리니 너는 복이 될지라"(창 12:1-2)

보여 줄 땅이 어디인지 알려주지 않았습니다. 다만 가라고만 하셨고 아브라함은 순종하였습니다. 하나님은 온전히 아브라함을 인도하셨습니다. 또한 모세를 부르시고 이스라엘 백성들을 출애굽하게 하였습니다. 그리고 다시금 약속의 땅 가나안으로 가게 하셨습니다. 그 기간이 40년이었습니다. 그리고 마침내 가나안에 들어갔습니다. 모세의 고백이 무엇입니까?

"주께서 사십 년 동안 너희를 광야에서 인도하셨거니와 너희 몸의 옷이 낡아지지 아니하였고 너희 발의 신이 해어지지 아니하였으며 너희에게 떡도 먹지 못하며 포도주나 독주를 마시지 못하게 하셨음은 주는 너희의 하나님 여호와이신 줄을 알게 하려 하심이니라"(신 29:5-6)

40년 동안 광야에서 살았지만, 옷과 먹는 것과 자는 것에 아무 문제가 없었습니다. 더구나 이사야 선지자는 하나님의 인도하심에 대하여 단호하게 말씀하셨습니다.

"야곱아 너를 창조하신 여호와께서 지금 말씀하시느니라 이스라엘아 너를 지으신 이가 말씀하시느니라 너는 두려워하지 말라 내가 너를 구속하였고 내가 너를 지명하여 불렀나니 너는 내 것이라 네가 물 가운데로 지날 때에 내가 너와 함께 할 것이라 강을 건널 때에 물이 너를 침몰하지 못할 것이며 네가 불 가운데로 지날 때에 타지도 아니할 것이요 불꽃이 너를 사르지도 못하리니"(사 43:1-2)

다니엘과 세 친구들은 누구보다도 이 사실을 잘 알고 있었습니다. 그 인도하심을 경험할 기회가 없었지만 마침내 그 순간이 왔습니다. 이들은 담대하게 하나님의 약속을 믿고 결정하였습니다. 하나님은 약속하신 대로 이들과 함께하셨습니다. 채식만 먹어도 건강하였습니다. 그리고 지식과 지혜와 영적 능력을 주셨습니다. 모든 것이 주님이 준비하시고 주신 것입니다. 다니엘, 하나냐, 미사엘, 아사랴가 받았을 그 은혜를 생각해보시기 바랍니다.

셋째, 하나님의 살아계심을 온몸으로 경험한 은혜였습니다. 하나님은 예루살렘에 갇혀있는 하나님이 아닙니다. 열방의 하나님입니다. 이스라엘이 열방의 포로가 된 것은 하나님이 무능한 것이 아니라 하나님이 공의를 집행하시고 다시금 이스라엘을 새롭게 하시려는 은혜입니다. 이 놀라운 계획을 알게 되었습니다. 살아계신 하나님을 만나는 시간이 바벨론이었습니다. 시편 기자의 고백이 이들에게 사실이 되었습니다.

"여호와여 주께서 나를 살펴 보셨으므로 나를 아시나이다 주께서 내가 앉고 일어섬을 아시고 멀리서도 나의 생각을 밝히 아시오며 나의 모든 길과 내가 눕는 것을 살펴 보셨으므로 나의 모든 행위를 익히 아시오니 여호와여 내 혀의 말을 알지 못하시는 것이 하나도 없으시니이다 주께서 나의 앞뒤를 둘러싸시고 내게 안수하셨나이다 이 지식이 내게 너무 기이하니 높아서 내가 능히 미치지 못하나이다 내가 주의 영을 떠나 어디로 가며 주의 앞에서 어디로 피하리이까 내가 하늘에 올라갈지라도 거기 계시며 스올에 내 자리를 펼지라도 거기 계시니이다 내가 새벽 날개를 치며 바다 끝에 가서 거주할지라도 거기서도 주의 손이 나를 인도하시며 주의 오른손이 나를 붙드시리이다"(시 139:1-10)

열방의 하나님을 알아가는 은혜를 경험한 시간이었습니다. 이것이 이 친구들이 누린 은혜입니다. 살아계신 하나님을 만나야 합니다. 어디에나 계시는 하나님입니다. 언제든지 우리를 도우시는 하나님입니다. 그것이 바로 때를 따라 돕는 은혜입니다. 이들은 이 은혜를 누렸습니다.

세상을 살아가는 능력의 원천에 대하여 다니엘, 하나냐, 미사엘, 아사랴를 통하여 살펴 보았습니다. 험악한 세상을 살아갈 수 있는 능력은 하

교회를 세우는 다니엘 강해

나님의 은혜입니다. 하나님의 은혜는 각자의 상황에 따라 주어집니다. 성경은 이를 때를 따라 돕는 은혜(히 4:16)라고 말합니다. 이 은혜가 이 세상에서 승리하며 살아가게 합니다.

그런데 하나님의 은혜는 예수 그리스도를 통하여 성령께서 각 사람에게 나누어주십니다. 예수님은 나의 주님이심을 믿는 이들에게 때를 따라 하나님의 은혜를 주십니다. 이 은혜가 광명의 천사와 같이 유혹하는 악한 자들의 미혹에서 이기게 하고 믿음의 길을 가게 합니다. 말씀을 듣는 우리 모두에게 하나님의 때를 따라 돕는 은혜가 넘치기를 소망합니다.

2장

하나님 나라를 소유한 우리에게 중요한 것은
하나님이 우리와 끝까지 함께하심을 확신하는 것입니다.
믿음의 확신이 우리를 담대하게 만듭니다.
하나님은 우리를 한번도 떠나신 적이 없습니다.
언제나 우리와 함께하십니다.

하나님이 준비하신 어려운 일
(단 2:1-13)

축구 경기를 하려면 반드시 준비운동이 필요합니다. 준비운동을 하지 않으면 시합에 들어가서 사고를 당합니다. 그래서 시합 전에 충분히 준비운동을 합니다.

본문은 그동안 준비운동을 하였던 다니엘, 하나냐, 미사엘, 아사랴가 첫 번째 시합에 들어가는 모습이라 할 수 있습니다. 포로로 잡혀와서 왕궁에서 교육을 받고 있던 시기에 드디어 하나님의 사람으로서 진가를 발휘할 시간이 왔습니다.

느부갓네살이 통치한 지 2년이 되는 시점입니다. 이 시기에 대한 논의가 많이 있지만 저는 E. J. 영의 견해에 따라 통치 2년은 즉위한 지 3년째 되는 날로 생각합니다. 2장은 다니엘서 전체를 이해하는 중요한 지점입니다. 그래서 2장을 통하여 말씀하시는 하나님의 뜻을 아는 일이 중요합니다.

다니엘은 바벨론의 왕 느부갓네살이 통치한 지 2년이 되는 해에 꿈을

교회를 세우는 다니엘 강해

꾸었습니다. 그 꿈이 하도 심상치 않았기에 번민에 빠졌습니다. 왕은 자신의 꿈이 무엇인지 그리고 뜻이 무엇인지 알려줄 박수와 술객, 점쟁이들을 모았습니다. 바벨론의 우상숭배자들입니다.

이들이 왕 앞에 서서 왕에게 꿈을 알려주면 해석하여 주겠다고 요청합니다. 그런데 왕은 자신이 꾼 꿈과 해석을 알려달라고 명령합니다. 바벨론의 술사들은 당황하였습니다. 왕은 꿈을 해석하지 않으면 너희 몸을 쪼갤 것이며, 집은 거름더미로 만들 것이라고 말합니다. 그러나 꿈을 해석하여 보이면 선물과 상과 큰 영광을 내게서 얻을 것이라고 말합니다.

그러자 박수와 술객과 점쟁이들은 다시 왕에게 꿈의 내용을 알려달라고 요청을 합니다. 그러자 왕은 이미 명령을 내렸으니 시간을 끄는 행동을 하지 말고 해석하라고 재차 명령합니다. 그러면서 이 꿈을 내게 알리지 않으면 너희를 처치할 법은 오직 하나라고 다시 강조합니다. 왕은 박수와 술객과 점쟁이들이 거짓말과 망령된 말을 내 앞에서 꾸미고, 왕의 마음이 변하기를 기다리려 함이라고 윽박지릅니다. 그러면서 꿈을 알게 하면 해석도 알 수 있다고 생각하겠다고 말합니다.

그러자 박수와 술객과 점쟁이들이 단체로 항의합니다. 세상에 왕의 그 일을 보일 자가 한 사람도 없으며 어떤 크고 권력 있는 왕이라도 이런 질문을 하지 않는다고 항의합니다. 이들은 더 나아가 왕의 질문이 너무 어려워 육체로 존재하지 않는 신만이 알 수 있다고 말합니다. 집단 반발입니다.

이 말에 화가 난 왕은 바벨론의 모든 지혜자를 다 죽이라고 명령을 내립니다. 왕이 명령을 내릴 때 지혜자들은 죽게 되었고 다니엘과 세 친구도 죽이려고 찾습니다. 이것이 본문의 내용입니다. 아주 짧은 내용이지만 참으로 황당한 내용이 아닐 수 없습니다. 자신이 꾼 꿈이 무엇인지 말해 주지 않고, 그 꿈의 내용과 해석까지 알아내라고 하니 참으로 어이가 없는 일입니다. 바벨론의 지혜자들이 집단 반발을 하는 것은 너무나 당연한 일입니다. 권력자의 오만함이라고 할 수 있습니다.

그러나 느부갓네살의 꿈과 해석 명령으로 바벨론 술사들의 죽음과 다니엘과 세 친구의 등장을 보게 됩니다. 어이없는 왕의 횡포이지만 하나님의 섭리 사건입니다. 하나님은 느부갓네살을 통하여 다니엘과 세 친구를 역사의 전면에 나타나게 하셨습니다. 하나님의 준비된 도구로 사용하도록 하셨습니다. 하나님은 느부갓네살의 황당한 사건을 통하여 우리에게 중요한 진리, 즉 포로 생활 가운데 있었던 이스라엘 백성들이 바라보아야 했던 구속사의 인식과 동시에 현 시대를 살아가는 우리들이 보아야 할 구속 역사에 대한 이해를 가르칩니다.

첫째, 이방을 향하여 역사의 참 신이신 하나님의 등장입니다. 하나님은 바벨론 지혜자들의 무지를 통하여 참 신이 누구인지를 이방의 땅에 알리십니다. 그리고 70년 동안 바벨론 땅에서 살아 가야 할 유대 백성들을 위하여 준비하십니다.

느부갓네살은 자신의 권력으로 모든 것을 하고 있다고 생각하지만, 하

교회를 세우는 다니엘 강해

나님의 섭리가 작동하고 있습니다. 하나님께서 어려운 일을 예비하시고 어려운 일을 풀 수 있는 참 신이 자신임을 이방에 드러내십니다.

바벨론의 지혜자들은 피조물입니다. 이들이 아는 것은 한계가 있습니다. 세상을 정복하는 일에 일조를 하였겠지만, 여전히 유한한 피조물에 불과합니다. 피조물의 한계를 뛰어넘는 것은 오직 하나님만이 할 수 있습니다. 바벨론의 지혜자들은 육체와 함께 살지 아니한 신을 언급합니다. 이 말은 자신들의 무능하다는 것을 인정하는 일입니다. 자신으로서는 알 수 없고 오직 참 신만이 알 수 있다는 의미입니다. 칼빈은 이를 두고 열방 가운데서도 오직 홀로 다스리시는 최고의 한 분 하나님의 신앙이 존재하였다고 보았습니다.

느부갓네살은 바로 한 분 하나님을 기대하고 있었습니다. 이방의 나라, 각종 신들의 나라에 최고의 신은 오직 한 분 하나님입니다. 하나님은 인류 전 역사의 설계자이십니다. 역사에는 우연이 없습니다. 오직 하나님의 필연만이 존재합니다. 이것이 첫 번째 보아야 할 가르침입니다.

둘째, 하나님은 반드시 준비된 사람을 사용하십니다. 다니엘과 세 친구의 모습은 시작부터 긴장 가운데 있었습니다. 그리고 본격적으로 역사의 현장에 등장할 때도 긴장 가운데 나타납니다. 왕의 질문에 바벨론 지혜자들의 무능과 저항으로 인하여 죽음의 위기에 몰리게 됩니다. 예루살렘에서 포로로 잡혀왔던 다니엘과 친구들은 왕국에서 시험을 이기고 준비를 잘 하였습니다. 그리고 3년이 지났습니다. 이제 왕 앞에 나가서 자신의 지혜를 나타내야 합니다. 그런데 이들의 나타남이 특별합니다.

죽음의 위기에 나타납니다. 여기에는 하나님의 치밀한 섭리가 있음을 볼 수 있습니다. 바벨론의 지혜가 얼마나 미천한지 보여줍니다. 바벨론의 신들이 피조물에 불과함을 보여줍니다. 그리고 하나님을 소유한 자의 지혜가 참된 지혜임을 나타내십니다.

역사를 보아도 알 수 있습니다. 아브라함, 모세, 여호수아, 다윗 등 구속사의 중요한 인물들은 치열한 준비과정을 겪었습니다. 그리고 하나님 나라를 보여주었습니다. 그런데 이들이 이스라엘 백성에게 하나님 나라를 보여주었다면, 다니엘은 이방을 향하여 하나님 나라를 보여줍니다. 이것은 우리들의 사명이 무엇인지를 나타냅니다. 이방의 나라에 사는 우리를 통하여 하나님 나라를 보여주어야 합니다.

하나님은 준비된 다니엘과 친구들을 통하여 역사의 한복판에 서게 하십니다. 그리고 하나님이 역사의 주인이시며 참 신이심을 증거합니다. 우리의 모습은 어떤지 돌아보아야 합니다. 하나님의 사용하심은 전적으로 하나님의 주권에 속한 일입니다. 그러나 준비는 우리의 일입니다. 일상에서 영적으로, 육적으로 준비가 되어야 합니다. 여러분은 어떻게 준비하고 있습니까? 이것이 두 번째 교훈입니다.

셋째, 세상은 하나님을 찾고 있음을 기억해야 합니다. 세상은 교회를 무시하고 모욕하고 핍박하지만 이 모든 행위는 참 하나님을 알고자 하는 몸부림이라고 할 수 있습니다. 느부갓네살의 행위는 누가 보아도 이해할 수 없습니다. 다만 느부갓네살은 참 하나님은 이 일을 충분히 할 수 있다고 믿었습니다. 그러나 참 하나님이 누구인지 알 수 없었습니다. 이방의 신전들에 살았던 이들이 어떻게 알 수 있겠습니까? 생명이 없이 죽은 자

교회를 세우는 다니엘 강해

들이 생명이신 하나님을 어떻게 알 수 있습니까? 양심을 주셨기 때문에 갈등은 있지만 영혼이 죽었기에 볼 수가 없습니다. 무엇인가 알 것 같은데 도저히 알 수 없는 그러한 상황이 느부갓네살이 처한 상황입니다.

그런데 하나님께서 느부갓네살에게 나타나기로 하셨습니다. 그의 무식함과 폭력적인 행동은 하나님을 찾고자 하는 발버둥이라고 할 수 있습니다. 하나님은 거짓 신들을 버리게 하십니다. 그리고 하나님은 다니엘과 친구들을 통하여 느부갓네살을 만나주십니다. 느부갓네살의 고백이 무엇입니까? 2:47입니다. "왕이 대답하여 다니엘에게 이르되 너희 하나님은 참으로 모든 신들의 신이시요, 모든 왕의 주재시로다 네가 능히 이 은밀한 것을 나타내었으니 네 하나님은 또 은밀한 것을 나타내시는 이시로다"

세상은 느부갓네살처럼 하나님을 찾고 있습니다. 이들이 찾을 때 분명하게 알려줄 수 있어야 합니다. 베드로 사도의 말을 기억해야 합니다. "너희 마음에 그리스도를 주로 삼아 거룩하게 하고 너희 속에 있는 소망에 관한 이유를 묻는 자에게는 대답할 것을 항상 준비하되 온유와 두려움으로 하고"(벧전 3:15)

하나님을 찾고 있는 세상을 향해 긍휼한 마음을 가지고 언제든지 복음을 전할 수 있어야 합니다. 삶의 소망을 가진 사람이 소망을 알려줄 수 있습니다. 교회를 세우는 사람이 교회를 소개할 수 있습니다. 하나님을 몰라서 세상에서 절규하고 있는 이들에게 우리의 소망이신 하나님을 전할 수 있어야 합니다. 이것이 세 번째 교훈입니다.

살다 보면 어렵고 혼란스러움을 만나고 그래서 당황스럽고 고통스러움 가운데 길을 찾지 못할 때가 있습니다. 누구에게나 이러한 현실이 올 수 있습니다. 이때를 위하여 하나님은 언약 백성을 준비하셨습니다. 어떤 상황이든 하나님의 일하심을 보여주도록 준비하셨습니다.

그리스도인은 혼란스러운 시대에, 답을 찾기 어려운 상황에 직면할 때 답을 알려주기 위해 존재합니다. 예수님은 우리를 구원하시고 세상으로 보내셨습니다. 세상에 살지만, 세상에 속하지 않은 자로 살게 하셨습니다. 참된 소망을 가지고 사는 존재로 세우셨습니다. 그래서 살아서도 죽어서도 참된 위로가 예수 그리스도임을 알고 전하는 자가 되게 하셨습니다.

하나님의 자녀에게는 위기가 항상 기회입니다. 삶은 위기로 가득 차 있습니다. 이 말은 항상 기회가 주어졌다는 말이기도 합니다. 눈에 보이는 현실이 전부가 아닙니다. 때로 우리 눈에 속상한 모습이 나타나기도 합니다. 하지만 하나님의 섭리를 볼 수 있어야 합니다. 하나님은 우리를 통하여 선을 이루시고 자신을 나타내십니다. 죽음의 위기에 처했던 다니엘과 친구들을 기억할 수 있어야 합니다. 하나님의 손을 끝까지 의지하고 더욱 기도하시기 바랍니다. 모진 말을 들을 때 하나님을 찾고 있는 절규임을 기억하시기 바랍니다. 그때 절망이 아니라 소망을 살고 소망을 보여주어야 합니다. 이것이 하나님의 자녀들이 사는 길입니다. 오늘도 믿음의 주요 온전케 하시는 그리스도를 바라보며 믿음의 길을 가기 바랍니다.

교회를 세우는 다니엘 강해

영원부터 영원까지, 왜 하나님을 찬송 해야 하는가 (단 2:14-24)

여러분의 입에서 가장 많이 나오는 말이 무엇입니까? 어떤 사람은 말 반, 욕 반인 사람이 있는가 하면 불평과 불만이 입술을 지배하는 사람도 있습니다. 반면에 어떤 사람은 감사와 사랑이 넘쳐납니다. 여러분의 입술 에서 무엇이 가장 많이 나옵니까? 말은 우리의 삶을 지배하고, 나를 나타 냅니다. 우리의 입술에서 하나님을 찬양함이 넘쳐나기를 바랍니다. 본문 은 입술의 축복이 무엇인지 보여줍니다. 그 내용이 무엇인지 함께 살펴보 고자 합니다.

본문은 근위대장 아리옥이 느부갓네살 왕의 명령을 따라 바벨론의 지 혜자를 죽이고자 하는 장면입니다. 이때 다니엘이 명철하고 슬기로운 말 로 아리옥에게 묻습니다. 명철하고 지혜로운 말은 아리옥의 마음을 설득 시켜 사형 선고를 멈추게 한 논리적인 말이었습니다.

다니엘은 왕이 급하게 일을 결정하였다고 말합니다. 그러자 아리옥이 다니엘에게 그동안 있었던 일을 알립니다. 다니엘은 왕을 만나 시간을 주시면 왕에게 그 해석을 알려 드리겠다고 말합니다. 다니엘의 태도는 바벨론 지혜자들의 모습과는 달랐습니다. 바벨론 지혜자들은 꿈의 내용을 알려달라고 하였지만, 다니엘은 꿈의 해석을 알려주겠다고 말합니다. 그러자 왕이 시간을 허용합니다.

다니엘이 자신의 집으로 돌아와서 친구들을 부릅니다. 그리고 왕궁에서 일어난 일을 알리고 하나님께 기도합니다. 이들은 하나님께 은밀한 일에 대하여 불쌍히 여겨달라고 기도합니다. 그래서 다니엘과 친구들이 바벨론 지혜자들과 함께 죽는 일이 일어나지 않도록 해달라고 기도합니다.

친구들이 함께 기도하였습니다. 그리고 그날 밤에 하나님은 다니엘에게 환상을 통하여 은밀한 것이 무엇인지 알려주셨습니다. 다니엘이 이 사실을 알게 되자 입을 열어 하나님을 찬양합니다. 다니엘은 하나님께서 영원부터 영원까지 찬양받으실 분임을 찬양합니다. 찬양의 내용은 하나님의 지혜와 능력입니다. 자연을 움직이시는 하나님입니다. 역사를 움직이시는 하나님입니다. 모든 지혜와 지식의 원천이신 하나님입니다. 어두움이 사라지고, 은밀한 것이 드러나고, 빛 되신 하나님을 찬양합니다. 그리고 자신에게 지혜와 지식을 주시고, 자신이 구한 것을 응답해주시는 하나님께 감사하고 찬양합니다.

다니엘은 하나님이 알려주신 은밀한 것을 가지고 아리옥에게 가서 바벨론의 지혜자를 죽이지 말라고 말합니다. 그리고 자신을 왕 앞으로 인도하라고 요구합니다. 왕의 문제를 해결하였다고 말합니다.

위기에서 시작하여 기회로 끝나는 구조를 가지고 있습니다. 긴장하는 다니엘에서 시작해 당당한 다니엘의 모습으로 끝나는 내용입니다. 그리고 이 모든 것의 중심에 하나님의 응답이 있습니다.

교회를 세우는 다니엘 강해

이것이 본문의 내용입니다. 본문을 통하여 얻을 수 있는 가르침이 있다면 무엇입니까? 하나님께서 우리가 깨닫기를 원하시는 것이 무엇이라 생각하십니까? 차례로 살펴보고자 합니다.

첫째, 고난의 현실이 올 때 한발 물러서서 하나님께 기도하는 시간을 가져야 합니다.

나타난 현실 앞에 두려움 속에 미리 절망하지 말고 잠시 한발 물러서서 하나님께 기도하는 시간이 매우 중요합니다.

물놀이를 할 때 높이의 깊지 않은 데서도 큰 사고를 당한다고 합니다. 그 이유는 미끄러지는 순간 두려움에 사로잡히기 때문입니다. 그러면 일어나지 못하고 계속하여 넘어지게 됩니다. 그래서 수영을 배울 때 어떤 상황에서도 두려워하지 말고 숨을 멈추고 손을 뒤로 밀면서 서라고 합니다. 평상시에 이 훈련을 반복하면 사고를 당하지 않는다고 합니다.

이처럼 우리의 인생에는 알 수 없는 수많은 위기가 있습니다. 이때 두려움 속에 미리 절망하게 되면 위기를 이겨낼 수 없습니다. 잠시 한발 물러서서 상황을 냉철하게 보려는 지혜가 필요합니다. 그러면 뜻하지 않은 방법이 보입니다. 이러한 모습은 일반적인 방법입니다. 일반은혜로 얻을 수 있습니다.

그런데 믿음을 가진 우리에게는 이보다 더욱 확실한 방법이 있습니다. 바로 하나님의 인도하심에 대한 확신을 가지고 하나님을 바라보는 일입니다. 잠시 한발 물러서서 생각하는 자리에서 하나님께 기도하는 자리로 가야 합니다.

다양한 삶의 문제들이 우리 앞에 나타날 수 있습니다. 돈 문제로 어려움을 겪을 수 있습니다. 사람에게 사기를 당할 수 있습니다. 최근 전세 사기와 같은 끔찍한 일을 당할 수 있습니다. 또한 질병이 찾아 올 수 있습니다. 가정에 문제가 생길 수 있습니다. 정말 다양한 이들이 우리 앞에 나타날 수 있습니다. 참으로 막막할 때가 있습니다. 다니엘에게는 생명의 문제가 나타났습니다. 자신은 어떠한 잘못도 없는데 왕의 괴팍함과 지혜자라 불리는 이들의 무지로 인하여 죽게 되었습니다. 얼마나 허망하고 기가 막힌 일입니까?

그런데 다니엘은 현실 앞에 두려움을 가지고 절망 상태에 있지 않았습니다. 왕의 근위대장 아리옥에게 명철하고 슬기로운 말로 왕의 명령이 어찌 그리 급하냐고 묻습니다. 아리옥은 다니엘의 말에 설득당합니다. 그리고 다니엘은 왕에게 들어가서 시간을 주시면 해석을 알려주겠다고 말합니다.

다니엘이 보여주는 자세는 많은 교훈을 줍니다. 10대 소년의 모습이라고는 볼 수 없는 아주 차분하고 냉철한 태도입니다. 자신의 뜻과 관계없이 주어진 상황에 절망하고 한탄하고 분노하고 포기하는 망연자실(茫然自失)한 모습이 아닙니다. 현실은 어떻게 할 수 없습니다. 자신의 뜻과 무관하게 일어난 일입니다. 얼마든지 원망하고 한탄할 수 있습니다. 그러나 다니엘은 그렇게 행동하지 않았습니다. 원망과 한탄과 분노가 삶의 문제를 해결할 수 있으면 얼마든지 할 수 있습니다. 그러나 그런다고 문제가 해결되지 않습니다.

다니엘은 벌어진 상황 앞에 한발 뒤로 물러서서 상황을 냉철하게 보았습니다. 다니엘은 왕에게 담대하게 나갔습니다. 그리고 시간을 요청하였

교회를 세우는 다니엘 강해

습니다. 모든 문제가 왕의 꿈을 해석할 수 없어 일어났기에 꿈만 해석하면 되기 때문입니다. 여기에는 하나님을 향한 다니엘의 믿음이 있었습니다.

예수님의 삶을 보면 이러한 지혜가 많이 나타납니다. 대표적으로 간음한 여인을 데리고 와서 돌로 쳐서 죽이고자 하는 이들에게 즉시로 답하지 않으시고 땅에 글을 쓰는 잠깐의 시간을 가지시고 너희 중에 죄 없는 자가 돌로 치라고 하셨습니다. 위기의 순간이 해결되는 장면입니다.

우리 앞에 나타나는 문제들은 어느 것 하나 쉬운 것이 없습니다. 그러나 해결되지 못할 것도 아닙니다. 이때 우리가 할 일은 급하게 결정하기보다 한발 물러서서 상황을 찬찬히 돌아보고 하나님께 기도하는 것입니다. 주님은 우리에게 이러한 모습이 나타나기를 원하십니다.

둘째, 삶의 모든 문제를 항상 예수 그리스도의 십자가 앞에 가져가서 내려놓아야 합니다. 다니엘을 통하여 우리에게 말씀하시는 하나님의 뜻은 아주 명확합니다. 삶의 모든 문제는 창조주 하나님 앞에 가져올 때 해결됩니다. 여기에서 강조하고 싶은 것은 "모든 문제를 항상"입니다. 내 생각에 이것은 해야 되고, 이것은 안 해도 된다는 것처럼 교만하고 허망한 자세는 없습니다. 하나님 앞에 가져올 것은 삶의 모든 문제입니다. 그리고 응답은 하나님의 주권에 속하는 일입니다.

그런데 여기 다니엘에게서 볼 수 있는 중요한 신앙의 모습이 있습니다. 다니엘은 혼자서 삶의 문제를 해결하려고 하지 않고 신앙의 동지와 함께 나눴습니다. 다니엘은 이 문제를 가지고 친구들인 하나냐, 미사엘, 아사랴에게 알리고 함께 기도합니다. 믿음의 공동체는 서로 짐을 집니다.(갈 6:2) 삶의 무게는 홀로 지기에는 너무나 무겁고 힘들 때가 많습니다. 먼 길을 떠나는 삶에서 무거운 짐은 참으로 괴롭게 합니다. 신앙의 삶이 이와 같습니다. 다니엘은 세 친구와 당면한 문제를 나누고 하나님께 함께 가지고 가서 기도합니다.

다니엘과 친구들은 하나님께 은밀한 일에 대하여 불쌍히 여기시고 알려달라고 기도합니다. 다니엘과 친구들은 정직하게 하나님께 살려달라고 구합니다. 이들은 자신들이 이곳에 온 것도, 3년 동안 지켜 주신 것도 하나님의 인도하심 때문임을 알고 있었습니다. 이 믿음이 있었기에 은밀한 일에 대하여 알려줄 것을 구하였습니다.

바벨론의 지혜자들은 잠시 동안은 자신들의 지혜를 자랑할 수 있지만 은밀한 일을 알 수 없었습니다. 은밀한 일은 오직 창조주이시고 모든 곳에 계시는 전능하신 하나님만이 알 수 있습니다. 다니엘과 세 친구와 바벨론의 많은 지혜자들의 차이는 바로 하나님에게 있습니다.

다니엘과 친구들이 모든 문제를 항상 하나님께 가져갈 수 있었던 것은 은밀한 일을 아시는 분이 창조주이며 전능하신 분이라는 사실을 알고 있었기 때문입니다. 세상이 아무리 떠들어도 창조주이시고 전능하신 분은 오직 여호와 하나님뿐입니다. 그렇다고 한다면 삶의 모든 문제를 어디서 해결할 수 있겠습니까? 다니엘과 친구들이 하나님께 나와서 불쌍히 여기시고 은밀한 일을 알려달라고 기도하는 이유입니다.

여러분의 삶의 문제는 어떻게 해결하십니까? 얼마 전 책방에서 본 책제목이 '인생은 지름길이 없다'였습니다. 삶이 그러합니다. 그렇다고 길이 없는 것이 아닙니다. 기도가 길을 만들어 냅니다. 기도가 인생의 생명

교회를 세우는 다니엘 강해

길입니다. 그러나 기도도 지름길이 없습니다. 우직하게 쉬지 않고 기도할 때 보이지 않는 길이 보입니다. 은밀한 것을 볼 수 있습니다. 우리의 문제는 예수님의 십자가로 가져갈 때 해결됩니다. 우리의 능력으로 해결할 수 없습니다. 그리스도가 주시는 능력이 있을 때 해결됩니다. 그러므로 우리가 할 일은 예수 그리스도께 날마다 나가서 우리의 짐을 내려 놓는 일입니다. "수고하고 무거운 짐진 자들아 다 내게로 오라"는 말씀에 순종하면 승리합니다. 어떤 문제이든 예수님께로 가져가셔야 합니다. 예수님께 기도하고, 일 하시면 됩니다. 삶에서 다가오는 모든 두려움과 절망은 예수 그리스도를 만나면 이길 수 있습니다. 다니엘은 그 진리를 우리에게 본보기로 보여주고 있습니다. 이러한 믿음의 결단들이 있기를 소망합니다.

셋째, 하나님만이 영광받기에 합당하십니다. 하나님이 다니엘의 기도에 응답하시는 이유는 하나님께서 찬송받으시기 위함입니다. 이것이 우리가 존재하는 이유입니다. 우주 가운데 영원부터 영원까지 찬송받으실 분은 오직 하나님 한 분입니다. 하나님은 다니엘과 친구들의 기도에 응답하셨습니다. 느부갓네살 왕이 꾼 은밀한 꿈이 무엇인지를 다니엘에게 알려주셨습니다. 참으로 바벨론의 지혜자들이 고백하였던 참 신이 누구인지 알려주었습니다.

다니엘은 은밀한 것이 무엇인지 알게 되었습니다. 그리고 하나님을 찬양합니다. 이 찬양은 생명을 얻은 찬양입니다. 하나님의 하나님 되심이 증거되는 찬양입니다. 영원부터 영원까지 계신 하나님을 찬양합니다. 다니엘은 하나님의 지혜와 능력을 찬양합니다. 이 지혜와 능력은 자연을 움직이십니다. 인간의 역사를 움직이십니다. 지혜자에게 있는 지혜와 총명의 원천이십니다. 은밀한 것과 어두운 데 있는 것을 아십니다. 하나님은 모든 것을 밝히 보이시는 빛이십니다.

다니엘은 하나님께서 자기에게 지혜와 능력을 주셨고, 구한 것을 내게 알려주셨다고 고백합니다. 모든 지혜와 지식과 능력이 다 하나님께로부터 온 은혜입니다. 그러기에 하나님을 찬양합니다. 하나님을 찬양하고 하나님께 감사하는 신앙은 모든 것이 하나님께로부터 왔음을 인정할 때 나타납니다. 자신이 조금이라도 무슨 힘이 있었다고 생각하는 사람은 결코 하나님을 인정하지 않습니다. 그러나 하나님이 모든 지혜와 능력의 원천임을 아는 사람은 자신을 자랑하지 않습니다. 그리고 오직 하나님만을 찬양하고 감사합니다.

하나님께서 모든 능력과 지혜의 원천이심을 알고, 기도의 응답을 가지고 있는 성도는 세상에 당당하게 나섭니다. 다니엘은 근위대장 아리옥에게 바벨론의 지혜자를 죽이지 말라고 요청합니다. 그리고 담대하게 왕의 앞으로 인도하라고 말합니다. 이 당당함이 보이십니까? 기도의 응답을 가지고 있는 성도는 자신 앞에 나타난 현실에 주눅들지 않고, 두려움 속에서 절망으로 떨어지지 않습니다. 하나님의 응답이 있기 때문입니다.

예수님은 겨자씨 만 한 믿음의 중요성을 강조하셨습니다. "이르시되 너희 믿음이 작은 까닭이니라 진실로 너희에게 이르노니 만일 너희에게 믿음이 겨자씨 한 알 만큼만 있어도 이 산을 명하여 여기서 저기로 옮겨지라 하면 옮겨질 것이요 또 너희가 못 할 것이 없으리라"(마 17:20)

"주께서 이르시되 너희에게 겨자씨 한 알만 한 믿음이 있었더라면

교회를 세우는 다니엘 강해

이 뽕나무더러 뿌리가 뽑혀 바다에 심기어라 하였을 것이요 그것이 너희에게 순종하였으리라"(눅 17:6)

하나님을 향한 믿음이 있다면 놀라운 일들이 일어납니다. 예수님은 항상 기도하고 낙심하지 말 것을 말씀하셨습니다.(눅 18:1) 불의한 재판장에게 자신의 원한을 갚아달라고 끈질기게 청한 과부의 요청은 불의한 재판장이 듣고 원한을 풀어주었다는 비유를 말씀하시면서 "하물며 하나님께서 그 밤낮 부르짖는 택하신 자들의 원한을 풀어 주지 아니하시겠느냐 그들에게 오래 참으시겠느냐"(눅 18:7)라고 말씀하셨습니다.

기도의 응답을 가진 성도는 세상 앞에 당당할 뿐 아니라 자신의 삶을 통하여 하나님을 찬양하기에 전심전력합니다. 자신은 사라지고 오직 하나님의 능력과 지혜를 찬양합니다. 모든 왕의 왕이시고, 모든 신의 신이신 하나님을 찬양합니다. 하나님은 이 찬양을 기쁘게 받으십니다. 우리가 하나님을 찬양할 이유가 분명합니다. 영원부터 영원까지 하나님을 찬양하는 우리의 믿음이 되기를 소망합니다.

본문은 우리에게 분명한 교훈을 줍니다. 여러분 앞에 나타난 현실 앞에서 어떻게 행동하셨습니까? 여러분의 입술에서 가장 많이 나오는 말이 무엇입니까? 하나님을 향한 여러분의 찬양은 어떠합니까?

나타난 현실 앞에 두려움 속에 미리 절망하지 말고 잠시 한발 물러서서 하나님께 기도하는 시간을 가져야 합니다. 삶의 모든 문제를 항상 하나님께 가져가서 내려놓아야 합니다. 우리의 입술을 통하여, 우리의 삶을 통하여 영원부터 영원까지 하나님을 찬송해야 합니다.

하나님을 향한 우리의 믿음이 더욱 분명해지고 우리의 온 삶이 하나님을 찬양하기에 부족함이 없기를 소망합니다.

교회를 세우는 다니엘 강해

모든 역사는 하나님의 섭리를 따릅니다 (단 2:25-45)

"역사를 망각한 민족은 소망이 없다"라는 말이 있습니다. 이 말의 의미는 인간은 역사 속에 존재한다는 사실입니다. 역사 너머에 존재하지 않고 역사 안에 존재합니다. 그러므로 역사를 보여주시는 하나님의 가르침은 매우 중요합니다. 오늘 이 땅에 존재하는 모든 인간은 다 역사의 산물입니다. 그러나 우리는 보이는 역사만 압니다. 다가올 역사는 기다릴 뿐입니다. 은밀한 것을 우리는 알 수 없습니다. 역사의 은밀한 것을 알 수 있다면 어떻겠습니까? 흥분되기도 하고 또한 두렵기도 할 것입니다. 어린 다니엘이 이 놀라운 사실을 하나님께 듣게 되었습니다.

다니엘은 느부갓네살 왕의 시위대장 아리옥에게 자신이 왕의 꿈을 알아냈다고 말합니다. 그러자 아리옥은 왕에게 다니엘을 데리고 갑니다. 그리고 유다 자손 중 한 사람을 찾았는데 그가 왕이 꾼 꿈을 해석할 수 있다고 보고합니다. 그러자 왕은 다니엘에게 자신이 꾼 꿈과 그 해석을 능히 내게 알게 하겠느냐고 말합니다. 다니엘은 왕의 질문에 은밀한 것은 지혜자와 술객과 박수나 점쟁이가 알 수 없다고 대답합니다. 은밀한 것을 나타내실 이는 하늘에 계신 하나님이라고 답을 합니다. 그러면서 왕이 꾼 꿈은 하나님께서 왕에게 장래 일을 알게 하신 것임을 말합니다.(25-28절)

다니엘은 자신이 은밀한 것을 알 수 있는 것은 자신의 지혜가 모든 사람보다 낫기 때문이 아니라 하나님께서 왕에게 알려주라고 하셨기 때문임을 밝힙니다.(29-30절) 느부갓네살 왕이 알아야 하는 것은 바로 역사였습니다. 자신의 역사가 어떻게 될지를 하나님께서 알려주셨습니다.

왕이 꾼 꿈은 큰 신상이었습니다. 이 신상은 크고 광채가 매우 찬란하고 모양은 심히 두려웠습니다. 그 신상의 머리는 순금입니다. 가슴과 두 팔은 은입니다. 배와 넓적다리는 놋입니다. 종아리는 쇠입니다. 발은 얼마는 쇠고, 얼마는 진흙입니다.(31-33절)

그런데 왕이 본 것은 손대지 아니한 돌이 나와서 신상의 쇠와 진흙 발을 쳐서 부서뜨립니다. 그때 쇠와 진흙과 놋과 은과 금이 다 부서집니다. 마치 여름 타작 마당의 겨같이 되어 바람에 불려 간 곳이 없었습니다. 반면에 우상을 친 돌은 태산을 이루어 온 세계에 가득합니다.(34-36절)

이것이 느부갓네살 왕이 꾼 꿈이었습니다. 말 그대로 꿈입니다. 하지만 하나님은 꿈을 통하여 역사의 진행을 알려주셨습니다. 다니엘은 왕의 꿈을 알려준 후에 꿈 해석을 합니다. 이 꿈에 대한 다니엘의 해석입니다.

첫째, 큰 신상의 금 머리는 바벨론 왕(제국)입니다. 하나님이 나라와 권세와 능력과 영광을 주셔서 온 세상을 다스리게 하였습니다.

교회를 세우는 다니엘 강해

둘째, 바벨론보다 못한 나라가 따라옵니다.

셋째, 놋과 같은 나라가 이어집니다.

넷째, 무쇠 같은 나라가 등장합니다. 이 나라는 이웃 나라들을 부서뜨리고 찢습니다. 그런데 이 나라는 발과 발가락이 진흙과 쇠로 되어 있습니다. 이는 나라가 나눠질 것을 의미합니다. 그리고 이들 가운데 얼마는 든든하게 서고, 얼마는 망합니다. 쇠와 진흙이 섞인 것은 다른 민족과 섞이나 혼합되지 않는 것임을 의미합니다.

다섯째, 열왕의 시대에 하나님이 세우실 나라가 있습니다. 이 나라는 영원히 망하지도 아니하고, 그 국권이 다른 백성에게로 돌아가지도 아니합니다. 도리어 이 모든 나라를 쳐서 멸망시키고 영원히 서게 됩니다. 손대지 아니한 돌이 산에서 나와서 쇠와 놋과 진흙과 은과 금을 부서뜨립니다.(36-45절)

느부갓네살 왕이 본 것은 열왕의 시대, 즉 바벨론을 비롯한 다가올 역사였습니다. 장래에 일어날 일을 본 느부갓네살 왕은 놀랍고 두려울 수밖에 없습니다. 다니엘 역시 역사 가운데 살았기 때문입니다. 해석은 받았어도 역사의 실체를 보는 것은 불가능하였습니다. 그러나 우리는 역사의 진행을 알고 있습니다. 우리는 지난 역사를 보고 있지만, 다니엘은 미래의 역사를 보았습니다. 다니엘이 보았던 역사의 진행은 분명합니다.

우선 큰 신상의 금 머리는 바벨론입니다. 은으로 된 두 팔은 메대 왕 다리오와 바사 왕 고레스의 연합국인 페르시아입니다. 셋째, 배와 넓적다리인 늦은 알렉산더의 헬라 제국입니다. 넷째, 무쇠는 로마제국입니다. 그리고 로마 제국은 열국으로 분열됩니다. 이 부분은 7장과 9장에서 다시보게 됩니다.

여기에 하나님이 세운 한 돌이 있습니다. 열방의 시대에 하나님이 한 나라를 세우셨습니다. 이 나라는 그리스도의 나라입니다. 그리스도는 열방 가운데 오셨습니다. 예수님이 오셔서 하신 일은 하나님 나라의 선포였습니다. "이르시되 때가 찼고 하나님의 나라가 가까이 왔으니 회개하고 복음을 믿으라 하시더라"(막 1:15)

손대지 아니한 돌이 산에서 나왔습니다. 그리고 열방을 무너뜨리고 영원한 그의 나라를 선포하셨습니다. 열방을 평정하심입니다. 이 놀라운 사실을 느부갓네살이 보았습니다. 가장 화려한 자신의 나라가 어떻게 끝나게 될 것인지를 알게 되었습니다.

느부갓네살이 보았던 꿈과 그 꿈의 해석을 통하여 우리에게 말씀하시는 하나님의 가르침을 생각해야 합니다. 우리에게 말씀하시는 하나님의 가르침이 무엇입니까? 차례로 교훈을 나누고자 합니다.

첫째, 모든 역사는 하나님 나라를 위한 준비입니다. 우리는 역사 속에 살고 있습니다. 역사 밖에 존재하는 분은 하나님 한 분입니다. 모든 피조물은 다 역사 안에 존재합니다. 그리고 모든 역사는 하나님의 뜻을 이루기 위하여 존재합니다. 느부갓네살에게 알려준 역사는 제국의 역사가 아

교회를 세우는 다니엘 강해

니라 하나님의 나라를 위하여 준비하는 역사였습니다.

바벨론, 페르시아, 헬라, 로마가 세상을 지배함으로 세상이 소통하게 하셨습니다. 그리고 마침내 한 돌이신 예수님이 오셔서 하나님 나라를 선포하셨습니다. 모든 역사가 하나님 나라의 임함을 위하여 자신의 역할을 충실하게 감당하였습니다. 열왕의 역사 가운데 준비하신 하나님 나라가 임하였습니다. 다니엘은 이 사실을 보았습니다. 그러므로 하나님을 찬양하지 않을 수 없었습니다.

지금 우리의 역사도 하나님 나라를 위하여 존재합니다. 영원한 하나님 나라를 위하여 존재합니다. 여기에 우리의 정체성이 있습니다. 우리가 무엇을 위하여 살아야 하는지가 분명합니다. 하나님 나라를 위하여 살아갑니다. 하나님 나라 가운데 살아갑니다. 하나님 나라의 완성을 위하여 살아갑니다. 이것을 잊지 말아야 합니다.

둘째, 이 땅의 나라들은 영원하지 않습니다. 오직 주님의 나라만이 영원합니다. 느부갓네살은 자신이 본 열왕의 역사에 대하여 충격을 받습니다.(46절) 영원할 것 같은 자신의 나라가 사라짐을 보았기 때문입니다. 바벨론은 강력한 제국을 형성하였습니다. 문화도 융성하였습니다. 누구도 넘볼 수 없는 부와 권력을 가졌습니다. 그런데 나라가 망합니다. 이것을 어떻게 받아들일 수 있겠습니까? 그러나 역사가 보여주듯이 바벨론은 망합니다. 다니엘은 2:21에서 왕들을 폐하시고 왕들을 세우시는 하나님을 찬양하였습니다. 이 놀라운 사실을 알았기 때문입니다.

사도 바울은 보이는 것은 잠깐이고 보이지 않는 것이 영원하다고 하였습니다. 이 땅의 것들은 다 잠시 있습니다. 모든 것이 다 잠시 있습니다. 그것은 영원한 하나님 나라를 위하여 존재하기 때문입니다. 바벨론의 존재 이유는 하나님 나라를 위해서입니다. 페르시아도, 헬라도, 로마도 동일합니다. 하나님 나라를 위하여 잠시 존재할 뿐입니다. 그러므로 보이는 것으로 자랑하는 자들처럼 허망한 것은 없습니다. 영원한 것을 자랑할 수 있어야 합니다. 사라지는 것으로 자랑하지 말고 영원한 것으로 자랑하시기 바랍니다.

셋째, 모든 역사는 하나님의 섭리 가운데 존재합니다. 은밀한 것은 하나님이 알려주셔야 알 수 있습니다. 우리가 할 일은 하나님이 알려주신 것을 아는 일입니다. 모든 역사가 하나님의 섭리 가운데 있습니다. 이것은 하나님의 계시 안에 존재한다는 의미입니다. 모든 역사에는 우연이 없습니다. 모든 것이 하나님의 필연 가운데 존재합니다. 이것이 하나님의 섭리입니다. 우리의 지성에서는 이해할 수 없습니다. 그러나 무한하시고 영원하시고 전지전능하신 하나님에게는 문제가 되지 않습니다.

역사 가운데 일어나는 모든 것은 다 하나님의 섭리 속에 존재합니다. 이스라엘의 역사만이 아닙니다. 모든 역사가 다 하나님의 섭리 속에 존재합니다. 그것은 모든 역사가 하나님 나라의 역사이기 때문입니다. 하나님을 아는 이들에게는 특별은총으로 나타나지만, 이방인에게는 일반은총으로 나타납니다.

느부갓네살을 통하여 보여준 역사의 가르침은 이러한 의미를 담고 있습니다. 모든 역사는 하나님의 필연적 섭리 가운데 있습니다. 우리가 겪는 이 역사도 하나님의 필연적 섭리 가운데 있음을 기억해야 합니다. 그

교회를 세우는 다니엘 강해

것이 우리가 이 땅에서 흔들림 없이 믿음의 길을 갈 수 있는 능력이 됩니다.

우리는 역사 속에 존재하고 살아갑니다. 이 역사는 하나님의 섭리 가운데 존재합니다. 모든 역사는 하나님의 필연 속에 존재합니다. 다니엘을 통하여 하나님은 이 사실을 알려줍니다. 하나님의 섭리는 이방의 왕 느부갓네살에게 보여주시고, 하나님의 사람 다니엘과 세 친구가 해석하게 하십니다. 결국 이방의 역사 역시 하나님의 섭리 가운데 존재합니다. 이방 역사의 의미 역시 하나님이 주실 때 알 수 있습니다. 그리고 이 모든 역사는 하나님 나라를 위하여 존재합니다. 하나님 나라가 완성될 때 이방의 모든 나라가 자신의 할 일을 멈추고 온전히 하나님을 찬양할 것입니다. 자신들의 존재 이유가 하나님을 위한 것임을 알게 되기 때문입니다.

이 사실은 우리가 어떻게 살아야 할 것인지를 분명하게 알려줍니다. 우리의 모든 행위는 오직 하나님의 나라를 완성하기 위하여 존재합니다. 창조경륜을 성취하기 위한 것입니다. 그러므로 무엇보다도 최선을 다하여 살아갑니다. 지금 내가 하고 있는 일이 결코 작은 것이 아닙니다. 죄짓는 것 외에 모든 것은 다 하나님 나라의 완성과 창조경륜의 성취에 있습니다.

역사를 주관하시는 하나님은 모든 것을 합력하여 선을 이루십니다. 우리의 모든 삶은 하나님이 섭리하시는 역사의 일부입니다. 이 사실과 믿음을 가지고 역사의 현장에서 최선을 다하며 살아가야 합니다.

모든 신들의 신 모든 왕의 주
(단 2:46-49)

여러분에게 오늘의 삶은 어떠하셨습니까? 가정과 직장과 삶의 다양한 현장 속에서 하나님의 인도하심을 경험하셨습니까? 하나님의 인도하심을 받고자 여러분이 가장 힘쓴 부분은 무엇입니까? 이 질문을 가슴에 품고 오늘 말씀을 함께 나누고자 합니다.

느부갓네살 왕은 자신의 꿈에 대하여 정확하게 알고 해석하여 준 다니엘, 하나냐, 미사엘, 아사랴에게 감사를 표합니다. 느부갓네살은 다니엘에게 절을 하면서 예물과 향품을 줍니다. 향품은 당시에 최고의 선물이라 할 수 있습니다. 이것은 참으로 파격적인 모습이 아닐 수 없습니다. 전제국가의 왕이 포로에게 절을 하는 것은 상상을 초월하는 일이기 때문입니다. 놀라운 반전이 아닐 수 없습니다. 느부갓네살이 이렇게 할 수 있었던 것은 자신이 꾼 꿈이 거대하였기 때문입니다. 그런데 그 꿈의 내용과 해석을 알려준 것에 너무나 놀랐기 때문입니다.

교회를 세우는 다니엘 강해

왕은 다니엘에게 고백합니다. 너희 하나님은 모든 신들의 신이시며, 모든 왕의 주인이시라고 말합니다. 느부갓네살이 할 수 있는 최상의 고백이라 할 수 있습니다. 느부갓네살은 하나님을 향하여 은밀한 것을 나타내시는 하나님이라고 고백합니다. 그렇다고 느부갓네살이 유일하신 하나님 앞에 회심하였다고 할 수 없습니다. 다만 하나님의 위대하심을 인정하는 시작이 되었습니다.

느부갓네살이 하나님에 대한 존경을 가졌음을 볼 수 있는 것은 다니엘이 바벨론 온 지방을 다스리게 함에서 알 수 있습니다. 또한 모든 지혜자의 어른으로 삼았습니다. 이것은 다니엘의 나이와 관계없이 지혜의 탁월함 때문입니다. 실제로 바벨론의 지혜자들은 다니엘 때문에 살아났습니다. 그런 의미에서 다니엘은 생명의 은인입니다. 충분히 다니엘이 어른이 될 수 있는 자격을 가졌습니다.

다니엘은 왕에게 하나냐, 미사엘, 아사랴를 지방의 관리로 임명할 것을 요구하였습니다. 왕은 이 요구를 들어주었습니다. 그리고 다니엘은 왕궁에 남았습니다. 다니엘은 중앙 정치에 전념하였고 세 친구는 지방 행정을 담당하였습니다.

느부갓네살이 은밀한 것을 알게 된 후에 나타난 모습입니다. 본문은 은밀한 꿈에 대한 결론에 해당되는 말씀입니다. 본문이 말씀하는 교훈을 함께 살펴보고 삶에 적용하고자 합니다.

첫째, 그리스도께서 그리스도인들의 삶의 모든 여정을 끝까지 지켜주십니다. 다니엘과 느부갓네살 사이에 있었던 일을 보면 많은 생각을 하게합니다. 죽음과 삶의 사이가 아주 가까이에 있음을 봅니다. 느부갓네살의 꿈을 알지 못하면 바로 죽음에 이르게 됩니다. 그러나 꿈을 알게 되자 기세등등한 느부갓네살이 엎드려 절합니다.

죽음과 삶이 종이 한 장 차이임을 볼 수 있습니다. 우리가 살아가는 삶의 현실이 이러합니다. 그런데 그리스도인들에게는 이 차이를 이겨내는 능력이 있습니다. 바로 예수 그리스도의 사랑입니다. 예수님의 사랑이 그리스도인들의 삶의 모든 여정을 지켜주십니다.

하나님의 자녀로 이 땅에서 살아가는 그리스도인들의 삶에 다가오는 많은 위기가 있습니다. 그것이 신앙적이든, 육체적이든, 관계적이든, 혹은 경제적인 상황 등 여러 모습으로 시험이 옵니다. 더구나 시험은 육체가 약해지거나, 관계가 힘들어지거나, 경제적으로 어려워지면 더 크게 느껴집니다. 이때 영적 상태가 흔들릴 수 있습니다.

성경의 사람들이 보여주는 장면에서 잘 볼 수 있습니다. 선지자 엘리야가 그러한 시험에 빠져서 고통스러워했습니다. 믿음의 아버지인 아브라함도 시험을 견디지 못해서 애굽으로 피신을 가고 하갈을 아내로 삼는 여러 실수를 하였습니다. 그런데 하나님은 이러한 상황 가운데 자녀들을 붙잡아 주셨습니다.

하나님의 자녀는 남은 자입니다. 다시 말하면 그리스도의 십자가의 은혜로 구원받을 자입니다. 예수님은 십자가의 은혜로 구원받은 자녀들을 끝까지 사랑하십니다. 그 어떤 일에도 사랑하는 자녀들의 손을 놓지 않습니다. 사도 바울의 고백에서 분명하게 볼 수 있습니다.

교회를 세우는 다니엘 강해

"내가 확신하노니 사망이나 생명이나 천사들이나 권세자들이나 현재 일이나 장래 일이나 능력이나 높음이나 깊음이나 다른 어떤 피조물이라도 우리를 우리 주 그리스도 예수 안에 있는 하나님의 사랑에서 끊을 수 없으리라"(롬 8:38-39)

"유월절 전에 예수께서 자기가 세상을 떠나 아버지께로 돌아가실 때가 이른 줄 아시고 세상에 있는 자기 사람들을 사랑하시되 끝까지 사랑하시니라"(요13;1)

예수 그리스도의 사랑은 변함없는 사랑입니다. 언제나 신실하신 사랑입니다. 예수님은 선택한 자기 자녀를 항상 사랑하시고 변함없이 사랑하십니다. 그리고 이 사랑이 삶의 시작되는 시점에서부터 영원까지 이어집니다.

다니엘이 이 믿음을 가지고 있었습니다. 그러기에 두려움에 떨지 않고 친구들과 함께 기도할 수 있었습니다. 그리고 하나님의 인도하심을 받았습니다. 예수 그리스도의 변함없는 사랑을 받은 신자답게 믿음의 여정을 담대하게 걸어 갈 수 있기를 소망합니다.

둘째, 그리스도인은 하나님의 은혜로 살아갑니다. 그리스도인의 분명한 자세는 하나님의 은혜에 있습니다. 하나님의 은혜는 값진 선물입니다. 은혜는 우리의 행함에 따라 주는 것이 아니라 전적인 하나님의 선물입니다. 다니엘은 느부갓네살에게 놀라운 선물을 받았습니다. 생명을 건졌고, 향품을 받았습니다. 귀한 선물을 많이 받았습니다. 그리고 세상에서 높임을 받았습니다.

그런데 여기에 다니엘이 한 일이 무엇입니까? 대단한 연구를 하였습니까? 아닙니다. 다니엘이 한 일은 살려달라고 기도한 것밖에 없습니다. 하나님은 다니엘에게 그 누구도 알 수 없는 역사의 비밀을 알려주셨습니다. 이것이 은혜입니다. 하나님의 선물입니다. 다니엘은 하나님이 주신 선물을 가지고 세상 앞에 담대하게 나갔을 때 세상은 그 앞에 무릎을 꿇었습니다. 다니엘의 능력이 아니라 하나님의 능력이었습니다.

그리스도인의 삶이 그러합니다. 하나님의 은혜 없이는 살 수 없습니다. 우리를 부르신 것도 주님의 은혜입니다. 우리를 죄에서 구해주신 것도 주님의 은혜입니다. 십자가의 은혜는 우리를 사망에서 건져 주셨습니다. 지옥 불에 떨어진 인생에서 구원하셨습니다. 그리고 날마다 우리를 지켜주시고 인도하셔서 주님 나라에 들어가게 하십니다. 믿음의 사람 노아가 하나님의 은혜를 입었습니다.(창 6:8) 아브라함과 모세와 다윗과 믿음의 선진들이 다 하나님의 은혜로 살아갔습니다.

바울은 고백합니다. 주님은 우리를 돕는 분입니다. "그러므로 우리가 담대히 말하되 주는 나를 돕는 이시니 내가 무서워하지 아니하겠노라 사람이 내게 어찌하리요 하노라"(히 13:6) 그런데 이 돕는 것이 한번만 돕고 끝나는 것이 아닙니다. 때를 따라 돕습니다. 바울은 그 사실을 분명하게 증거합니다.

"그러므로 우리는 긍휼하심을 받고 때를 따라 돕는 은혜를 얻기 위

하여 은혜의 보좌 앞에 담대히 나아갈 것이니라"(히 4:16)

우리가 은혜의 보좌 앞에 나아가는 것은 때를 따라 돕는 은혜가 있기 때문입니다. 하나님을 예배하고, 하나님께 기도하는 모든 것은 하나님이 약속하신 은혜를 누리는 길입니다. 그러므로 선진들은 은혜의 방편을 말씀과 기도, 성례라고 하였습니다.

그리스도인은 하나님의 은혜로 살아갑니다. 은혜 없이 살 수 없습니다. 은혜 없이 사는 것은 그리스도인이 아닙니다. 그리스도인이 사는 길은 은혜를 얻기 위하여 은혜의 보좌 앞에 나가는 일입니다. 여기에 능력이 있습니다. 우리는 늘 하나님의 은혜를 받아 살아야 합니다. 다니엘은 앞서서 이 진리를 알려주었습니다.

셋째, 지금도 하나님이 모든 신들의 신이시며 유일하신 신이십니다. 다니엘에게 절을 하였던 느부갓네살의 고백은 정확합니다. 하나님은 모든 신들의 신입니다. 즉 유일신입니다. 모든 왕의 주인이십니다. 그 누구도 하나님 앞에서 자신의 권세를 내세울 수 없습니다. 왕을 세우고 폐하시는 권세는 하나님께 있습니다. 자신들이 권력을 잡는 것 같아도 하나님이 허락하셔야 됩니다. 그러므로 권력을 가진 자는 항상 겸손해야 합니다. 언제 그 권력의 자리에서 내려올지 모르기 때문입니다.

느부갓네살의 고백과 같이 오직 하나님만이 유일하신 신입니다. 그렇다면 모두가 하나님 앞에 무릎을 꿇어야 합니다. 하지만 세상은 그렇지 않습니다. 하나님을 가볍게 여깁니다. 자신들이 만들어낸 신으로 만들어버립니다.

　우리가 사는 세상은 종교다원주의의 영향으로 하나님을 많은 신 가운데 하나로 만들어버렸습니다. 그래서 하나님의 말씀을 참된 기준으로 여기지 않습니다. 우리 시대는 기준이 없는 시대입니다. 모두가 기준이거나 다수의 말이 기준이 되었습니다. 도덕이 다수의 생각으로 정해지고 있습니다. 이것이 세상의 변화라고 말합니다. 그리스도인은 이 유혹에 맞서서 싸워야 합니다. 우리의 기준은 유일하신 하나님과 그의 말씀입니다. 모세와 시편 기자의 외침을 들어야 합니다.

　　"이스라엘아 들으라 우리 하나님 여호와는 오직 유일한 여호와이시니"(신6:4)

　　"그룹 사이에 계신 이스라엘 하나님 만군의 여호와여 주는 천하 만국에 유일하신 하나님이시라 주께서 천지를 만드셨나이다"(시 37:16)

　그러므로 우리의 구원은 유일하신 하나님을 고백하는 것에 있습니다. "영생은 곧 유일하신 참 하나님과 그가 보내신 자 예수 그리스도를 아는 것이니이다"(요 17:3) 유일하신 참 하나님과 하나님이 보내신 예수 그리스도를 아는 것이 영생입니다. 영생을 받은 자의 한결같은 고백이 여기에 있습니다. 구원의 증거는 유일하신 하나님과 예수 그리스도를 고백합니다. 느부갓네살의 고백을 통하여 우리에게 알려주시는 구원의 비밀입니다.

교회를 세우는 다니엘 강해

우리는 다니엘에게 절을 하고 그에게 큰 선물을 주고 바벨론의 모든 지혜의 어른과 바벨론을 다스릴 수 있는 권력을 준 느부갓네살의 모습을 봅니다. 유일하신 하나님을 만나면 누구나 이러한 자세를 갖게 됩니다. 느부갓네살의 놀라운 행동이 이스라엘 백성의 미래를 보여줍니다. 그리고 이스라엘이 이방에서 사라지는 것이 아니라 그리스도의 오심을 준비하는 나라가 됨을 보여줍니다. 세상의 나라들은 사라집니다. 그러나 그리스도의 나라는 영원합니다. 이 놀라운 비밀을 느부갓네살의 행위를 통하여 보여주고 있습니다.

하나님 나라를 소유한 우리에게 중요한 것은 하나님이 우리와 끝까지 함께하심을 확신하는 것입니다. 믿음의 확신이 우리를 담대하게 만듭니다. 하나님은 우리를 한번도 떠나신 적이 없습니다. 언제나 우리와 함께하십니다. 이 사실을 더욱 굳게 붙잡아야 합니다.

그리고 우리의 삶은 전적으로 하나님의 은혜에 사로잡혀 있어야 합니다. 작은 일이든 큰 일이든 하나님의 은혜로 살아야 합니다. 때를 따라 돕는 은혜를 구하며 살아야 합니다. 그러기 위하여 날마다 은혜의 보좌 앞에 나가는 일이 중요합니다. 여러분은 은혜의 보좌를 사랑하십니까? 은혜의 보좌 앞에서 하나님의 은혜를 구하십니까? 삶의 모든 문제를 혼자 끙끙 앓고 있는 것처럼 어리석은 것이 없습니다. 은혜의 보좌 앞으로 가져와서 해결받으셔야 합니다. 예배를 통하여 주시는 말씀과 기도를 통하여 들려주시는 응답을 받아야 합니다.

우리에게 은혜를 주시는 하나님은 유일하신 하나님입니다. 모든 신들의 신입니다. 이 말씀처럼 세상에 기웃거리지 말아야 합니다. 오직 하나님만 바라보고 살아야 합니다. 하나님이 우리의 생명입니다.

세상은 우리를 지배하지 못합니다. 우리에게 무릎을 꿇습니다. 대단한 힘이 있는 것처럼 보여도 하나님의 사람 앞에서 고개를 숙입니다. 그러므로 세상의 도전에 담대함을 가지기 바랍니다. 세상에서의 일들이 힘들게 다가올수록 더욱더 은혜의 보좌 앞으로 나가는 결단이 있어야 합니다. 주의 은혜가 여러분에게 있기를 소망합니다.

교회를 세우는 다니엘 강해

3장

하나냐, 미사엘, 아사랴는 우리에게 참된 믿음이 어떤 것인지 보여줍니다.
예수님의 십자가는 참된 믿음의 영광이 무엇인지 알려줍니다.
죽는 것 같아도 죽지 않습니다.
망하는 것 같아도 결코 망하지 않습니다.
세상은 결코 믿음을 이길 수 없습니다.
세상은 믿음 앞에 반드시 굴복합니다.
이것이 정해진 사실입니다.

믿음의 확신이 세상을 이깁니다
(단 3:1-18)

세상에서 믿음으로 살 때 가장 힘든 일이 무엇입니까? 어떤 일을 당할 때 가장 당혹스럽습니까? 가정 먼저 생각나는 일이 무엇입니까? 그리고 힘들고 당혹스러운 일을 어떻게 이겨내셨습니까? 또는 이겨내시고 있습니까? 세상을 살면서 믿음이 주는 기쁨을 누리며 산다는 것은 최고의 기쁨이 됩니다. 본문을 통해 이 기쁨을 누릴 수 있는 길을 함께 살피고 은혜를 누리고자 합니다.

느부갓네살이 금으로 신상을 만듭니다. 높이가 60규빗(약 27미터)이고 너비는 여섯 규빗(약 2.7미터)입니다. 왕은 이 신상을 바벨론 지방 평지에 두라고 명령합니다.(1절) 평지는 산들 사이에 끼인 들판입니다. 모든 사람에게 보이고, 들리게 하려고 정한 장소입니다. 느부갓네살이 갑자기 금 신상을 만들라고 한 이유는 알 수 없으나 상황을 유추해 보면 자신이 꾼 꿈에 대한 다니엘의 해석을 듣고 오해하여 결정한 것이 아닌가 생각할 수 있습니다. 왕이 본 꿈에 나타난 신상의 금 머리가 자신임을 들었기 때문

교회를 세우는 다니엘 강해

입니다.(2:32) 느부갓네살은 자신의 형상으로 금 신상을 만들고 다른 신과 연합한 것으로 볼 수 있습니다.

느부갓네살은 금 신상이 완성되자 모든 관원을 신상의 낙성식 즉 신상이 완성된 것을 축하하는 자리에 참석하게 합니다.(2절) 왕의 명령대로 지방의 모든 관원이 신상의 낙성식에 참여합니다.(3절) 그러자 낙성식을 인도하는 관리가 왕의 명령을 전합니다. 나팔을 비롯한 악기 소리를 들을 때 모두 엎드리어 왕의 신상 앞에 절하라고 전달합니다.(4-5절) 이 악기 소리는 오케스트라와 같이 웅장합니다. 듣지 못할 사람이 없을 정도의 소리라고 할 수 있습니다. 못 들었다고 핑계할 수 없습니다. 그러면서 절하지 않는 자는 즉시로 맹렬히 불타는 풀무불에 던져 넣으라고 말합니다. 그러자 모인 모든 사람이 금 신상 앞에 절하였습니다.(6-7절)

그때 어떤 갈대아 사람이 유대인을 고발합니다.(8절) 이들이 고발한 내용은 왕의 명령을 어기고 왕의 신상에 절하는 않은 유대 사람이 있다는 것입니다. 이들은 바벨론 이름으로 사드락, 메삭, 아벳느고로, 지방의 관리로서 금 신상에 절하라는 왕의 명령을 어겼다고 고발합니다. 왕을 높이지 않고 왕의 신들을 섬기지 않았다는 내용입니다.(9-12절)

느부갓네살이 이 말을 듣고 분노합니다. 그리고 사드락, 메삭, 아벳느고를 데려 올 것을 명령합니다.(13절) 느부갓네살은 금 신상에게 절하지 않은 것이 사실인지를 심문합니다. 그리고 이제라도 준비하였다가 나팔 소리를 비롯한 모든 악기 소리가 나면 자신이 만든 금 신상 앞에 즉시로 절할 것을 명령합니다. 이 명령을 거절하면 맹렬히 타는 풀무불에 던져 넣을 것이다. 그러면 누구도 자기 손에서 건져낼 신이 없을 것이라고 말합니다.(14-15절) 왕이 제시하는 타협과 협박입니다. 세 친구에게는 살 수 있는 마지막 기회가 주어졌습니다.

그러자 사드락, 메삭, 아벳느고가 왕에게 대답을 합니다. 이들은 이 문제에 대하여 왕에게 대답할 필요가 없다고 말합니다.(16절) 하나냐, 미사엘, 아사랴는 우리가 섬기는 하나님이 맹렬히 타는 풀무불과 왕의 손에서 능히 건져낼 것이라고 말합니다.(17절) 그리고 이들은 분명한 믿음의 고백을 합니다. 그것은 하나님이 풀무불에서 능히 구해주실 것이라는 믿음입니다. 그러나 하나님이 건져내지 않으실지라도 왕이 세우신 금 신상에게 절하지 않겠다고 말합니다. 자신이 가진 믿음이 흔들리지 않을 것임을 말합니다.

본문에는 다니엘이 나타나지 않고 세 친구만 나타납니다. 세 친구가 하나님을 기쁘시게 하는 일에 주인공이 됩니다. 이렇게 느부갓네살과 세 친구 사이에 일어난 영적 대립을 보게 됩니다. 이 장면은 세상에서 믿음을 가지고 살아가는 모든 성도의 삶에 분명한 기준을 보여주십니다. 하나님은 느부갓네살과 세 친구의 모습을 통하여 세상 속에서 살아갈 때 믿음이 얼마나 중요한지를 보여주고 있습니다. 믿음의 확신이 세상을 이긴다는 사실을 알려주고 있습니다. 그렇다면 본문이 가르치는 교훈은 무엇입니까?

첫째, 사람에게는 항상 선악을 판단하는 신이 되고 싶어 하는 죄성이 있다는 것을 알 수 있습니다. 아담의 타락은 하나님과 같이 되어 선악을 판단하는 자가 되고 싶음에서 일어났습니다. 사단은 끊임없이 이러한 욕

교회를 세우는 다니엘 강해

망을 부추깁니다. 세상을 정복한 느부갓네살은 이제 신이 되고 싶어합니다. 금으로 신상을 만들었습니다. 자신이 금 머리라고 들었기에 더욱더 금 신상을 추진하였다고 할 수 있습니다. 인간이 가진 탐심과 욕망은 스스로 신이 되어 파멸의 자리에 이를 때까지 진행됩니다.

예수님은 스스로 높이는 자를 조심하라고 말씀하십니다.(눅20:46) 이는 오늘날의 이단들에게 나타나는 한결 같은 모습입니다. 모두가 신이 되었습니다. 피조물이 창조주의 자리를 탐하게 될 때 다가오는 것은 처절한 심판입니다. 그런데 이러한 모습이 멀리만 있지 않습니다. 우리도 세상적으로 조금만 성공하면 바로 욕망의 자리에 떨어지게 됩니다. 우리 안에 있는 탐욕이 죄의 자리에 서게 합니다. 그러므로 항상 성령의 도우심을 받아 탐욕을 다스려야 합니다. 믿음의 선배들이 사람의 제일 목적을 하나님의 영광이라고 말한 것은 이러한 탐욕이 늘 우리를 지배하고 있음을 잘 알았기 때문입니다. 하나님의 영광을 위하여 사는 것을 잊지 말아야 합니다. 오직 예수님만이 나의 구세주임을 고백해야 합니다. 이것이 우상숭배로 가는 길을 막는 일입니다.

둘째, 위에 있는 권세에 순종하는 기준은 하나님의 법을 준수하는 것입니다. 이러한 믿음의 확신이 있어야 합니다.

위에 있는 권세자나 혹은 상사에 대하여 육적인 관계로는 철저하게 복종해야 합니다. 하지만 영적으로 불합리하고, 하나님을 대적하는 일에는 불복종하는 것이 합당합니다. 하나님을 대적하는 일에 복종하는 것은 합당하지 않습니다.

바울은 위에 있는 권세에 대하여 이 사실을 가르칩니다. 위에 있는 권세에 순종하는 기준은 하나님의 법을 준수할 때입니다.(롬 13:1) 이것이 원리입니다. 그렇다면 사드락, 메삭, 아벳느고는 당연히 왕의 신상에 절하라는 명령에 순종해야 합니다. 하지만 그렇게 하지 않았습니다. 그것은 합당한 명령이 아니기 때문입니다. 바울은 이 사실에 대하여 말하고 있습니다.

"그는 하나님의 사역자가 되어 네게 선을 베푸는 자니라 그러나 네가 악을 행하거든 두려워하라 그가 공연히 칼을 가지지 아니하였으니 곧 하나님의 사역자가 되어 악을 행하는 자에게 진노하심을 따라 보응하는 자니라"(롬 13:4)

권세자는 하나님의 사역자입니다. 이 말은 하나님의 뜻을 전하는 자입니다. 그런데 하나님의 사역자가 하나님의 뜻을 행하지 않으면 하나님께 반역하는 자입니다. 그렇다면 반역자에게 순종하는 것은 하나님께 불순종하는 것이 됩니다. 오히려 반역자에게 불순종하는 것이 하나님께 순종하는 것이 됩니다.

세 친구는 하나님의 반역자에게 불순종하기로 하였습니다. 이것이 세 친구가 보여준 바른 신앙입니다. 이러한 태도는 믿음이 있어야 합니다. 믿음이 없이는 이 일을 감당할 수 없습니다. 성경에 대한 바른 지식과 믿음이 있어야 불의함 앞에서 담대하게 믿음의 길을 갈 수 있습니다.

믿음의 확신이 중요한 이유는 우선 세상의 미혹을 분별할 수 있습니다. 참과 거짓 그리고 하나님의 뜻과 세상의 욕망을 구별할 수 있습니다. 믿음의 확신이 일종의 저울이 되어서 바른 분별력을 가지고 세상을 이길 수 있습니다. 느부갓네살의 요구는 분명 미혹이었습니다. 세 친구는 바르게 분별하였습니다.

또한 믿음의 확신이 협박을 이겨낼 수 있습니다. 우리의 삶에 다가오는 세상의 유혹은 참으로 엄청납니다. 이 협박에 굴복당하지 않는 길은 믿음의 확신입니다. 그래서 바울은 오직 의인은 믿음으로 말미암아 산다고 하였습니다.(롬 1:17) 또한 세상이 감당치 못하는 사람이라고 하였습니다.(히 11:38)

세 친구에게 끝까지 유혹과 협박이 왔습니다. 고난받지 않을 기회가 왔습니다. 유혹에 타협하면 됩니다. 협박에 굴복하면 됩니다. 그러나 그 길은 하나님을 대적하는 길입니다. 믿음의 확신이 없다면 유혹과 협박에 넘어가게 됩니다.

그러나 믿음의 확신은 바른 분별력으로 협박을 이기고 불법적인 권세와 싸울 수 있습니다. 세상에 살지만, 세상에 속하지 않고 세상을 이기는 길은 믿음의 확신에 있습니다. 믿음의 확신이 있으면 세상을 정면으로 바라볼 수 있습니다. 불법적인 권세에 담대하게 저항할 수 있습니다. 이를 세 친구의 모습에서 볼 수 있습니다.

마지막으로 믿음의 확신은 삼위 하나님을 아는 지식에서 주어진다는 것을 알 수 있습니다. 이것은 매우 중요합니다. 세 친구의 믿음에서 볼 수 있습니다. 세 친구는 무엇보다도 하나님을 정확하게 알고 있었습니다. 이 친구들은 하나님의 구원하심에 대하여 확고하였습니다. 이것이 가능한 것은 하나님이 어떤 분이신지 알고 있기 때문입니다. 창조주이시고 구원자이신 하나님을 믿었습니다. 짧은 삶이지만 배웠고, 경험하였고 확신하였습니다. 그래서 왕의 명령에 불복종하였고, 왕의 협박을 두려워하지 않았습니다. 죽으면 죽으리라는 에스더의 믿음이 세 친구에게서도 나타납니다.

하나님을 아는 지식이 죽음 앞에서도 믿음을 지키게 합니다. 풀무불의 두려움 앞에서 당당하였습니다. 혹 하나님이 자신을 구해내지 않으셔도 하나님의 선하심을 의심하지 않았습니다. 하나님이 구하지 않으시는 것도 하나님의 뜻이기 때문입니다. 합력하여 선을 이루시는 하나님을 알았습니다. 이것이 세 친구의 믿음이었습니다.

이러한 믿음은 예수님의 부활과 승천을 보았던 제자들의 모습에서도 나타납니다. 오순절 성령의 강림으로 인하여 성령충만한 제자들은 담대하게 복음을 전하다가 대제사장들에게 잡혔습니다. 이들이 제자들에게 침묵하면 살려주겠다고 협박합니다. 그러자 제자들이 대답합니다.

"그들을 불러 경고하여 도무지 예수의 이름으로 말하지도 말고 가르치지도 말라 하니 베드로와 요한이 대답하여 이르되 하나님 앞에서 너희의 말을 듣는 것이 하나님의 말씀을 듣는 것보다 옳은가 판단하라 우리는 보고 들은 것을 말하지 아니할 수 없다 하니"(행 4:18-20)

예수 그리스도의 말씀이 십자가에서 성취되고 부활로 확인하였던 사도들은 더 이상 죽음이 두렵지 않았습니다. 제자들이 가진 그리스도를 아는 지식이 믿음의 확신을 가지게 하였습니다. 그러므로 주님은 제자들의 신앙을 확인하시고 고백하게 하셨습니다. 제자들의 고백은 분명하였습

교회를 세우는 다니엘 강해

니다. 주는 그리스도시고 살아계신 하나님의 아들이십니다.(마 16:16) 믿음의 확신은 삼위 하나님을 아는 지식입니다. 그 지식이 입으로 고백되고 삶으로 나타납니다. 우리의 삶에서 반드시 나타나야 할 모습입니다.

세 친구의 모습을 통하여 믿음의 확신이 무엇인지를 보았습니다. 믿음의 확신이 세상을 이기는 힘이 됩니다. 하나님만이 유일하신 하나님임을 고백합니다. 하나님 외에 다른 신을 섬기지 말라는 말씀에 순종합니다. 이 분명한 신앙이 입으로 고백되고 삶으로 나타납니다.

예수님은 분명하게 말씀하셨습니다. "영생은 곧 유일하신 참 하나님과 그가 보내신 자 예수 그리스도를 아는 것이니이다"(요 17:3) 이 사실을 알게 하고 깨닫게 하시는 분은 성령 하나님입니다. 하나님께서 우리의 심령에 이 사실을 알려주셨습니다. 우리는 이 지식에 대한 믿음을 가지고 살아갑니다. 참믿음은 참 지식에 대한 확신에서 주어집니다.

하나냐, 미사엘, 아사랴는 우리에게 참된 믿음이 어떤 것인지 보여줍니다. 예수님의 십자가는 참된 믿음의 영광이 무엇인지 알려줍니다. 죽는 것 같아도 죽지 않습니다. 망하는 것 같아도 결코 망하지 않습니다. 세상은 결코 믿음을 이길 수 없습니다. 세상은 믿음 앞에 반드시 굴복합니다. 이것이 정해진 사실입니다. 믿음의 확신을 가지고 하나님을 영화롭게 하는 멋진 삶을 살 수 있기를 소망합니다.

사람을 구원할 다른 신은 없다
(단 3:19-30)

우리가 사는 시대는 다원주의 시대입니다. 다원주의 그 자체는 문제가 되지 않습니다. 다만 종교 다원주의가 되면 문제가 됩니다. 우리는 모두 다원성의 사회에 살지만, 구원의 다원성은 없습니다. 오직 구원은 예수 그리스도를 믿음으로 받습니다. 구원은 유일성입니다. 그 이유는 구원을 주시는 하나님이 유일하시기 때문입니다. 바벨론의 왕 느부갓네살의 고백에서 다시 확인할 수 있습니다.

느부갓네살의 고백이 나온 배경은 자신이 만든 금 신상에게 절하지 않은 세 사람, 즉 하나냐, 미사엘, 아사랴 때문입니다. 이들은 느부갓네살이 만든 금 신상에게 절하지 않으면 죽임을 당할 것을 알면서도 절을 하지 않았습니다. 우상에게 절하는 것은 하나님의 말씀을 불순종하는 일이기 때문입니다. 이들은 하나님이 자신들을 구해내실 것이라는 믿음이 있었습니다. 그러나 구하지 않더라도 우상에게 절하지 않겠다고 하였습니다.

느부갓네살은 이 사실에 분노하였습니다. 느부갓네살의 분노는 사람을

교회를 세우는 다니엘 강해

죽이려고 만든 풀무불의 온도를 평소보다 7배나 많게 하였습니다. 왕은 세 친구를 불 속에 던지라고 명령합니다. 그러자 군인 가운데 몇 사람이 세 친구를 결박하여 풀무불에 던졌습니다. 그때 불이 얼마나 뜨거운지 세 친구를 붙든 사람도 불에 태워 죽임을 당했습니다.

불 속에 세 친구는 떨어졌습니다. 그런데 놀라운 상황이 벌어집니다. 왕의 눈에 세 사람 말고 또 한 사람이 보였습니다. 그리고 네 사람이 불 가운데로 다니는데 상하지 아니하였습니다. 더구나 네 번째 사람은 느부갓네살의 눈에 신들의 아들과 같이 보였습니다. 그 모습이 어떠한지 알 수 없지만, 거룩한 모습을 가지고 있었음이 분명합니다.

느부갓네살은 풀무불에 가까이 가서 지극히 높으신 하나님의 종 사드락, 메삭, 아벳느고라 부르면서 나오라고 말합니다. 그러자 세 친구가 불 가운데서 나옵니다. 왕 주위에 있던 관원들이 모두 보는데 불에 몸도 문제없고, 머리털도 그을리지 않았고, 겉옷의 빛도 변하지 않았으며, 불 탄 냄새도 없었습니다.

이 놀라운 사실 앞에 느부갓네살의 고백이 나옵니다.(28-30절) 느부갓네살은 사드락, 메삭, 아벳느고의 하나님을 찬양합니다. 첫째, 금 신상에 절하라는 왕의 명령을 거역하고 하나님 외에는 다른 신을 섬기지 말고 절하지 아니한 종을 구원하셨음을 찬양합니다. 둘째, 하나님께 경솔히 말하면 몸을 쪼개고 집을 거름터로 만들겠다고 모든 지역에 조서를 내립니다. 셋째, 사람을 구원할 다른 신이 없음을 찬양합니다. 넷째 사드락, 메삭, 아벳느고를 바벨론 지방에서 더욱 높입니다.

사드락, 메삭, 아벳느고의 신앙과 하나님의 구원하심 앞에 제국의 지배자가 철저하게 낮아지는 것을 봅니다. 세 친구의 결단과 하나님의 구원하심 그리고 느부갓네살의 고백은 우리의 신앙이 어떠해야 하는지 잘 보여주고 있습니다. 본문을 통하여 우리가 가지고 있어야 할 신앙이 무엇인지 함께 나누고자 합니다.

첫째, 믿음의 결단에는 고난이 따라오지만, 고난으로 끝나지 않습니다.
세 친구들의 믿음의 결단은 결코 쉬운 일이 아닙니다. 이미 세상에서 좋은 지위를 가졌습니다. 그것을 다시 내려놓기는 쉽지 않습니다. 그런데 세 친구들은 믿음의 결단을 하였습니다. 기꺼이 자신이 가진 지위와 부와 명예를 포기하였습니다. 하나님의 말씀을 확신하였기 때문입니다. 말씀을 읽고 들었습니다. 그리고 확신하였습니다. 하나님 외에 다른 신을 섬기지 말라는 말씀을 읽었고, 들었고, 확신을 가지고 실천하였습니다. 믿음의 결단이 때때로 이 땅에서 고난을 가져옵니다. 이 땅에는 믿음을 아는 이들이 적습니다. 하나님을 알지 않는 이들이 많습니다. 그러므로 믿음으로 사는 이들을 이해하지 못합니다.

믿음의 결단은 영광스러운 일이지만, 고난이 함께 따라옵니다. 그러나 놀라운 것은 고난으로 끝나지는 않습니다. 펄펄 끓는 불 속을 상상해 보기 바랍니다. 34도의 날씨에도 허덕이고 열사병으로 사망에 이른다는 기사도 있습니다. 그런데 불 속은 어떻겠습니까? 비유로 이것이 세상의 삶입니다. 불 속과 같은 곳이 바로 믿음의 결단을 할 때 다가오는 고난입니다. 사방을 보면 죽을 것 같습니다. 아무 소망이 없어 보입니다. 풀무불 속에 무슨 소망이 있습니까? 세상에서 믿음으로 산다는 것이 이러한 현실

교회를 세우는 다니엘 강해

을 맞이하면 살 수 있습니다. 그런데 고난이 고난으로 끝나지 않습니다. 풀무불 속에 주님이 함께 계셨습니다. 놀랍지 않습니까? 고난의 자리에 나 혼자 있는 것이 아닙니다. 아무 소망이 보이지 않는 현실에 나 혼자 있는 것이 아닙니다. 나 혼자라면 소망이 없습니다. 그런데 그곳에 주님이 계십니다. 이것이 사는 길입니다.

선지자들은 이 믿음이 있었기에 험한 길을 감당하였습니다. "야곱아 너를 창조하신 여호와께서 지금 말씀하시느니라 이스라엘아 너를 지으신 이가 말씀하시느니라 너는 두려워하지 말라 내가 너를 구속하였고 내가 너를 지명하여 불렀나니 너는 내 것이라 네가 물 가운데로 지날 때에 내가 너와 함께 할 것이라 강을 건널 때에 물이 너를 침몰하지 못할 것이며 네가 불 가운데로 지날 때에 타지도 아니할 것이요 불꽃이 너를 사르지도 못하리니 대저 나는 여호와 네 하나님이요 이스라엘의 거룩한 이요 네 구원자임이라…"(사 43:1-3)

이 믿음이 있었기에 목숨을 걸고 정직한 복음을 전할 수 있었습니다.

또한 주님은 분명하게 약속하셨습니다. "수고하고 무거운 짐 진 자들아 내게로 오라"고 하셨습니다. 주님이 부르시고 있습니다. 세상이 아무리 험해도 주님의 품 안에 있으면 이겨낼 수 있습니다. 주님은 말씀하십니다. "진실로 다시 너희에게 이르노니 너희 중의 두 사람이 땅에서 합심하여 무엇이든지 구하면 하늘에 계신 내 아버지께서 그들을 위하여 이루게 하시리라 두세 사람이 내 이름으로 모인 곳에는 나도 그들 중에 있느니라"(마 18:19-20)

두세 사람이 주님의 이름으로 모인 곳이 교회입니다. 교회가 기도할 때 주님은 함께하십니다. 그리고 기도하는 이의 소리를 들으시고 응답하십

사람을 구원할 다른 신은 없다 (단 3:19-30)

니다. 고난 가운데 기도할 때 주님은 함께하십니다. 그러므로 잊지 말아야 합니다. 믿음의 결단에는 고난이 따라오지만, 고난으로 끝나지 않습니다. 이 사실을 기억하고 어떠한 어려운 가운데서도 믿음을 포기하지 마시고 믿음의 결단을 할 수 있어야 합니다.

둘째, 믿음의 결단은 마침내 불신자들이 하나님을 찬양하는 자리에 이르게 합니다. 믿음의 결단은 고난을 살게 하지만 놀라운 열매를 보게 합니다. 그것은 불신자들이 하나님을 찬양하는 자리에 이르게 되는 일입니다. 세 친구의 결단은 끔찍한 고난을 가져왔지만, 마침내 불신자였던 느부갓네살을 정신 차리게 하고, 하나님을 찬양하게 합니다. 느부갓네살의 찬양이 위대한 것은 지배자가 종의 신을 찬양하였다는 사실입니다. 이것은 사람의 힘으로 될 수 있는 부분이 아닙니다. 하나님만이 하실 수 있습니다. 그런데 이 일이 믿음의 결단이라는 사건을 통하여 이뤄졌습니다.

주님은 믿는 자들의 삶이 불신자들에게 얼마나 크게 영향을 미치는지를 말씀하셨습니다. 그리스도인은 소금과 빛으로 살아야 함을 말씀하셨습니다. 특별히 빛의 삶은 착한 행실을 의미합니다. 착한 행실을 할 때 나타나는 영광은 사람들이 하나님께 영광을 돌린다는 것입니다.

"이같이 너희 빛이 사람 앞에 비치게 하여 그들로 너희 착한 행실을 보고 하늘에 계신 너희 아버지께 영광을 돌리게 하라"(마 5:16)

빛이 세상에 비치게 될 때 사람들이 하나님께 영광을 돌립니다. 믿음

교회를 세우는 다니엘 강해

으로 사는 것이 때로는 지치고 힘들 수 있습니다. 손해 보기도 합니다. 그런데 인내하는 자에게 주어지는 영광이 있습니다. 바로 자신을 힘들게 하였던 이들이 하나님께 영광을 돌리는 일입니다. 얼마나 놀랍고 감사한 일인지 모릅니다. 가족이, 형제가, 친척이, 친구가 변화되는 것을 보게 됩니다. 물론 그렇지 않을 수도 있습니다. 그러나 믿음의 결단을 가지고 살았던 삶을 하나님은 정확하게 기억하십니다. 주님은 자신의 발에 향유를 발랐던 마리아에 대하여 약속하셨습니다. "내가 진실로 너희에게 이르노니 온 천하에 어디서든지 이 복음이 전파되는 곳에서는 이 여자가 행한 일도 말하여 그를 기억하리라 하시니라"(마 26:13) 예수님은 믿음의 결단을 감당한 이들을 반드시 기억하십니다. 그러므로 당장의 변화가 없다고 슬퍼하고, 의심하면 안 됩니다. 주님의 일하심이 믿음의 결단을 한 성도를 통하여 반드시 열매를 맺습니다. 이 믿음이 견고하기를 소망합니다.

셋째, 오직 예수 그리스도의 이름으로만 구원을 받습니다. 세 친구들의 모습이 우리에게 주는 놀라운 가르침은 느부갓네살의 입을 통하여 나타납니다. 느부갓네살은 예수님을 보았습니다.(25절) 그리고 사람을 구원할 신은 오직 하나님 한 분임을 알았습니다.(29절) 이방 왕의 입을 통하여 복음이 선포되었습니다. 세상은 하나님을 찾아 안식을 얻기까지 끊임없이 신들을 만들고 섬깁니다. 그러나 어떠한 자연종교도 구원을 주지 못합니다. 모든 자연종교는 자신의 행위로 구원을 얻습니다. 그러나 행위로 구원을 얻을 수 있는 사람은 존재하지 않습니다. 이미 부패한 사람이 어떻게 선을 행할 수 있겠습니까? 느부갓네살이 정확하게 표현하였습니다. 사람을 구원하실 이는 오직 한 분 하나님입니다.

우리는 그 사실을 잘 알고 있습니다. "하나님이 세상을 이처럼 사랑하사 독생자를 주셨으니 이는 그를 믿는 자마다 멸망하지 않고 영생을 얻게 하려 하심이라"(요 3:16) 영생을 얻는 길은 예수님을 믿는 길입니다. 예수님이 하나님께로 가는 유일한 길이기 때문입니다. "내가 문이니 누구든지 나로 말미암아 들어가면 구원을 받고 또는 들어가며 나오며 꼴을 얻으리라"(요 10:9), "예수께서 이르시되 내가 곧 길이요 진리요 생명이니 나로 말미암지 않고는 아버지께로 올 자가 없느니라"(요 14:6)

예수님이 구원의 문이며, 구원의 길입니다. 다른 길이 없습니다. 다른 이름이 없습니다. 다른 방법이 없습니다. 예수 그리스도만으로 구원에 이릅니다. 사도 베드로는 이 복음을 분명하게 전했습니다. "다른 이로써는 구원을 받을 수 없나니 천하 사람 중에 구원을 받을 만한 다른 이름을 우리에게 주신 일이 없음이라 하였더라"(행 4:12) 사도 바울 역시 같은 복음을 전합니다. "네가 만일 네 입으로 예수를 주로 시인하며 또 하나님께서 그를 죽은 자 가운데서 살리신 것을 네 마음에 믿으면 구원을 받으리라"(롬 10:9) 그러므로 구원에 이르는 길은 오직 예수 그리스도입니다. "누구든지 주의 이름을 부르는 자는 구원을 받으리라."(롬 10:13)

예수님을 나의 주님으로 부를 때 구원이 임합니다. 우리가 어떠한 상황 가운데 있을 때라도 주님은 우리를 구원하십니다. 놀라운 구원의 역사가 오직 예수 그리스도에게 있습니다. 이 고백이 분명하게 있기를 소망합니다.

하나냐, 미사엘, 아사랴, 세 친구의 믿음의 결단을 통하여 놀라운 구원의 역사를 보았습니다. 이방의 왕 느부갓네살을 통하여 복음의 진리가 선포되었습니다. 이 세상에 사람을 구원할 다른 신은 없습니다. 다른 이름도 없습니다. 오직 예수 그리스도만이 구원입니다. 그렇기에 믿음으로 인도하여 주신 하나님께 감사합니다. 우리가 무엇인데 이러한 은혜를 주십니까? 벌레만도 못한 우리를 찾아오셔서 믿음을 갖게 하셨습니다. 그리고 예수님을 나의 주님이라 고백하게 하셨습니다. 얼마나 감사한 일입니까? 우리가 이러한 은혜를 받았습니다. 놀라운 선물을 받았습니다. 감당할 수 없는 사랑을 받았습니다.

그렇다면 어떠한 상황에서도 믿음의 결단을 하셔야 합니다. 세상을 두려워하지 마시기 바랍니다. 믿음으로 나갈 때 주님의 도우심이 바로 그곳에 있습니다. 나와 함께하시는 주님을 보시면서 믿음의 길을 감당할 수 있기를 소망합니다. 나를 구원하실 주님께서 늘 함께하십니다. 날마다 입으로 고백하고 결단하면서 믿음의 길을 감당하시기를 소망합니다.

4장

느부갓네살의 낮아짐에서 회심의 은혜를 봅니다.
낮아지지 않으면 은혜를 받지 못합니다.
하나님은 낮아지게 하는 은혜를 베풀고 회심의 선물을 주십니다.
그러므로 낮아지게 됨이 은혜입니다.
자신이 죄인 중의 괴수임을 알게 되면 그리스도 앞에 굴복하게 됩니다.
이것이 회심의 은혜, 구원의 선물입니다.

거룩한 신들의 영 (단 4:1-18)

느부갓네살의 고백은 더욱 분명해집니다. 하나님의 일하심에 대한 찬양과 하나님의 통치에 대한 고백이 놀랍습니다. 다니엘의 꿈 해석은 느부갓네살에게 새로운 시각을 가지게 하였습니다. 하지만 느부갓네살은 교만하였고, 자신의 신상을 만들어서 우상숭배를 명령하였습니다. 이러한 느부갓네살의 만행은 하나냐, 마사엘, 아사랴를 죽이려는 계획에서 절정을 이룹니다. 그러나 그리스도의 은혜로 이들은 구원받고, 느부갓네살은 하나님을 찬양합니다.

느부갓네살은 하나냐, 미사엘, 아사랴 사건을 통하여 크고, 능하고, 놀랍고, 영원한 통치자로서 하나님을 인정하고 높입니다. 느부갓네살에게 온 변화입니다.

"참으로 크도다 그의 이적이여, 참으로 능하도다 그의 놀라운 일이여, 그의 나라는 영원한 나라요 그의 통치는 대대에 이르리로다"(3절)

느부갓네살의 이러한 고백은 하나님을 만난 사람들의 공통의 모습입니

교회를 세우는 다니엘 강해

다. 아브라함, 모세, 다윗, 세례 요한, 사도 베드로, 사도 바울의 고백에서 볼 수 있습니다. "오직 하나님께 영광"이 나타난 고백입니다.

느부갓네살은 얼마 후에 꿈을 또 꿉니다. 느부갓네살은 자신이 꾼 꿈에 대하여 어느 정도 인지하고 있었습니다. 그러나 확실한 답을 받고자 바벨론의 지혜자들에게 요청하였지만, 성과가 없었습니다.(7절) 그러자 다시 다니엘에게 자신의 꿈을 알려주고 해석을 요청합니다.

느부갓네살은 자신의 꿈을 말합니다.(10-17절) 그것은 땅의 중앙에 있는 한 나무에 대한 꿈입니다. 나무는 자라서 견고하여지고 하늘에 닿을 정도였습니다. 얼마나 큰지 그 모양이 땅끝에서도 보입니다.(11절) 그 잎사귀는 아름답고, 열매는 만민이 먹을 정도로 많습니다. 그리고 많은 동식물이 먹고 거하기에 충분합니다.(12절)

그런데 하늘에서 내려온 한 순찰자, 즉 거룩한 자가 나와서 나무를 베어버립니다. 가지와 잎사귀와 열매를 헤치고, 짐승들을 떠나게 하고, 새들을 가지에서 쫓아내었습니다.(13-14절) 그런데 그루터기만 쇠와 놋 줄로 동이고 들풀 가운데 내버려 둡니다. 하늘 이슬에 젖게 하고 땅의 풀 가운데서 짐승과 함께 제 몫을 얻게 합니다.(15절)

그런데 한 가지 중요한 사실을 보입니다. "그 마음은 변하여 사람의 마음 같지 아니하고 짐승의 마음을 받아 일곱 때를 지내리라"(16절)는 말씀입니다. 짐승처럼 일곱 때(시기)를 보내는 꿈입니다. 이것은 순찰자들의 명령입니다. 지극히 높으신 이, 즉 하나님께서 사람의 나라를 다스리며 자기 뜻대로 나라를 누구에게 주십니다. 여기에는 지극히 천한 사람을 그 나라의 지도자로 세우시는 것을 사람들이 알게 하려는 의도가 있습니다.(17절)

느부갓네살은 이 꿈을 꾸었지만, 도저히 그 의미를 알 수 없었습니다. 바벨론의 사람들도 알려주지 못했습니다. 이에 다니엘에게 알리고 해석을 요청합니다. 하나님은 느부갓네살에게 계속하여 번민할 수 있는 꿈을 주십니다. 동시에 바벨론 지혜자의 무지한 모습을 대조합니다. 자연스럽게 바벨론 제국의 왕인 느부갓네살이 의지할 대상은 포로인 다니엘입니다. 여기에 역사의 아이러니와 하나님의 구속 경륜이 있습니다.

경륜은 헬라어로 오이코노미아로서 목적, 계획, 섭리 등을 의미합니다. 구속을 이루시는 하나님의 목적을 구속 경륜이라고 할 수 있습니다. 반역하고 불순종한 백성을 다시금 회복시켜서 자기 백성을 삼으시기로 하셨습니다. 하나님은 이 일을 위하여 사람이 되시고 인류의 죗값을 치름으로 반역을 무효화하셨습니다. 그리고 창조 경륜은 하나님이 자기 백성을 가지시고 그 백성 가운데 거하시며 찬양과 경배를 받으시는 것입니다. 이 일을 위하여 창조하시고 창조를 완성하시는 하나님의 모든 계획이라 할 수 있습니다.

반복하여 살펴보고 있지만 느부갓네살은 승자로서 패자에게 구원을 요청하고 있습니다. 이것은 쉬운 일도 아니고 하고 싶은 일도 아닙니다. 그

교회를 세우는 다니엘 강해

런데 하지 않을 수 없습니다. 하나님의 구속 경륜이 느부갓네살을 몰고 갔기 때문입니다. 느부갓네살을 철저하게 낮추시고 하나님을 향하게 합니다.

왕은 다시금 다니엘을 찾습니다. 이 일은 다니엘의 하나님이 참 하나님임을 진실하게 고백하게 하기 위한 하나님의 섭리입니다. 하나님의 백성들이 바벨론에서 70년을 견딜 수 있도록 준비하시는 하나님의 섭리입니다. 느부갓네살이 다니엘을 찾은 것은 다니엘 안에 있는 거룩한 신들의 영이 있음을 알았기 때문입니다. 바로 하나님에 대한 체험이 다니엘을 찾게 하였고, 문제를 해결하는 길에 이르게 된 것입니다.

느부갓네살의 입술에서 나온 고백이 진실한 고백이 되고 회심의 자리에 이르게 하시는 하나님의 크고, 능하고, 놀라운 섭리를 봅니다. 모든 것이 합력하여 선을 이루게 하십니다. 그것은 하나님은 언약을 신실하게 성취하시는 분이기 때문입니다.

하나님의 구속은 약속의 성취입니다. 언약은 공허한 말이 아니라 반드시 성취를 가져오는 능력입니다. 느부갓네살과 다니엘을 움직이시는 하나님은 그의 구속을 준비하심입니다. 느부갓네살의 고백은 이 모든 것을 증명합니다.

"그러므로 지금 나 느부갓네살은 하늘의 왕을 찬양하며 칭송하며 경

거룩한 신들의 영 (단 4:1-18)

배하노니 그의 일이 다 진실하고 그의 행하심이 의로우시므로 교만하게 행하는 자를 그가 능히 낮추심이라"(37절)

외적으로 제국의 왕이지만, 영적인 어린애였던 느부갓네살이 다니엘을 통하여 하나님을 만나고 인생이 조금씩 변하는 것을 볼 수 있습니다. 이것은 이스라엘이 포로로 잡혀 왔지만 멸망하지 않을 것임을 보여줍니다.

본문은 꿈의 내용만 살펴보았지, 꿈의 해석은 보지 않았습니다. 그러나 다니엘이 꿈을 해석할 수 있으리라 분명한 믿음을 가진 느부갓네살을 통하여 주님이 주시는 교훈을 살펴볼 수 있습니다.

첫째, 세상의 지혜로는 영적인 진리를 알 수 없습니다. 느부갓네살은 다니엘이 해결해 준 첫 번째 꿈을 알고 있습니다. 그러나 인간의 본성은 쉽게 하나님 앞에 무릎을 꿇지 않습니다. 애굽의 바로가 10가지 재앙까지 가서야 항복하였습니다. 그러나 그 이후에 다시금 이스라엘 백성을 죽이고자 홍해까지 따라왔습니다. 결국 홍해에서 신하들이 모두 수장되자 멈췄습니다. 이것이 인간이 가진 본성입니다. 쉽게 굴복하지 않습니다.

느부갓네살도 두 사건을 경험하였고 하나님을 높여 찬양하였음에도 불구하고 두 번째 꿈을 꾸었을 때 여전히 바벨론의 모든 지혜자를 의지하였습니다. 그러나 실패하였습니다.(6-7) 하나님이 주시는 영적 가르침을 세상의 지혜로는 결코 알 수 없습니다. 세상의 지혜 역시 하나님이 주신 선물이지만, 영적 진리를 알 수 없습니다. 영적 진리는 오직 하나님이 알려

교회를 세우는 다니엘 강해

주셔야만 깨달을 수 있습니다. 성령의 적용이 없이는 영적 진리를 알 수 없습니다. 우리가 종종 착각하는 것이 있습니다. 사람의 지혜로 하나님의 지혜를 알 수 있다는 생각입니다. 그러나 성령이 적용하여 주시지 않으면 우리는 알 수 없습니다.

그러므로 항상 성령께 의존하며 살아야 합니다. 성령의 지혜가 진리를 알고, 진리를 알 때 자유하는 삶을 살아갑니다. 이 분명한 믿음이 바로 서기를 소망합니다.

둘째, 예수님을 만날 때 삶의 고민은 해결됩니다.

삶의 고민은 사람마다 다릅니다. 같은 듯 다른 것이 삶의 고민입니다. 그래서 모든 문제가 같다고 쉽게 말할 수 없습니다. 삶의 문제 앞에 자신 있는 사람 역시 없습니다. 데이트, 결혼, 양육, 가정, 건강, 삶의 비전 등 다양한 고민이 존재합니다. 우리 시대에 상담과 관련된 책이 수없이 많은 이유가 그 사실을 증명합니다.

그런데 이 모든 문제의 근원은 사실 영적입니다. 자신의 죄인 됨과 그리스도의 은혜를 아는 것이 삶의 고민을 해결하는 첫걸음입니다. 그런데 사람들은 예수님을 모릅니다. 탈교회 시대인 지금은 더욱더 예수님을 만날 수 없습니다. 그래서 진정한 삶의 고민을 해결할 수 없습니다.

예수님께서 전도하실 때 한 소경의 무리들이 예수님을 찾아왔습니다. 이들은 앞을 볼 수 없어서 사람들의 이야기만을 듣고 지나가는 예수님을 향하여 소리쳤습니다. 다윗의 자손 예수여, 우리를 불쌍히 여겨달라는 외침이었습니다. 이에 예수님은 그 소리를 들으시고 고쳐주셨습니다.

예수님을 만나면 직접적인 치유를 받기도 하지만, 삶의 지혜를 얻습니다. 삶의 인도함을 받습니다. 인생의 고민이 없는 사람은 없습니다. 세상을 의지한다고 해결되는 것이 아닙니다. 예수 그리스도를 만나야 합니다. 그 자리에서 해방을 누리게 됩니다.

느부갓네살이 하나님께 나오지 않았다면 어떤 해결도 얻지 못하였을 것입니다. 그러므로 언제든지 주님께 모든 것을 가지고 나가는 자세가 필요합니다.

셋째, 예수님을 바로 아는 지식이 위기의 순간에 능력을 나타냅니다. 예수님을 만나는 것이 삶의 문제를 해결하는 것임을 살펴보았습니다. 예수님을 만나는 것은 오직 예수님의 은혜입니다. 예수님이 만나주셔야 만날 수 있습니다. 그리고 만난 사람은 은혜의 자리에 있게 됩니다.

문제는 예수님을 만난 사람들의 삶입니다. 즉 구원받은 사람들에게도 삶의 문제가 찾아오고, 위기가 다가옵니다. 이때 즉각적으로 예수님께 가까이 가야 합니다. 그것이 문제를 해결하는 최고의 방법이기 때문입니다.

그런데 즉각적으로 예수님께 가까이 가는 사람이 의외로 적습니다. 여전히 세상의 지혜에 우선 의지합니다. 물론 세상의 지혜가 필요없다는 말이 아닙니다. 앞서 말씀드렸듯이 지혜를 주신 분은 하나님이시기 때문입니다. 그러나 영적인 것은 영적인 것으로 분별하고 치유하여야 합니다. 그런데 그리스도인에게 나타나는 삶의 모든 것은 영적입니다.

교회를 세우는 다니엘 강해

그러므로 무엇보다 예수님을 만날 수 있어야 합니다. 그런데 예수님을 만나려면 예수님께로 가까이 가야 합니다. 예수님께로 가까이 가려면 예수님과 친밀해야 합니다. 예수님과 친밀하려면 예수님을 잘 알고 있어야 합니다.

예수님을 아는 지식이 위기 가운데 돌아다니지 않고 예수님께 가까이 가게 합니다. 항상 기도하는 사람이 위기의 순간에 기도합니다. 범사에 감사한 사람이 어려운 상황 가운데도 감사할 수 있습니다. 그런데 이 모든 것이 예수님을 깊이 알고 교제하였던 사람에게 나타납니다.

베드로 사도가 그리스도를 아는 지식에서 자라 가라고 권면한 이유가 여기에 있습니다.(벧후 3:18) 평상시에 예수님을 아는 지식에 충만해야 합니다. 그것이 위기의 순간에 그리스도 안에 거하게 합니다. 그 일을 위하여 예배와 말씀묵상과 기도와 성경공부와 신앙서적 읽기와 같은 일을 변함없이 감당해야 합니다. 사단이 쉬지 않고 노리고 있습니다. 그러므로 우리도 온 힘을 다하여 훈련해야 합니다.

느부갓네살이 다니엘을 찾은 것은 다니엘의 하나님이 거룩한 신들의 영이심을 알았기 때문입니다. 느부갓네살은 아직도 하나님을 온전하게 이해하지 못하였지만 다니엘 안에 계신 분이 거룩한 분임을 알았습니다. 그러기에 다니엘에게 자신의 문제를 맡길 수 있었습니다.

나의 주님이신 예수님을 바르게 알고 있고, 날마다 주님과의 교제가 있으면 삶의 어떠한 순간에도 엉뚱한 곳에 있지 않고 즉각적으로 주님께 나갑니다. 주님을 아는 지식이 날마다 풍성하기를 바랍니다.

넷째, 세상은 거룩한 신이신 예수님을 의지하며 살아가는 이들에게 나오게 됩니다. 느부갓네살이 다니엘을 찾아가는 모습을 보시기 바랍니다. 다니엘을 찾아온 이유는 오직 하나입니다. 다니엘의 하나님 때문입니다. 하나님을 품고 믿음으로 살아가는 다니엘을 찾아옵니다. 삶의 진정한 이유를 가지고 있는 다니엘이 존경스러웠습니다. 외적으로는 왕과 식민지 백성이지만 진리 안에서는 신분이 역전되었습니다.

예수 믿음은 반드시 삶을 역전시킵니다. 그것이 하나님의 일하심입니다. 예수님이 십자가에서 죽으셨습니다. 사람들은 실패하였다고 하였습니다. 그러나 다시 살아나셨고 지금까지 온 인류의 구원자로 고백되고 있습니다.

사람들이 예수님께로 왔습니다. 우리가 예수님을 의지하고 살면 세상은 우리에게로 나아옵니다. 보이는 것은 잠깐입니다. 반드시 하나님이 회복시키십니다.

믿음의 선배들이 고백한 대로, 사나 죽으나 우리의 참된 위로는 예수 그리스도입니다. 그리스도에게 올 때 만족과 위로를 받습니다. 모든 인생의 번민은 그리스도 안에서 해답을 찾고 위로받습니다. 오늘도 주님의 위로에 감사를 드립니다. 거룩한 영, 즉 성령을 소유한 우리가 가장 행복한 존재이며, 세상이 두려워하는 존재임을 기억하시기 바랍니다. 끝까지 믿

교회를 세우는 다니엘 강해

음의 길에서 흔들리지 않기를 소망합니다.

하나님을 찬양할 수밖에 없는 이유
(단 4:19-37)

우리가 사는 세상은 욕망이 지배하고 있습니다. 욕망의 세상에서 하나님을 예배하고 찬양하기가 쉽지 않습니다. 거의 불가능에 가깝다고 할 수 있습니다. 그래서 멸망에 이를 수밖에 없습니다. 그러면 어떻게 해야 하겠습니까? 절규하는 세상에서 승리할 수 있는 길은 어디에 있습니까? 느부갓네살의 모습을 통하여 그 길을 함께 살펴보고자 합니다.

느부갓네살의 또 다른 꿈이 해석됩니다. 다니엘은 담대하게 꿈을 해석합니다. 사실 이 꿈은 쉽게 말할 수 없는 내용입니다. 느부갓네살 자신에 대한 이야기이기 때문입니다. 그것도 좋은 이야기가 아닙니다. 그러니 누가 쉽게 말할 수 있겠습니까? 안다고 하더라도 누가 고양이 목에 방울을 달려고 하겠습니까? 다니엘도 놀라고 번민하였지만, 하나님의 허락하셨기에 왕의 요구에 따라 정직하게 해석합니다.

느부갓네살은 다니엘에게 번민하지 말고 말하라고 명령합니다. 그러자

교회를 세우는 다니엘 강해

다니엘은 이 꿈이 왕을 미워하는 자에게 임하고, 왕의 대적에게 임하기를 원한다고 말합니다. 다니엘의 이 말은 꿈이 결코 좋지 않음을 전제하는 것입니다.

다니엘은 본격적으로 꿈을 해석합니다. 느부갓네살이 보았던 큰 나무로 시작합니다. 어디에서나 볼 수 있고 많은 사람들과 동물과 새들이 열매를 먹고 쉴 수 있는 큰 나무는 느부갓네살 왕입니다. 왕의 나라가 창대하여서 하늘에 닿고, 권세는 땅끝까지 미침을 의미합니다.(20-22절) 그러나 하늘의 순찰자가 나무를 베었습니다. 나무는 베어 없애고 그루터기만 남겨두되 쇠와 놋줄로 동이고 그것을 들풀 가운데 두고 하늘 이슬에 젖고, 들짐승과 더불어 제 몫을 얻으며 일곱 때를 지내는 것은 왕이 사람에게서 쫓겨나서, 즉 권세의 자리에서 사람에게 쫓김을 당할 것을 의미합니다. 그리고 일곱 때를 들짐승과 함께 살 것입니다. 즉, 7년 동안 소처럼 풀을 먹으며, 하늘 이슬에 젖을 것을 의미합니다.

7년이 지난 뒤에 왕의 나라를 다스리는 분이 하나님임을 알게 될 것입니다. 하나님께서 자신의 뜻대로 이 세상 나라를 다스리고 자기의 뜻대로 누구에게든지 줄 수 있는지를 알게 될 것이라 말합니다.(23-25절) 느부갓네살이 왕으로 나라를 다스리고 있지만 실제로 하나님이 허락하지 않으면 누구도 나라를 다스릴 수 없음을 의미합니다. 일반 나라도 하나님의 섭리 가운데 있음을 의미합니다.

그런데 그루터기를 남겨두라고 하였습니다. 이것은 다음과 같은 뜻이 있습니다. 하나님이 나라를 다스리는 실제 왕이심을 깨달은 후에 다시금 왕의 나라가 견고하게 될 것을 의미합니다.(26절) 나라가 완전히 사라지는 것이 아니라 그루터기가 있기에 다시금 회복됨을 의미합니다.

그런 후에 다니엘은 왕에게 이 말씀을 듣고 공의로 나라를 다스리고, 가난한 사람을 긍휼히 여김으로 혹시 죄를 사함받으면 왕의 평안함이 장구할 것이라고 권면합니다.(27절)

1년이 지난 후에 느부갓네살은 자신이 만든 공중 정원에서 교만을 드러냅니다. 이 큰 바벨론을 내가 능력과 권세로 건설하여 나의 도성으로 삼고 내 위엄의 영광이 나타났다고 떠벌입니다.(29-30절) 겸손할 때 왕위가 영원하리라고 말한 것을 잊어버립니다. 그러자 즉시로 느부갓네살은 쫓겨납니다.(31절) 그리고 7년동안 짐승과 같은 삶을 살아갑니다. 하나님의 섭리를 깨달을 때까지 지냅니다. 하나님의 말씀처럼 사람에게서 쫓겨나고 소처럼 풀을 먹고, 몸이 하늘 이슬에 젖으며 머리털이 독수리 털과 같이 자랐고 손톱은 새 발톱과 같이 됩니다.(32-33절) 교만에 대한 하나님의 심판이 나타났습니다.

그리고 기한이 찬 후, 즉 7년 후에 느부갓네살의 총명이 돌아왔습니다. 그리고 다시 왕의 자리로 돌아옵니다. 느부갓네살은 이 모든 일이 하나님의 일하심을 고백하고, 찬양과 경배를 드립니다. 영생하시는 이를 찬양하고, 경배하였습니다. 하나님의 권세는 영원한 권세고 그 나라는 영원할

교회를 세우는 다니엘 강해

것임을 찬양합니다. 제국의 왕이 바짝 낮아진 모습을 볼 수 있습니다. 느부갓네살은 하나님께서 자신의 뜻대로 행하시는 것에 대하여 누구도 막을 수 없고, 무엇을 하느냐고 할 자가 아무도 없다고 고백합니다.(35절) 하나님 앞에 겸손할 때 총명이 다시 돌아왔습니다. 그리고 나라의 영광도 회복됩니다. 왕의 위엄과 영광도 회복됩니다. 그리고 모든 신하들이 왕에게로 나오고 이전보다 권세가 더 커졌습니다.(36절)

느부갓네살은 자신의 권세가 이전보다 더 강하여졌음을 압니다. 이 모든 것이 하나님의 뜻임을 고백입니다. 느부갓네살은 하나님을 찬송하고 경배합니다. 하나님의 일하심이 진실하고, 그의 행하심이 의로움을 찬양합니다. 느부갓네살은 교만하게 행하는 자를 낮추시는 하나님을 찬양합니다.

본문의 내용은 역사적으로도 확인할 수 있습니다. 느부갓네살은 제국을 통일하고 거대한 건축물을 만들었습니다. 바로 하늘 정원입니다. 세계 7대 불가사의로 알려졌습니다. 그러니 느부갓네살의 교만이 하늘에 닿은 것이 이상한 것도 아닙니다. 그러나 하나님은 분명하게 예고하셨습니다. 교만의 결과는 무서웠습니다. 느부갓네살은 심한 정신병에 걸렸습니다. 사람이 동물처럼 살게 되었습니다. 33절의 모습이 이와 같습니다. 고대 기록을 보면 느부갓네살은 큰 전쟁을 치른 후에 바벨론으로 왔을 때 돌연 자취를 감추었다가 사망하기 얼마 전에 나타났다고 합니다. 하늘 정원에서 바벨론을 보고 있다가 사라졌고, 죽기 전에 나타났다는 기록입니다. 또 다른 기록도 있지만 공통적인 것은 사라졌다가 나타났다는 사실입니다. 현대의 병명으로 이야기한다면 라이캔트로피(lycanthropy), 즉 수 광병, 낭병이라는 질병입니다. 자신을 동물로 생각하고 동물처럼 지내는 것을 의미합니다. 대제국의 왕이 정신질환에 걸려 야생동물처럼 지내는 것을 생각해 보시기 바랍니다. 이 병으로 제국은 7년 동안 왕 없이 지내야 했습니다.

본문은 많은 것을 생각하게 합니다. 대제국의 왕이 교만한 마음을 가졌다가 한순간에 바닥으로 떨어집니다. 그리고 다시금 회복되어 하나님을 찬양합니다. 본문을 통하여 주는 가르침을 바르게 아는 것이 중요합니다.

첫째, 하나님이 모든 나라의 통치자이십니다. 하나님은 온 우주의 통치자이십니다. 단지 교회의 통치자로만 생각하면 안 됩니다. 온 우주의 주인이십니다. 이스라엘의 하나님만이 아닙니다. 하나님은 온 우주의 하나님이십니다. 그 사실을 느부갓네살의 모습과 그의 고백을 통하여 알 수 있습니다.

하나님께서 모든 나라와 권세를 허락하신 이유가 있습니다. 그것은 넓게는 하나님의 창조경륜을 완성하기 위함입니다. 그리고 좁게는 각 나라 백성을 악으로부터 보호하기 위함입니다. 이에 법과 권력을 주셨습니다. 법과 권력은 오직 하나님이 허락하신 나라와 백성을 보호하기 위함입니다. 그리고 영적으로는 교회를 보존하기 위함입니다. 정부를 인정하지 않는 사람들이 일부 있지만 정부는 하나님의 창조물로서 창조 세계에 주신 선물입니다.

이스라엘 백성들이 바벨론에서 살아갈 수 있는 것은 바로 하나님의 섭

교회를 세우는 다니엘 강해

리 때문입니다. 바벨론이 영원한 나라가 아니지만 영원한 나라를 위하여 준비된 곳입니다. 바벨론의 왕은 느부갓네살이지만 느부갓네살의 왕은 하나님입니다. 이 사실을 느부갓네살의 꿈과 역사를 통하여 보여주셨습니다.

나라와 권력을 바르게 사용하면 하나님을 기쁘게 하지만, 악용하고 교만하면 하나님의 심판을 받습니다. 느부갓네살이 받은 심판을 기억해야 합니다. 권력을 가진 자의 자세는 공의와 가난한 자에 대한 긍휼입니다. 하지만 그는 하나님의 말씀을 망각하고 권력에 취해서 교만의 자리에 섰습니다. 교만은 넘어짐의 앞잡이고, 패망의 지름길임을 보여주었습니다. 작은 권력이라도 교만에 이르면 멸망합니다.

하나님의 통치 앞에 우리는 다 복종해야 합니다. 그렇지 않고 교만의 자리에 서면 멸망하게 됩니다. 교만과의 싸움이 무엇보다도 중요합니다. 그런데 교만과의 싸움을 이기는 것이 너무 어렵습니다. 느부갓네살의 모습에서 보듯이 우리의 힘으로 불가능할 수 있습니다. 그런데 이 시험을 이기신 분이 계십니다. 바로 예수님입니다. 예수님은 모든 통치가 하나님께 있음을 아셨습니다. 그러기에 사단이 주는 달콤한 권력의 시험에 넘어가지 않았습니다.

"마귀가 또 그를 데리고 지극히 높은 산으로 가서 천하 만국과 그 영광을 보여이르되 만일 내게 엎드려 경배하면 이 모든 것을 네게 주리라 이에 예수께서 말씀하시되 사탄아 물러가라 기록되었으되 주 너의 하나님께 경배하고 다만 그를 섬기라 하였느니라"(마 4:8-10)

세상을 이기신 분이 예수님입니다. 우리는 예수님께 연합되어 있어야 합니다. 그러면 세상 욕망과 교만과의 싸움에서 이길 수 있습니다. 예수님이 이기심이 우리의 승리가 됩니다. 그래서 우리가 할 일은 예수님을 더욱 깊이 알고, 예수님과 함께 사는 일에 최선을 다하는 것입니다. 예수님의 힘으로 승리할 수 있기를 소망합니다.

둘째, 복음은 누구라도 회심의 자리에 이르게 합니다. 회심은 주님께로 마음이 돌려짐을 의미합니다. 세상을 향하여 살다가 하나님을 위하여 사는, 인생의 전환점입니다. 회심이 있어야 세상과 싸우고 우상과 싸울 수 있습니다. 복음에 합당한 삶을 살 수 있습니다. 회심은 복음을 들을 때 주어집니다. 복음을 들으면 회심의 역사가 일어납니다.

느부갓네살은 복음을 듣기까지 회심의 자리에 있지 않았습니다. 적당한 거리 두기를 하면서 살았습니다. 회심을 하면 교만이 멸망의 지름길임을 자각합니다. 그리고 모든 것이 하나님의 은혜임을 진실하게 고백합니다. 자신이 하는 것이 아니라 하나님이 하심을 고백합니다. 느부갓네살의 회심에서 이러한 모습을 볼 수 있습니다.

느부갓네살이 7년 후에 자신에게 일어난 모든 것을 보고서 하나님을 찬양하지 않을 수 없었습니다. 자신에게 이뤄진 일이 말씀대로 되었기 때문입니다. 그렇기에 회복된 느부갓네살의 고백은 매우 뜨겁고 진실하였습니다.

"지극히 높이 계신 분께 감사합니다. 영생하시는 하나님을 찬양합니

교회를 세우는 다니엘 강해

다. 하나님의 권세는 영원합니다. 하나님의 나라는 영원합니다. 하나님의 일은 다 진실합니다. 하나님의 행하심은 다 의로우십니다. 하나님은 교만하게 행하는 자를 능히 낮추실 수 있습니다."

느부갓네살의 이 고백은 참으로 진실합니다. 자신의 삶을 통하여 처절하게 체험하였기 때문입니다. 복음을 들으면 누구라도 이러한 변화가 있습니다.

이방인도 복음이 증거되면 회심합니다. 그러기에 모두에게 복음을 전해야 합니다. 사랑은 복음을 전하는 일입니다. 물론 엄청난 지혜를 구해야 합니다. 그리고 담대하게 전해야 합니다. 그러므로 회심의 역사를 보게 됩니다.

느부갓네살의 낮아짐에서 회심의 은혜를 봅니다. 낮아지지 않으면 은혜를 받지 못합니다. 하나님은 낮아지게 하는 은혜를 베풀고 회심의 선물을 주십니다. 그러므로 낮아지게 됨이 은혜입니다. 자신이 죄인 중의 괴수임을 알게 되면 그리스도 앞에 굴복하게 됩니다. 이것이 회심의 은혜, 구원의 선물입니다.

우리는 회심과 구원에서 낮아짐을 경험합니다. 철저하게 자신의 무능을 알게 됩니다. 바울의 고백처럼 죄인 중의 괴수임을 알게 됩니다. 이 모든 것이 예수님의 선물입니다. 낮아질 때 높아집니다. 예수님은 십자가에서 죽는 자리까지 낮아지셨습니다. 그러나 하나님은 예수님을 지극히 높이셨습니다. 낮아짐이 은혜입니다. 낮아져야 높아질 수 있습니다. 겸손해야 하나님의 일꾼이 될 수 있습니다. 이 모든 것이 회심의 모습입니다.

복음을 들으면 누구라도 은혜의 자리에 이르게 됩니다. 복음을 전하는 것이 생명인 이유가 여기에 있습니다. 그러므로 우리가 할 일은 사랑으로 예수님을 전하는 일입니다. 회심하지 못할 사람은 없습니다. 교회가 존재하는 이유는 복음을 전하기 위함입니다. 복음이 생명이기 때문입니다. 복음이 회심을 낳고, 회심한 사람은 예수 그리스도만을 드러내는 겸손한 삶을 살아갑니다. 이러한 은혜가 넘치기를 바랍니다.

느부갓네살의 모습을 통하여 주시는 교훈을 살펴보았습니다. 하나님은 느부갓네살에게 꿈을 통하여 기회를 주셨습니다. 다니엘은 왕이 공의를 행하고, 가난한 사람을 긍휼히 여기면 평안을 얻을 수 있다고 하였습니다. 그러나 느부갓네살은 하늘 정원을 만들고 자신의 업적을 자랑하였습니다. 그 정원을 만들기 위하여 고생하고, 고된 노동으로 탄식한 백성들은 눈에 들어오지 않았습니다. 오직 자신의 영광만을 나타내었습니다. 내 능력과 권세로 바벨론을 건설하였다고 말합니다. 나의 도성으로 삼고 내 위엄의 영광을 나타냈다고 말합니다.(30절) 처음부터 끝까지 자신에게 집중하였습니다. 교만이 하늘 끝까지 닿았습니다. 그러기에 무너질 수밖에 없습니다.

기회를 주었을 때 정신을 차리고 회개해야 합니다. 말씀이 내 마음에 들려질 때 정신을 차려야 합니다. 말씀에 순종하지 않으면 무너지고 맙니다. 느부갓네살은 말씀을 들었지만 순종하지 않으므로 심판을 받았습니다. 그러나 회개의 기회가 있었고 회개하였습니다. 나에게 들려주시는 말씀을 기억해야 합니다.

교회를 세우는 다니엘 강해

하나님 앞에 우리는 항상 겸손해야 합니다. 하나님의 뜻을 순종해야 합니다. 그러나 우리는 겸손하고 순종하는 일이 서툽니다. 우리의 타락한 본성이 우리를 지배하고 있기 때문입니다. 그러므로 우리가 겸손과 순종의 자리에 서려면 예수님께 연합되어 있어야 합니다. 예수님은 나의 주님이시라고 고백할 때 겸손하시고 순종을 이루신 주님께서 우리를 겸손과 순종의 자리로 인도하여 주십니다. 여기에 우리가 주님을 찬양하지 않을 수 없는 이유가 존재합니다. 우리 모두 항상 주님께 가까이 가고, 예수님은 나의 주님이심을 더욱 간절히 부르짖고 살아갈 수 있기를 소망합니다.

5장

다니엘은 자신에게 온 기회에 정직하고 담대하게 복음을 전했습니다.
멸망의 원인이 교만과 우상숭배에 있음을 전하였습니다.
그리고 하나님의 심판을 가감 없이 전했습니다.
다니엘은 피하지 않고 단호하게 하나님의 뜻을 전했습니다.
이것이 그리스도인의 자세입니다.

세상이 찾고 있는 분은 누구인가
(단 5:1-16)

우리는 지금 탈 교회 시대를 살고 있습니다. 사람들이 교회를 신뢰하지 않는 것은 물론이고, 교회를 떠나는 사람들이 많다고 합니다. 이러한 시대에 오늘 우리는 모여서 예배하고 있습니다. 그 이유가 무엇입니까? 왜 우리는 세상이 가는 길을 거부하고 좁은 길인 예배의 자리에 오는 것입니까? 이 질문에 대한 답을 가지고 있지 않으면 우리 역시 교회를 떠나는 자리에 서게 될 수 있습니다. 교회를 떠나는 것은 단순한 일이 아닙니다. 그것은 천국 백성의 삶의 자리에서 멀어지는 것을 의미합니다. 그렇다면 예배의 자리에 오는 이유를 정확하게 알고 있어야 합니다. 여러분은 오늘 예배의 자리에 왜 오셨습니까? 예배를 통하여 무엇을 얻고자 하십니까? 누구를 찾고자 하십니까?

다니엘과 벨사살의 모습을 통해서 질문에 대한 답을 함께 찾아보고 하나님의 교훈을 배우고자 합니다.

교회를 세우는 다니엘 강해

본문에서 다니엘이 새로운 왕과 시대를 맞이하고 있음을 봅니다. 다니엘은 느부갓네살에 이어서 벨사살 왕의 시대에 이릅니다. 벨사살은 아버지 느부갓네살과는 달랐습니다. 그는 우상을 섬기고 하나님을 모욕하는 자였습니다. 여기서 역사적 이해가 필요합니다. 왜냐하면 벨사살은 느부갓네살의 아들이 아니기 때문입니다. 외손자라 볼 수 있습니다. 레온 우드의 견해에 따르면 느부갓네살을 이어 왕이 된 사람은 에윌므로닥입니다. 이 사람은 유다의 왕 여호야긴을 풀어 준 사람입니다.(왕하 25:27-30, 렘 52:31-34)

> "유다 왕 여호야긴이 사로잡혀 간 지 삼십칠 년 곧 바벨론의 에윌므로닥 왕의 즉위 원년 열두째 달 스물다섯째 날 그가 유다의 여호야긴 왕의 머리를 들어 주었고 감옥에서 풀어 주었더라"(렘 52:31)

그런데 에윌므로닥은 2년만 통치합니다. 그의 신하였던 네르갈 사레셀은 에윌 므로닥을 죽이고 왕이 됩니다. 이 사람은 예레미야를 감옥에서 풀려나게 하는 데 도움을 줍니다.(렘 39:3, 13)

> "바벨론의 왕의 모든 고관이 나타나 중문에 앉으니 곧 네르갈사레셀과 삼갈네부와 내시장 살스김이니 네르갈사레셀은 궁중 장관이며 바벨론의 왕의 나머지 고관들도 있더라"(렘 39:3)

네르갈사레셀은 주전 460년에 죽고 나보니두스(주전 556-539)가 왕이 됩니다. 느부갓네살 이후 가장 능력 있는 왕이었습니다. 그러나 나보니두스는 바벨론 유적지 복원에 관심이 많아서 수도를 비웠고 그의 장남인 벨사살이 왕으로 통치를 하였습니다. 그러나 진짜 권력은 나보니두스가 가지고 있습니다. 벨사살은 둘째 통치자였습니다.

벨사살이 느부갓네살을 아버지라 부르는 것은 직접적인 아들이 아닌 조상의 의미입니다. 그의 어머니는 나보니두스의 아내이자 느부갓네살의 딸인 니토크리스였을 것입니다. 그래서 다니엘을 잘 기억하고 있었다고 할 수 있습니다. 조금 복잡한 역사이지만 본문을 이해하는 데 중요한 사실입니다. 물론 당시의 기록자들조차 다르게 기록하고 있습니다. 요세푸스와 오리게네스, 헤로도토스 등이 약간 차이가 있게 기록합니다.

다시 본문으로 갑니다. 벨사살은 귀족 천 명을 위하여 큰 잔치를 베풀었습니다. 벨사살이 귀족과 함께 술을 마실 때 그의 아버지인 느부갓네살이 예루살렘 성전에서 가져온 금, 은 그릇을 술잔으로 사용하였습니다.(1-3절) 그런 후에 자신들이 만든 금, 은, 구리, 쇠, 나무, 돌로 만든 우상을 숭배하였습니다.(4절)

역사적으로 보면 이때 고레스의 군대가 바벨론을 포위하고 있었습니다. 그리고 기록에 의하면 피흘리지 않고 점령하였다고 말합니다. 모두 술에 취하여 있는 상황에서 전쟁은 쉽게 끝났다고 할 수 있습니다.

교회를 세우는 다니엘 강해

그때 놀라운 일이 벌어집니다. 사람의 손가락이 왕궁 촛대 맞은편 석회 벽에 글자를 씁니다. 이것은 왕을 비롯한 모든 사람이 잘 보이는 곳입니다. 하나님은 벨사살이 잔치를 하고 있을 때 의문의 글씨를 벽에 쓰십니다. 벨사살은 글을 쓰는 손가락을 보았습니다. 그 상황으로 인하여 얼굴이 변하고 몸이 굳고, 벌벌 떨기 시작하였습니다.(5-6절)

왕은 놀란 가슴에 소리를 질러 술객과 갈대아 술객과 점쟁이를 불러오게 합니다. 다급하고 두려운 모습이 역력합니다. 벨사살은 글씨의 뜻을 누구라도 알려주면 자주색 옷과 금사슬을 목에 걸어주고 바벨론의 셋째 통치자로 임명하겠다고 약속합니다. 자주색 옷은 왕이 입는 색입니다. 누구든지 문제만 풀면 왕의 옷을 같이 입는 영광을 누립니다.(7절) 에스더서에서 모르드개가 입은 옷이 자주색입니다.

그리고 왕은 바벨론의 지혜자들을 부릅니다. 하지만 누구도 그 뜻을 알 수 없었습니다. 왕은 더욱 깊은 번민 속에 처하게 됩니다. 왕의 얼굴빛이 변하고 귀족들도 놀람 가운데 처합니다.(8-9절)

이때 왕후(나보니두스의 아내 니토크리스)가 다니엘을 소개합니다. 헤르도토스의 『역사』에서는 이 왕후를 느부갓네살의 딸이라고 말합니다. 왕후는 자신의 아버지가 경험하였던 사실을 알고 있기에 다니엘을 소개합니다. 니토크리스는 다니엘을 느부갓네살 시대의 지혜자로, 바벨론 지혜자들의 어른이라고 소개합니다. 벨사살은 즉시 다니엘을 부릅니다. 그리고 글씨의 의미를 알려주면 셋째 통치자로 임명하겠다는 약속을 합니다.(10-16절)

벨사살은 첫째 통치자가 아니었습니다. 첫째 통지자는 아버지 나보니두스입니다. 그는 둘째 통치자라고 할 수 있습니다. 그렇기에 자신이 할 수 있는 최선은 셋째 통치자를 세우는 일입니다.

이것이 본문의 내용입니다. 벨사살 왕에게 하나님이 나타나신 이유가 무엇입니까? 벨사살에 이르러 느부갓네살에게 보여주셨던 역사가 끝남을 알려주십니다. 금 머리의 시대에서 은 가슴과 두 팔의 시대로 바뀌게 됩니다. 역사의 전환이 어떻게 이뤄지는지를 보여줍니다.

하나님은 이스라엘 백성들의 보호와 그의 나라의 준비를 위하여 진정한 통치자가 누구인지 벨사살에게 다시 알려줍니다. 그것이 바로 뜻을 알 수 없는 손 글씨와 다니엘을 찾는 모습에서 볼 수 있습니다. 벨사살이 두렵고 떨리는 마음으로 긴급하게 다니엘을 찾고 있는 말씀을 통하여 주님께서 우리에게 주시는 가르침은 무엇입니까?

첫째, 몰락하는 권력에게는 전조증상이 있습니다. 벨사살은 다니엘과 하나냐, 미사엘, 아사랴를 몰랐을까요? 느부갓네살 시대에 총리와 지방 관리를 하였던 사람입니다. 유대인으로서 고위직에 오른 사람입니다. 거기에 나이로 볼 때 벨사살은 어린 시절부터 다니엘과 세 친구들과 함께 공부하였을 것입니다. 그리고 느부갓네살의 마지막 삶도 알았습니다. 하지만 그는 느부갓네살의 통치를 이어받지 않았습니다. 하나님을 존귀하게 여겼던 느부갓네살과는 다르게 벨사살은 하나님을 모욕하는 행보를 보였습니다. 벨사살은 외조부의 신앙이 아니라 아버지 나보니두스의 신앙을 따랐습니다. 그래서 철저하게 우상을 섬기고 교만의 자리에 이르렀습니다.

벨사살의 교만은 그의 잔치와 잔치에서 나타난 행위에서 볼 수 있습니다. 그는 귀족 천 명을 데리고 거대한 술 잔치를 벌이고 있었습니다. 쾌락은 몰락하는 권력의 전조증상입니다. 모든 몰락한 권력은 쾌락과 허영이 그 자리를 차지하고 있습니다. 거대한 로마 제국의 몰락에도 같은 증상이 있었습니다. 1000년의 권력을 자랑하였던 로마 가톨릭에게도 허영과 쾌락의 전조증상이 있었습니다. 조선 500년의 역사 끝에도 이러한 전조 증상이 있었습니다. 벨사살의 모습에서도 이런 증상이 잘 보여집니다. 지금 메대, 바사가 성을 포위하고 있는 상황입니다. 그런데 온갖 퇴폐함이 나타납니다.

몰락하는 권력은 교만하고, 악을 지속적으로 생산합니다. 왕과 귀족과 왕후들과 후궁들이 모두 모여서 미친 듯이 잔치를 벌입니다. 매우 음란한 잔치입니다. 더구나 벨사살이 한 악한 일은 예루살렘 성전에서 사용하였던 그릇을 가지고 술을 마신 것입니다. 거기에 자신들이 만든 각종 우상을 찬양합니다. 하나님을 대놓고 모욕합니다. 몰락하는 사람들에게 나타나는 것은 하나님을 모독하고 우상을 찬양하는 일입니다.

몰락하는 권력은 작든 크든 관계없이 이러한 전조증상이 있습니다. 교만하고, 쾌락과 허영을 즐기고, 음란하고, 우상을 섬깁니다. 여기에 도덕적이고 윤리적인 삶은 없습니다. 내가 옳은 대로 행동하고 살자고 말합니다. 개인의 모습에서도 같습니다. 교만하고, 쾌락과 허영을 즐깁니다. 하나님 안에서 만족을 누리지 못하고, 평안을 누리지 못하면 반드시 쾌락과 허영과 음란과 우상을 섬기게 됩니다. 무엇인가 할 때 마음이 편해지는 것이 있다면 그것이 자신이 섬기는 신일 수 있습니다. 등산하고, 운동하고, 게임하고, 여행할 때 마음이 편해진다면, 그래서 하지 않으면 죽을 것 같다는 생각이 든다면 우상에 빠져 있는 것입니다. 그리고 그 길은 반드시 몰락하고 슬피 울며 이를 가는 길로 갑니다. 벨사살은 잔치 속에서 몰락하였습니다. "그 날 밤에 갈대아 왕 벨사살이 죽임을 당하였고"(단 5:30)

여러분은 하나님 안에서 평안을 누리십니까? 아니면 다른 것이 있어야 안심이 되십니까? 몰락하는 전조증상을 잘 살피고 치료해야 합니다. 그 길은 예수 그리스도를 믿는 믿음입니다. 예수님을 믿어야 합니다. 고백해야 합니다. 예수님이 나를 지키고 인도하여 주십니다.

둘째, 영적인 일은 영적으로만 해결됩니다. 벨사살은 육적인 쾌락에 빠져서 자신의 삶을 낭비하고 있었습니다. 둘째 가는 권력자의 지위를 자신의 음란함을 즐기는 데 소비하였습니다. 느부갓네살은 자신이 탈취하여 온 성전 기물을 함부로 대하지 않았습니다. 성전 기물을 함부로 사용하는 것은 당시에 하나님을 모독하는 행위였습니다. 고대 바벨론에서 술 잔치가 열리면 밤을 새웠다고 합니다. 벨사살의 잔치가 그러하였습니다. 술 취하지 말라는 말씀에 가장 적대적인 행위가 바벨론에서 일어났습니다.

그러다 하나님이 벨사살에게 알 수 없는 글씨를 통하여 정신을 차리게 하십니다. 무슨 글씨인지 모르지만, 손가락으로 쓴 글을 보았을 때 사지가 떨렸습니다. 그만큼 두려움이 찾아왔습니다. 이 사실 앞에 모두가 놀랐지만 아무도 해결할 수 없었습니다.

당연히 알 수 없고, 해결할 수 없습니다. 그 이유는 하나님이 하신 일이

교회를 세우는 다니엘 강해

기 때문입니다. 하나님의 일을 사람이 어떻게 알 수 있습니까? 하나님의 뜻을 알 수 있는 것은 하나님이 알려주셔야만 가능합니다. 그러므로 바벨론의 어떤 사람도 알 수 없습니다.

영적인 일은 영적으로 알 수 있습니다. 그러기에 자연스럽게 거룩한 영을 소유한 다니엘을 찾아옵니다. 세상은 하나님의 일하심을 결코 깨달을 수 없습니다. 왜 이런 일이 일어났는지 모릅니다. 그러나 하나님은 모든 것을 아십니다. 하나님이 알려주실 때 비로소 알 수 있고 두려움과 걱정에서 자유할 수 있습니다.

벨사살을 향한 심판이고 말씀하신 대로 역사의 전환을 이루시는 하나님의 일하심입니다. 삶의 문제는 영적입니다. 그리고 영적인 해결이 없으면 무기력과 절망에 빠지게 됩니다. 영적인 해결은 오직 하나님 안에서 가능합니다. 하나님을 만나야 해결됩니다. 바울은 이 사실을 분명하게 언급하였습니다.

"우리가 이것을 말하거니와 사람의 지혜가 가르친 말로 아니하고 오직 성령께서 가르치신 것으로 하니 영적인 일은 영적인 것으로 분별하느니라"(고전 2:13)

구속의 은혜에 대한 가르침을 주면서 영적인 일은 영적으로 분별한다고 하였습니다. 개인과 역사를 움직이시는 하나님의 일하심에 우리는 영적 분별력이 있어야 합니다. 나에게 일어나는 일들이 다 하나님의 섭리 가운데 있음을 믿고, 하나님의 뜻을 구해야 합니다. 성령을 의지하고, 말씀의 자리에 깊이 들어가야 합니다. 영적인 답을 얻으면 세상의 문제에서 자유할 수 있습니다. 이 일이 쉬운 것은 아니지만 불가능한 것도 아닙니다.

몰락하는 삶에는 반드시 전조증상이 있습니다. 전조증상은 경고입니다. 잘 듣고 돌이키면 살지만 그렇지 않으면 몰락하는 인생이 됩니다.

전조증상을 알려면 영적으로 깨어 있어야 합니다. 그렇지 않으면 분별할 수 없습니다. "너희는 이 세대를 본받지 말고 오직 마음을 새롭게 함으로 변화를 받아 하나님의 선하시고 기뻐하시고 온전하신 뜻이 무엇인지 분별하도록 하라"(롬 12:2) 마음 즉 말씀을 바르게 깨닫는 지성을 새롭게 하고 변화를 받는 것이 하나님의 뜻을 분별하는 시작입니다. 하나님의 뜻을 분별할 때 죄의 자리에 서지 않고, 몰락하는 자리에 이르지 않습니다.

나와 세상의 진짜 통치자는 하나님입니다. 하나님은 예수 그리스도를 통하여 우리를 다스리십니다. 예수 그리스도 안에 있을 때 우리는 전조증상을 알 수 있습니다. 그리고 영적인 분별력으로 삶의 문제를 해결해 갈 수 있습니다. 분명한 것은 교만은 패망의 지름길이지만 주님을 찾는 자에게는 복이 있다는 것입니다.

세상이 찾고 있는 분이 누구입니까? 예배를 통하여 만나야 할 분이 누구입니까? 예수 그리스도입니다. 예수 그리스도께서 우리를 살려주십니다. 우리에게 전조증상을 알려주시고, 영적인 해결책을 주십니다. 그러므

교회를 세우는 다니엘 강해

로 우리가 무엇보다 힘쓸 것은 예수님을 가까이 하는 일입니다. 예수님께 연합되어 있어야 합니다. 예수님은 나의 주님이심을 날마다 고백해야 합니다. 내 안에 오신 예수님이 나를 살리십니다.

교만이 주는 참혹한 결과 (단 5:17-31)

우리는 잘나갈 때 항상 조심해야 합니다. 부유함과 권력의 자리를 주심은 겸손히 이웃을 섬기라는 선물입니다. 그런데 선물을 욕망의 도구로 사용하면 하나님이 도로 찾으십니다. 선물을 빼앗긴다면 참으로 슬픈 일입니다. 슬픔에 자리에 서지 않으려면 어떻게 해야 할까요? 오늘 말씀이 우리에게 중요한 길을 알려주고 있습니다. 그 길을 함께 찾아보기를 소망합니다.

벨사살 왕은 자신이 본 글씨에 대하여 근심하였습니다. 그래서 글씨를 해독하여 준다면 나라의 셋째 통치자로 삼겠다고 약속합니다. 다니엘은 벨사살의 제안을 단호하게 거절합니다. 왕의 예물은 왕이 가지시고 상급은 다른 사람에게 주라고 말합니다. 상급이 없어도 왕이 본 글씨를 해석하여 주겠다고 이야기 합니다.(17절)

다니엘은 벨사살의 요청에 기다렸다는 듯이 벨사살의 교만을 책망합니다. 다니엘은 선대의 왕이었던 느부갓네살에게 있었던 일을 끄집어냅니다. 다니엘은 느부갓네살이 얻은 나라와 큰 권세와 영광과 위엄이 하나님이 주신 선물이라 말합니다. 하나님에게 큰 권세를 받아서 백성들과 열방

교회를 세우는 다니엘 강해

이 그 앞에 벌벌 떨었다고 말합니다. 대단한 권세를 가지고 살았던 느부갓네살은 겸손해야 했음에도 불구하고 교만하기 시작했습니다.(18-19절)

느부갓네살은 마음이 높아지고 생각이 완악하여졌고 교만을 행하였습니다. 하나님은 이러한 느부갓네살에게 심판을 내리셨습니다. 그래서 그는 7년 동안 짐승처럼 살았습니다. 이 사건을 통하여 느부갓네살은 지극히 높으신 하나님이 나라와 사람을 다스림을 알았습니다. 왕이 되는 것이 하나님의 뜻에 있음을 알게 되었습니다. 다니엘은 역사적 사실을 그대로 전하였습니다.(20-21절)

그러면서 단호하게 벨사살의 죄를 지적합니다. 벨사살 왕은 이 모든 역사를 알고 있음에도 불구하고 아직도 마음을 낮추지 않고 있다고 지적합니다. 도리어 자신을 하나님보다 높이 여겨서 성전 그릇을 왕 앞으로 가져다가 왕과 왕후들과 후궁들이 다 그것으로 술을 마셨습니다. 또한 듣지도 알지도 못하는 금, 은, 구리, 쇠와 나무를 이용하여 우상을 만들고 찬양하였습니다. 하나님을 찬양하지 않고 영광을 돌리지 않았습니다.(22-23절)

그래서 하나님께서 이 글을 기록하셨다고 말합니다. 다니엘은 글이 기록된 배경을 차례대로 말합니다. 이제 다니엘은 글의 뜻이 "메네 메네 데겔 우바르신"이라고 말합니다.

"메네"는 '세어보았다'의 의미입니다. 하나님이 이미 왕의 나라를 끝내게 하셨다는 의미입니다. 다스림이 끝났다는 의미입니다.

"데겔"은 '달아보았다'입니다. 왕을 저울에 달아보니 부족함이 보였다는 뜻입니다. 지나온 벨사살의 세월을 보셨다는 의미입니다. 많은 기회가 있음에도 불구하고 교만과 쾌락의 자리에 머물렀습니다. 나라를 다스리기에 부족한 왕이었습니다.

"우바르신"은 '나누었다'입니다. 나라가 나뉘어 메대와 바사 나라 사람에게 준바 되었다고 말합니다.(24-27절) 여기서 '바르신'은 베레스의 복수형입니다. '우'는 '그리고'를 의미하는 접두사입니다. 다니엘은 한 단어씩 단수형으로 풀어서 설명하였습니다.

쉽지 않은 내용이지만 다니엘은 왕 앞에서 담대하게 하나님의 뜻을 전하였습니다. 나라의 멸망과 왕의 죽음을 전하는 것은 결코 쉬운 일이 아닙니다. 그러나 하나님의 뜻이기에 전해야 합니다.

벨사살은 두려운 의미를 알고 나서도 약속대로 다니엘에게 자주색 옷을 입히게 하고 금 사슬을 목에 걸고 나라의 셋째 통치자로 삼습니다. 그리고 그날 밤에 벨사살은 죽임을 당하고 메대 사람 다리오가 나라를 정복합니다. 이때 다리오의 나이는 62세입니다.

벨사살의 죽음과 다리오의 등장에 대한 내용입니다. 쉽지 않은 정세 속에서 담대하고 침착하게 그리고 단호하게 하나님의 말씀을 전하는 다니엘을 볼 수 있습니다. 벨사살에게 나타나신 하나님은 분명한 가르침을 보여주십니다.

교회를 세우는 다니엘 강해

벨사살과 다니엘의 모습은 진짜 성도의 삶이 어떠해야 하는지 말씀합니다. 하나님이 말씀하시는 교훈을 차례대로 따라가면서 진짜 그리스도인의 길을 함께 걷고자 합니다.

첫째, 역사 가운데 말씀하신 하나님을 기억해야 합니다. 지난 역사는 단지 지나가는 것이 아닙니다. 역사를 통하여 하나님은 계속하여 말씀하십니다. 다니엘은 벨사살이 본 글씨가 하나님의 섭리 가운데 있음을 알고 있습니다. 다니엘은 느부갓네살 왕에게 있었던 일을 환기시킵니다. 벨사살도 느부갓네살 왕에게 일어났던 상황을 잘 알고 있습니다. 그런데 자신 앞에 주어진 권력의 달콤함 때문에 겸손하지 못하고 패망의 길인 교만의 자리에 이르게 되었습니다.

역사는 흘러가는 추억거리가 아닙니다. 역사의 주관자이신 하나님은 역사를 통하여 우리에게 진리를 가르치십니다. 어떻게 살아야 하는지, 무엇이 하나님의 뜻인지, 어디로 가는 것이 합당한지 역사를 통하여 미리 보여주셨습니다. 성경에 기록된 역사는 생명 없는 죽은 역사가 아닙니다. 살아있는 역사입니다.

아브라함과 이삭과 야곱의 하나님이십니다. 아브라함과 이삭과 야곱에게 일어난 하나님의 일하심은 지금도 동일하게 진행중입니다. 선지자를 통하여 보여준 역사는 오늘 우리 시대를 향한 하나님의 말씀입니다. 우상숭배로 망한 이스라엘의 역사는 지금도 살아서 말합니다. 우상숭배하는 교회, 우상숭배하는 성도는 반드시 몰락합니다.

역사는 말합니다. 배교자, 교만한 자, 우상숭배하는 자, 완악하여 말씀을 순종하지 않는 자, 거짓말 하는 자, 정직하지 못한 자, 이웃을 비방하고 시기하는 자, 진리를 거절하는 자들은 회개하지 않는 한 반드시 심판의 자리에 서게 됩니다.

그러나 말씀에 순종하며, 죄에 대하여 회개하고, 거룩하게 살려고 애쓰는 자에게 하나님의 은혜가 임합니다. 이 모든 사실은 역사를 통하여 알려주셨습니다. 역사는 우리의 심판의 기준이 되고 영광의 근거가 됩니다. 오늘도 역사 가운데 말씀하시는 하나님을 기억할 수 있어야 합니다.

둘째, 복음을 전함에 있어서 정직하고 담대해야 합니다. 복음을 전할 수 있는 때는 따로 정해져 있지 않습니다. 그러나 분명한 것은 복음을 전해야 할 때가 다가온다는 것입니다. 그때 가지고 있어야 할 자세가 있습니다. 바로 정직함과 담대함입니다.

다니엘은 자신에게 온 기회에 정직하고 담대하게 복음을 전했습니다. 멸망의 원인이 교만과 우상숭배에 있음을 전하였습니다. 그리고 하나님의 심판을 가감 없이 전했습니다. 다니엘은 피하지 않고 단호하게 하나님의 뜻을 전했습니다. 이것이 그리스도인의 자세입니다.

베드로는 "너희 마음에 그리스도를 주로 삼아 거룩하게 하고 너희 속에 있는 소망에 관한 이유를 묻는 자에게는 대답할 것을 항상 준비하되 온유와 두려움으로 하고"(벧전 3:15)라고 말하였습니다. 대답할 것을 항상 준비해야 합니다. 그러려면 그리스도를 아는 지식에서 자라고 있어야 합니다. 언제 어떻게 다가올지 모릅니다. 어떤 상황이 생길지 모릅니다. 우리가 할 수 있는 일은 항상 복음에 대한 확신을 갖는 것입니다.

교회를 세우는 다니엘 강해

복음을 전함에 있어서 사랑으로 감당해야 합니다. 사랑으로 진리를 전하는 것은 우유부단하게 전한다는 것이 아닙니다. 정직하고 담대하게 전해야 하지만 사랑으로 감당해야 합니다. 예수님은 항상 이 자세를 유지하셨습니다. 그러기에 어떠한 질문에도 화를 내지 않으셨습니다. 누구의 찾아옴에도 항상 열려 있었습니다. 그러나 정직하지 않은 자들을 꾸짖으셨습니다. 그것이 복음을 가진 우리들의 자세입니다.

셋째, 하나님이 인생들을 보고 계십니다. 세상의 핍박에 두려워하지 말기를 바랍니다. 벨사살 왕에게 보여주신 "메네 메네 데겔 우바르신"은 모든 인류에게 주시는 말씀입니다. 이 땅에서 하나님을 향하여 어떻게 행하고 있는지를 다 보고 계십니다. 하나님을 모독하고, 교회를 핍박하고, 진리를 무시하고 십자가를 모욕하는 자들의 삶을 하나님이 보고 계십니다.

당장 어떤 반응이 없다고 심판이 없는 것이 아닙니다. 하나님은 살아계신 하나님입니다. 하나님을 모독한 자들의 기록이 생명책이 기록되어 있습니다. 그들의 머리에 숯불을 쌓는 중입니다. 죄인의 심판은 반드시 집행됩니다. 연기된다고 사라지는 것이 아닙니다. 이 땅에서도 심판을 맞이하지만, 최후의 심판 날에 끔찍한 결과를 맞이합니다.

벨사살은 자신은 하나님과 관계없다고 생각하였을지 모릅니다. 그러나 하나님은 벨사살에게 기회를 주셨습니다. 하지만 듣지 않고 오히려 죄의 자리에 섰습니다. 하나님의 말씀을 듣지 않은 벨사살이 가장 신나게 놀던 잔치 자리가 장례식장이 되었습니다.

에스더서의 하만도 동일합니다. 잔치 자리가 장례식이 되었습니다. 하나님을 모독하는 자에게 심판은 반드시 집행됩니다.

하나님이 모든 인생을 보고 계심을 기억하시기 바랍니다. 그러므로 나쁜 놈이 잘 되는 것은 부러워하면 안 됩니다. 잠시 참으면 반드시 심판이 임합니다. 오히려 믿음의 길에서 떠나지 말고 전심으로 감당해야 합니다.

벨사살이 본 글씨의 해독을 통하여 하나님이 보여주신 섭리적 사건을 보았습니다. 금 나라였던 바벨론이 무너지고 은 나라인 메대와 바사가 등장합니다. 이것은 하나님의 역사를 보여줍니다. 70년의 시간이 지나가고 이제 역사는 새로운 상황을 맞이하게 됩니다. 그러나 모든 것은 하나님의 섭리 가운데 진행됩니다.

벨사살은 자신의 권세가 영원할 것이라 생각했지만 한순간에 사라졌습니다. 보이는 것은 언제나 잠깐입니다. 더구나 교만의 결과는 참혹함을 기억해야 합니다. 교만한 권력, 교만한 부요함은 다 사라집니다. 때때로 우리가 그 사실을 인식하지 못할 뿐입니다.

바벨론은 역사에서 사라졌습니다. 하나님께서 세어보시고, 달아보시고, 나누셨습니다. 누가 알았겠습니까? 천 명이나 모인 잔치 자리가 몰락의 자리가 되었습니다. 오직 하나님만이 아십니다. 역사의 주인이신 하나님의 계획은 차질 없이 진행됩니다.

70년이 차면 이스라엘은 돌아가야 합니다. 그러므로 바벨론은 역사에서 사라져야 합니다. 하나님의 섭리 속에 열방이 움직이고 있습니다. 우리 역시 하나님의 일하심에 순종해야 합니다. 우리를 부르시고 교회를 세우시고 진리를 전할 수 있게 하셨습니다. 교회가 교회다움의 자리를 지

교회를 세우는 다니엘 강해

키고, 성도가 성도다움의 자리를 지켜야 합니다. 언제나 예수 그리스도를 전할 수 있는 자리에 있어야 합니다.

6장

다니엘은 모든 것을 잃을 수 있는 상황에서 믿음을 지켰습니다.
늘 하던 대로 하나님을 의지하였고,
약속을 바라보며 기도하였습니다.
매일의 기도가 있었기에 배교의 순간에 흔들리지 않았습니다.
지금까지 지켜주신 하나님을 다니엘은 잊지 않았습니다.

늘 하던 대로 기도하더라 (단 6:1-15)

가장 멋진 신앙인의 특징은 무엇일까요? 본받을 만한 믿음의 선배들에게서 볼 수 있는 신앙의 모습은 무엇일까요? 이 질문에 대한 답을 한번 생각하면서 말씀을 나누고자 합니다. 믿음의 선배인 다니엘의 모습에서 얻을 수 있는 신앙의 특징은 어떤 것일까요?

바벨론의 시대가 끝나고 메대 바사의 시대가 왔습니다. 이 말은 포로 생활 70년이 지났음을 의미합니다. 그리고 다니엘은 80대의 노인이 되었음을 알려줍니다. 메대 바사의 다니엘은 팔순노인입니다. 이러한 인식 가운데 본문말씀을 보아야 합니다.

다리오의 시대가 왔지만, 다니엘의 위치는 흔들리지 않았습니다. 다리오가 다니엘의 지혜를 알아보았습니다. 아마도 바벨론의 사람들에게 충분하게 들었을 것입니다. 하나님의 인도하심이 다니엘과 함께하였습니다. 바벨론에 이어서 메대 바사의 시대에도 다니엘은 큰 권력을 가졌습니다. 다니엘은 메대 바사의 총리 셋 가운데 한 사람이었습니다. 총리를 세워서 나라를 편안하게 다스리고 싶은 왕의 의도였습니다.

다니엘은 세 총리 가운데 가장 뛰어나 다리오의 마음을 사로잡았고 다리오는 그를 전국 총리로 삼고자 하였습니다.(3절) 다니엘의 능력을 알았던 다리오는 다니엘을 높이 사용하였습니다. 하지만 이를 향한 메대 바사의 총리들과 관료들의 시기심이 하늘을 찔렀습니다. 결국 메대 바사의 관료들은 다니엘을 없애기 위하여 꾀를 냅니다.

이들이 다니엘을 죽이고자 함은 권력 욕망 때문입니다. 다니엘은 지혜롭고, 정직하고, 탁월하였습니다. 그러므로 이방인이 총리의 자리에 있을 수 있었습니다. 더구나 다니엘에게서 어떤 흠도 찾을 수 없습니다. 털면 먼지 나지 않을 사람이 없다는 생각으로 털었지만 없었습니다. 어떤 그릇됨도 허물도 없었습니다.(4절)

결국 이들이 선택한 것은 다니엘의 신앙을 건드리는 일입니다. 이들의 꾀는 삼십 일 동안 다리오 외에 어떤 신에게도 기도하지 못하게 하는 것입니다. 이를 어기면 그 사람을 사자 밥이 되게 하자는 모략입니다. 그리고 누구도 고치지 못하도록 금령으로 조서를 내릴 것을 간청합니다.(5-8절)

신하들의 요구에 다리오는 흔쾌히 허락을 합니다.(9절) 자신을 높이는 일인데 싫어할 이유가 없습니다. 하지만 다리오는 신하들이 다니엘을 죽이고자 하는 모략인지는 몰랐습니다. 그러나 다니엘은 신하들이 꾸미는 일을 알았습니다. 다리오 왕이 조서에 도장을 찍은 것도 알았습니다. 이것이 시험이 되고 위기가 됨을 알았습니다. 그런데 다니엘은 평상시 하던 대로 하루 세 번씩 이스라엘을 향하여 무릎을 꿇고 감사 기도를 하였습니다.(10절) 여기서 감사 기도를 하였다는 사실을 기억하셔야 합니다. 자신의 상황에 대하여 하나님께 감사 기도하였습니다. 마지막이 아름다운 신앙입니다. 다니엘이 이스라엘을 향해 하루에 세 번씩 기도하는 것은 예루살렘에 하나님이 계셔서 그런 것이 아닙니다. 예루살렘의 회복을 바라보고, 예루살렘으로부터 오실 메시아를 기다렸기 때문입니다.

그러자 기회를 노리던 모략꾼들에 의하여 왕에게 고발을 당합니다. 다니엘이 왕의 금령을 어기고 하루에 세 번씩 기도하고 있다는 고발입니다. 왕은 이 말을 듣고 근심하면서 다니엘을 구원하려고 애를 씁니다.(14절) 하지만 자신이 세운 법을 어길 수는 없습니다. 주저하는 사이에 신하들은 또 한번 왕을 압박합니다. 왕이라도 한 번 정한 메대와 바사의 법은 고칠 수가 없다고 강조합니다. 왕은 결정하지 않을 수 없는 외통수에 걸리고 말았습니다.

다리오 시대에 다니엘은 느부갓네살 시대의 세 친구들이 받았던 시험에 처하게 됩니다. 그러나 다른 점은 다니엘은 지금 노인이라는 사실입니다. 인생의 전반부가 아니라 인생의 후반부에 나타난 일입니다. 이 사실이 본문말씀을 깊이 보게 합니다. 인생의 열매를 느긋하게 보아야 할 시간에 끔찍한 고난을 겪습니다. 다니엘의 모습은 여러 가지로 우리에게 말씀하고 있습니다. 본문을 통하여 인생의 큰 질문에 대한 답을 얻고자 합니다.

교회를 세우는 다니엘 강해

첫째, 모든 것을 잃을 수 있는 상황에서도 예수님을 신뢰하고 믿어야 합니다. 신앙의 길에는 시험이 없는 날들이 없습니다. 그 이유는 공중권세 잡은 자들의 도발이 계속되기 때문입니다. 신앙인으로 세상에서 정직하고 지혜롭게 산다고 하여도 시험을 피하여 갈 수 없습니다. 참으로 어려운 것이 그리스도인으로 세상을 살아가는 일입니다. 그러나 아무리 어렵다고 하더라도 이길 수 있는 길입니다.

다니엘은 팔순의 노인이었지만, 다리오의 시대에도 그 지혜가 녹슬지 않았습니다. 여전히 새로운 왕이 총독의 임무를 맡길 수 있을 정도로 탁월한 존재였습니다. 80년 인생이 부끄럽지 않다고 생각할 수 있습니다. 그런데 그 순간 바로 감당하기 어려운 시험을 만납니다.

다니엘에게 온 시험은 자격지심을 가진 이들의 시기심과 권력 욕망에 빠진 이들의 모함입니다. 이 모든 것은 죄로 인하여 부패한 본성의 특징입니다. 여기에 왕도 같은 마음이기에 자신을 높이는 일에는 언제나 적극적입니다. 역사에 간신이 없었던 때가 없었습니다. 그들은 남이 잘되는 것을 두고 보지 못합니다. 그래서 끌어내리고 자신이 올라가고자 합니다. 각종 모략을 동원하여 다니엘을 매장하고자 합니다.

세상은 그리스도인들의 중심을 항상 건드립니다. 모욕적인 언사로 마음을 상하게 합니다. 조롱하는 말로 믿음을 가지고 사는 것에 대한 부끄러움을 가지게 합니다. 아직도 교회 다니냐는 소리로 마음을 불편하게 만

늘 하던 대로 기도하더라 (단 6:1-15)

듭니다. 그래서 믿음의 자리에서 끌어내립니다. 베드로 사도의 말씀처럼 우는 사자들이 우리 주변에 득실거립니다.

이때 우리가 가지고 있어야 할 신앙의 자리는 예수 믿음에 대한 확신입니다. 세상은 항상 같은 방법으로 믿음을 부수려고 합니다. 이러한 세상을 이기는 힘은 우리에게 있는 것이 아닙니다. 예수 그리스도의 힘이 우리를 이기게 합니다. 세상을 이기신 주님(요 16:33)을 의지할 때 세상의 퍼붓는 시험을 견딜 수 있습니다.

둘째, 평범하지만 변함없는 일상의 믿음이 영적 위기 때 강력한 능력을 나타냅니다. 인생이 험악하다는 말은 고난이 없는 시기가 없음을 의미합니다. 인생 예순 쯤 되면 삶이 편해질 것 같다고 생각을 합니다. 그런데 60이 되어도 큰 변화가 없습니다. 80이 되어도 변화가 없습니다. 아니 더 어려워졌습니다. 어떻습니까? 참으로 답답할 수 있습니다. 멋진 노후를 다들 기대할 텐데, 그렇지 않다면 시험이 들지 않겠습니까? 하나님께 원망하고 싶지 않습니까? 다니엘은 일생을 최선을 다하여 살았습니다. 그런데 마지막 시간을 살고 있는 시점에 가장 심각한 시험에 처하게 됩니다. 죽음의 시험이 찾아옵니다. 자신이 하는 일인 기도를 멈추면 살 수 있지만, 그렇지 않으면 사자 밥이 되어야 합니다.

쉽지 않은 순간입니다. 다니엘은 이러한 상황을 알고 있었습니다. 그런데 다니엘이 취한 태도는 항상 하던 대로 기도하였습니다. 사자 밥이 되는 것을 알면서도 기도하였습니다. 세 친구가 그리 아니 하실지라도 절하

교회를 세우는 다니엘 강해

지 않겠다는 그 믿음 그대로 다니엘도 늘 하던 대로 기도하였습니다. 사실 30일입니다. 참으면 됩니다. 그러나 30일이 지나면 문제가 끝날까요? 탐욕에 가득한 이들은 더욱 악랄한 방법으로 다니엘을 죽이고자 할 것입니다. 다니엘은 이 모든 것을 다 알고 있었습니다. 그래서 항상 하던 대로 기도하였습니다.

다니엘이 자신의 목숨이 위태로움을 알면서도, 자신이 그동안 쌓았던 명성과 권력과 재물을 모두 빼앗기게 됨을 알면서도 믿음을 포기하지 않았습니다. 이것은 누구에게나 올 수 있는 상황입니다. 모든 것을 빼앗기는 상황이 올 때 무엇을 선택할지 결정해야 합니다. 다니엘은 항상 하던 대로 기도하였습니다.

다니엘은 이렇게 할 수 있었던 까닭은 무엇입니까? 그것은 하나님을 향한 변함없는 믿음입니다. 하나님이 지켜주심에 대한 믿음이 위기에서 흔들리지 않습니다. 신앙을 버리고 타협하지 않았습니다. 일상에서 변함없이 사랑하고 고백하고 의지하였던 하나님입니다. 위기에도 변함이 없으신 하나님임을 기억하셔야 합니다. 이 믿음이 끝까지 믿음을 지키게 합니다. 그리고 마침내 영광을 보게 합니다. 평범하지만 매일의 삶에서 나타난 믿음이 영적 위기 가운데 시험을 이기게 합니다.

셋째, 성숙한 신앙은 특별한 것이 아니라 항상 하던 대로의 모습입니다. 평범하지만 매일의 신앙이 영적 위기 가운데 시험을 이기게 함을 보았습니다. 항상 하던 대로의 신앙이 얼마나 중요한지를 보여줍니다. 우리는 특별한 시간을 가져야 대단한 신앙이라고 생각합니다. 대단한 체험을 해야 믿음이 있다고 생각합니다. 그래서 신비한 것을 찾으려고 애를 씁니다. 그러나 체험적 신앙은 유아적 신앙입니다. 성숙한 신앙은 인격적 신앙입니다. 말씀에 근거한 대로 믿고 사는 신앙입니다. 본문을 통하여 이 진리를 가르쳐 주고 있습니다. 그러므로 모든 성도는 성숙한 신앙인이 될 수 있습니다.

한국 교회가 잘 하는 것이 있습니다. 특새입니다. 특별 새벽기도의 준말입니다. 그러면 사람들이 많이 모입니다. '특별'에 혹하기 때문입니다. 특별한 시간이 전혀 필요 없다는 것이 아닙니다. 문제는 항상 하던 대로의 신앙은 없으면서 특별한 것만 찾을 때 문제입니다. 평상시 기도하지 않다가 특별 새벽기도회에서만 기도한다면 얼마나 우스꽝스러운 모습입니까? 안 하는 것보다는 낫지만 성숙되지 못한 신앙입니다.

일상의 기도, 항상 하던 대로의 신앙이 중요합니다. 주일을 비롯한 공예배를 소중하게 여기고, 매일 말씀을 묵상하며 기도하는 것이 중요합니다. 이렇게 매일이 쌓일 때 위기의 순간에 믿음의 능력을 나타낼 수 있습니다.

항상 기뻐하고, 쉬지 않고 기도하고, 범사에 감사하는 것이 건강하고 성숙한 신앙입니다. 그리고 이 신앙이 소망을 묻는 이들에게 답을 줄 수 있고, 영적 위기를 이길 수 있습니다. 다니엘이 위대한 신앙의 모델이 된 것은 일상의 신앙, 항상 하던 대로의 신앙이 얼마나 위대한지를 보여주었기 때문입니다. 항상 하던 대로 신앙 생활 하는 것이 쉽지 않습니다. 늘 예수님 중심의 마음을 가져야 하기 때문입니다. 그러나 거기에 놀라운 능력이 나타납니다. 항상 하던 신앙은 영원한 하나님 나라의 삶의 방식임을

교회를 세우는 다니엘 강해

기억하시기 바랍니다.

여러분의 신앙은 어떠합니까? 믿음의 선배인 다니엘의 모습을 통해서 하나님이 말씀하고자 하는 것을 이해하셨습니까? 하나님께서 우리에게 진정으로 원하시는 것이 무엇인지 알게 되었으리라 생각합니다.

다니엘은 모든 것을 잃을 수 있는 상황에서 믿음을 지켰습니다. 늘 하던 대로 하나님을 의지하였고, 약속을 바라보며 기도하였습니다. 매일의 기도가 있었기에 배교의 순간에 흔들리지 않았습니다. 지금까지 지켜주신 하나님을 다니엘은 잊지 않았습니다. 어제의 하나님, 과거의 하나님이 아닙니다. 여전히 오늘의 하나님입니다. 어제 구원하시고 인도하신 하나님은 오늘도 구원의 삶을 이끄십니다. 불 속에서 건져내신 하나님이 사자 굴 속에서 건져내실 것입니다. 그리 아니 하실지라도 믿음의 자리를 포기하지 않았습니다.

정말 멋지고 아름답고 강건한 신앙은 매일 매일 주님과 동행하는 신앙입니다. 이것이 성숙한 신앙입니다. 특별한 것을 찾는 사람은 특별한 것을 더 이상 찾을 수 없을 때 배교합니다. 그러나 일상에서 변함없이 주님과 교제한 신앙은 평범하지만 성숙한 삶을 살아갑니다.

진정 아름답고 멋있고 성숙한 신앙의 비결은 매일의 삶에 있습니다. 매일 말씀을 묵상하고, 하나님과 기도로 교제하고, 약속을 의지하여 삶을 살아가는 것이 가장 성숙한 신앙입니다. 특별한 체험이 필요할 수 있지만 그것이 성숙하고 능력 있는 신앙의 표가 아닙니다. 어쩌면 어린아이의 신앙일 수 있습니다. 하나님이 우리에게 원하시는 것은 항상 하던 대로 하나님을 사랑하는 것입니다. 바울의 고백대로 살아도 주를 위하여 살고, 죽어도 주를 위하여 죽는 삶입니다. 나의 모든 삶이 오직 예수 그리스도를 향하여 있다면 그것은 가장 복 있는 삶입니다. 우리 주님은 항상 하던 대로 기도의 시간을 가지셨습니다. 그럼으로 십자가의 시간이 다가올 때를 준비하셨고, 하나님의 뜻에 온전히 맡길 수 있었습니다. 오늘 우리의 일상이 변함없이 주님과 동행하기를 소망합니다.

교회를 세우는 다니엘 강해

사자와 함께하신 하나님 (단 6:16-28)

브라이언 채플 목사는 사람들이 가지고 있는 불안과 두려움을 없애는 길은 하나님 경외라고 하였습니다. 이것은 일상의 삶에서 늘 접하는 상황 속에서 두려움을 이기는 길입니다. 하나님을 경외하는 것이 두려움과 불안을 이기는 길임을 분명하게 보여준 본보기가 있습니다. 바로 사자굴 속의 다니엘입니다. 다니엘은 이 끔찍한 상황에서 어떻게 이겨냈는지 함께 살펴보도록 하겠습니다.

본문말씀은 30일 동안 다리오 왕 외에 다른 신에게 기도하는 자는 다 사형을 당한다는 칙령에 발표된 후에 일어난 일입니다. 다니엘은 항상 하던 대로 예루살렘을 향하여 하루 세 번씩 기도 하였습니다. 그리고 이 모습을 기다리고 있었던 메대 바사의 관원들에게 알려졌습니다. 그리고 이들은 왕에게 고소합니다. 왕은 이들의 고소에 잠시 고민하였지만, 자신이 세운 법령에 따라 다니엘을 사자굴 속에 던져넣습니다. 사자가 얼마나 무서운지는 모두가 다 아는 사실입니다. 얼마 전 장로님이 살고 계시는 고령에서 사육하던 사자가 탈출하여 비상이 걸렸습니다. 감사하게 사자가 빨리 포획되었지만, 사자는 예나 지금이나 참으로 무서운 동물입니다.

정적들은 다니엘이 빠져나올 수 없는 상황을 만들었습니다. 그리고 왕은 궁으로 돌아갔습니다. 왕은 법령을 지켰지만 다니엘의 죽음에 대하여 안타까워했습니다. 18절의 말씀처럼 밤이 새도록 금식하고, 오락을 그치고 잠을 청하지 않았습니다. 다니엘을 향한 왕의 마음을 볼 수 있는 장면입니다.

이튿날에 왕은 사자굴로 달려갑니다. 그리고 슬피 울면서 다니엘에게 묻습니다. "살아 계시는 하나님의 종 다니엘아 네가 항상 섬기는 네 하나님이 사자들에게서 능히 너를 구원하셨느냐"(20절) 그러자 다니엘이 응답합니다. "왕이여 원하건대 왕은 만수무강 하옵소서"(21절) 영화였다면 이 장면에서 큰 박수가 나왔을 것입니다. 다니엘은 왕에게 놀라운 답을 합니다. "나의 하나님이 이미 그의 천사를 보내어 사자들의 입을 봉하셨으므로 사자들이 나를 상해하지 못하였사오니 이는 나의 무죄함이 그 앞에 명백함이오며 또 왕이여 나는 왕에게도 해를 끼치지 아니하였나이다"(22절)

왕은 너무 기뻤습니다. 사자굴에서 나온 다니엘은 그 몸 어디도 상하지 않았습니다. 사자와 함께 놀았습니다. 이것은 장차 올 하나님 나라의 모습을 엿볼 수 있습니다. 이사야 선지자는 하나님 나라의 영광을 다음과 같이 증거하였습니다.

"그 때에 이리가 어린 양과 함께 살며 표범이 어린 염소와 함께 누우며 송아지와 어린 사자와 살진 짐승이 함께 있어 어린 아이에게 끌리며"(사 11:6)

"이리와 어린 양이 함께 먹을 것이며 사자가 소처럼 짚을 먹을 것이며 뱀은 흙을 양식으로 삼을 것이니 나의 성산에서는 해함도 없겠고 상함도 없으리라 여호와께서 말씀하시니라"(사 65:25)

이 모습을 다니엘에게 미리 보여 주셨습니다. 23절 하반절에 이 내용을 한 줄로 요약합니다. "이는 그가 자기의 하나님을 믿음이었더라"

그런 후에 다리오 왕은 이 모든 것이 계략인 줄 알고 다니엘을 고발한 사람들을 끌어오고 그들과 그 처자들과 함께 사자굴 속에 던져 넣습니다. 이들이 바닥에 닿기도 전에 사자의 밥이 되었습니다.(24절) 사자굴이 얼마나 무서운지를 분명하게 알 수 있습니다.

다리오는 온 땅에 조서를 내립니다. 그 내용은 참으로 놀랍습니다. 이방의 왕이 내린 조서라고 생각할 수 없을 정도입니다.

첫째, 모든 메대 바사 사람들은 다니엘의 하나님 앞에 떨며 두려워하라는 말씀입니다. 즉 하나님을 경외하라는 말씀입니다.

둘째, 하나님은 살아계시고 영원히 변하지 않으시는 분입니다.

셋째, 그의 나라는 멸망하지 않고, 권세는 무궁합니다.

넷째, 하나님은 구원도 하시며 건져내기도 하십니다.

다섯째, 하늘에서나 땅에서나 이적과 기사를 향하시는 분입니다.

여섯째, 다니엘을 사자의 입에서 구원하신 분입니다.(26-27절)

참으로 놀라운 고백이 아닐 수 없습니다. 블라인드 면접을 한다면 이러한 고백을 한 사람은 당연히 기독교인이라 말할 것입니다. 그런데 이방인입니다. 하나님의 능력이라 말할 수밖에 없습니다. 다니엘은 다리오 왕시대만이 아니라 바사 고레스 왕의 시대에도 형통하였습니다. 드디어 고레스 왕이 등장합니다.(28절) 고레스 왕 때 이스라엘은 예루살렘으로 귀환하기 때문입니다.(대하 36:22-23)

사자굴 속의 다니엘과 다리오 왕의 칙령은 많은 본보기를 주고 있습니다. 하나님께서 다니엘을 향한 놀라운 이적을 통하여 주의 자녀로 어떻게 살아야 하는지를 보여주셨습니다. 우리 시대에 사자굴은 없습니다. 그러나 1세기만 해도 사자굴에서 순교하는 일이 빈번하였습니다. 사자굴 속의 다니엘과 다리오 왕의 칙령이 오늘 우리에게 무엇을 말씀하고 있습니까? 하나님께서 본보기로 삼으라고 하시는 신앙은 무엇입니까?

첫째, 자신의 하나님을 믿어야 합니다. 사자굴 속 다니엘의 모습을 통하여 주께서 우리에게 본받으라고 하시는 모습은 자신의 하나님을 향한 실천적 믿음입니다. 다니엘은 믿은 대로 살았습니다. 상황에 굴복당하지 않고 믿음대로 살았습니다. 이제 나이가 팔순이 된 노인입니다. 사람은 누구나 마지막이 아름답기를 소망합니다. 그런데 그 마지막이 사자 밥이 되었다고 한다면 너무 슬프지 않습니까? 그러나 다니엘은 그것이 중요하지 않았습니다. 중요한 것은 하나님의 마음을 슬프게 하지 않는 것입니다. 이것이 바로 "그리 아니 하실지라도"의 신앙입니다. 이 신앙에서 한 번도 흔들리지 않았습니다. 다니엘은 23절의 말씀처럼 자기의 하나님을 믿었습니다. 다른 사람의 하나님이 아닙니다. 자신의 하나님입니다. 자신

교회를 세우는 다니엘 강해

과 인격적인 교제를 하였던 하나님입니다. 일평생 함께 하였던 하나님입니다. 자신을 끝까지 사랑하신 하나님입니다. 그리고 죽음에서 살리실 수 있는 하나님입니다. 그렇지 않더라도 하나님을 믿었습니다. 단지 보이는 복을 주는 하나님이 아닙니다. 모든 자연 종교는 복을 준다고 합니다. 그러나 주님은 영원한 생명을 주십니다. 이것이 십자가의 사랑입니다.

어느 탄광에서 일어난 일입니다. 젊은 시절에 탄광에서 일하던 한 사람이 사고를 당해서 혼자서 어렵게 살고 있었습니다. 그런데 여전히 감사함으로 살았습니다. 한 청년이 탄광촌에 들어왔고 이 사람의 이야기를 들었습니다. 그래서 나이가 먹은 이 분에게 가서 삶이 이렇게 망가지고 힘들게 사는데 감사합니까? 친구와 동료들은 세상에서 높아지고 있는데 여전히 예수님이 사랑하신다고 생각합니까? 그러자 이 노인이 말하기를 사단도 나에게 예수님이 지금도 사랑한다고 생각하냐고 질문한다는 것입니다. 그래서 이 노인은 사단을 데리고 갈보리 십자가의 예수님께로 데려간다고 합니다. 나를 위하여 찢기고, 못 박히시고 온갖 상처 투성이신 예수님은 나를 위하여 죽으셨습니다. 그런데 나를 사랑하지 않는다고? 이 청년은 더 이상 질문을 할 수 없었습니다.

어렵고 힘든 일이 일어날 수 있습니다. 두려움이 생기고 불안함이 다가올 수 있습니다. 이때 십자가의 예수님 앞으로 나가시기 바랍니다. 사람이 주는 위로는 한계가 있습니다. 그리고 두려움과 불안을 해소하지 못합니다. 그리스도의 십자가 앞에 나가야 합니다. 거기서 사자굴 속 같은 두려움과 불안에서 자유할 수 있습니다. 여러분이 믿는 예수님은 누구십니까? 그 예수님을 고백한 대로 믿으십니까? 우리의 싸움은 예수님을 믿느냐 불신하느냐에 있습니다. 예수님을 온전히 믿을 수 있기를 소망합니다.

둘째, 자신이 믿는 하나님을 세상이 알 수 있게 해야 합니다. 다니엘의 사자굴 속의 모습은 많은 생각을 합니다. 이 땅에서 하나님의 영광을 위하여 사는 일에는 무엇보다도 변함없는 믿음과 인내가 필요함을 봅니다. 다 끝난 것 같은 나이에 이러한 시험이 올지 알았겠습니까? 10대 때부터 시험이 있었습니다. 그리고 팔순이 되어도 시험이 있습니다. 이 땅에서는 시험이 없는 삶이 없습니다.

그러나 그 시험 가운데 하나님이 함께하십니다. 사자굴 속에 하나님이 함께하셨습니다. 그이 천사들을 통하여 사자들의 입을 막았습니다. 사자들이 다니엘의 친구가 되었습니다. 거룩한 백성을 누구도 건드릴 수 없었습니다. 지금은 이러한 형 집행은 없지만 여전히 믿음의 사람들을 감옥에 가두는 나라가 있습니다. 중국은 간첩법을 통하여 선교사의 복음 전함을 막고 있습니다. 북한에는 여전히 선교사들이 감옥에 갇혀 있습니다. 베트남도 선교에 있어서 자유롭지 못합니다. 인도 역시 선교사들의 입국에 제약을 하고 있습니다. 중동 여러 나라 역시 선교사들의 복음 전함을 허락하지 않습니다. 그래서 복음을 전하다가 감옥에 갇히고 죽음의 순간을 맞이하기도 합니다.

꼭 선교의 현장만이 아닙니다. 우리가 사는 세상도 점점 복음을 듣기를 싫어합니다. 이때 어떻게 해야 하겠습니까? 다양한 시험과 두려움과 불안 가운데 어떻게 살아야 하겠습니까? 예수 믿음으로 인하여 손해 보는 상황이 옵니다. 예수님을 포기해야 할까요? 잠시 뒤로 모셔야 할까요? 이때

교회를 세우는 다니엘 강해

진정으로 자신이 믿는 주님을 드러낼 때입니다. 평상시에 믿었던 그 예수님이 사실임을 보여주어야 합니다.

다리오 왕은 다니엘의 믿음을 보았습니다. 그리고 평상시에 보여주었던 다니엘의 하나님을 고백합니다. 다리오 왕의 입을 통하여 하나님이 증거되고 찬양을 받습니다. 메대 바사 전 지역에서 살아 계신 하나님이 증거되었습니다.

고난의 순간은 우리의 믿음이 살아있음을 보여주는 기회입니다. 하나님의 놀라운 복이 임하는 통로입니다. 고난 가운데 보여준 신앙은 하나님이 준비하신 은혜가 오는 길입니다. 고난이 클 수 록 은혜가 넘칩니다. 그러므로 현재의 고난 앞에서 두려움과 절망과 불평에 머물지 말아야 합니다. 내가 알고 있던 예수님은 실제입니다. 고난의 자리가 은혜의 자리임을 보여줄 수 있어야 합니다. 이것이 다니엘을 통하여 우리에게 말씀하심입니다.

셋째, 믿는 것과 일하는 것에 균형이 있어야 합니다. 다니엘의 모습은 많은 것을 생각하게 합니다. 그 가운데 믿음의 모습이 분명하게 존재합니다. 그런데 한 가지 깊이 생각할 것은 다리오가 대하는 다니엘의 모습입니다. 다리오는 왜 이렇게 다니엘을 총애하였을까요? 다니엘은 누구보다도 최선을 다하여 자신의 일을 감당하였습니다. 자신의 부귀와 영화가 아니라 하나님을 영화롭게 하는 일이었습니다. 게으르지 아니하였습니다. 맡은 것이 무엇이든 죄 짓는 것 아니면 최선을 다했습니다. 하나님이 주신 지혜를 온전히 사용하였습니다. 그리고 정직하였습니다. 권력을 얻고자 꼼수 부리지 않았습니다. 하나님의 순리에 맡겼습니다. 최선을 다하여 하나님께 영광을 돌렸습니다. 그리고 하나님의 함께하심을 기다렸습니다. 다리오는 이 모습에 감동하였습니다. 평상시에 보여주었던 다니엘의 모습에 다리오는 깊은 신뢰를 가지고 있었습니다. 그러기에 다니엘이 믿는 하나님을 신뢰하게 되었습니다.

우리의 일터의 삶이 곧 복음을 전하는 현장입니다. 우리가 서 있는 곳이 어디든 거룩한 곳입니다. 우리가 하는 무슨 일이든 하나님을 영화롭게 하는 일입니다. 그 일이 매일 반복되는 일이라 할지라도 하나님의 나라를 세우는 일입니다. 매일 반복하여 옷의 단추를 다는 것에서 어떤 의미를 찾을 수 있을까요? 그러나 그 단추 하나가 하나님을 영화롭게 하는 데 사용됩니다.

믿는 것과 사는 것의 균형이 필요한 이유입니다. 입으로 고백한 신앙이 일터에서 가정에서 학교에서 나타나야 합니다. 신앙이 주일에 머물면 그것은 가짜이거나, 미성숙한 신앙이거나 왜곡된 신앙입니다. 우리의 일상은 항상 하나님을 영화롭게 하는 데 있습니다. 입술로 고백한 하나님이 여러분의 일터에서 나타나고, 가정에서 나타나야 합니다. 이것이 다니엘을 통하여 우리에게 말씀하시는 본보기입니다. 야고보 사도의 말씀입니다.

"네가 보거니와 믿음이 그의 행함과 함께 일하고 행함으로 믿음이
온전하게 되었느니라"(약 2:22)

이 모습이 우리의 신앙이 되기를 소망합니다. 이방인이, 세상이 우리의 믿음을 보고 하나님께 영광 돌릴 수 있기를 소망합니다. 예수님이 말씀하

교회를 세우는 다니엘 강해

신 빛과 소금이 되기를 소망합니다.

사자굴 속에 갇힌 다니엘과 다리오 왕의 신앙고백을 통하여 우리에게 말씀하시는 하나님의 뜻을 함께 생각하였습니다. 사자굴 속의 다니엘은 단지 옛날 이야기가 아닙니다. 하나님의 구속의 역사입니다.

우리 역시 죄와 사망의 법에 사로잡혔습니다. 꼼짝없이 죽음의 자리에 이르러야 했습니다. 그런데 예수님이 나와 함께하셨습니다. 죄와 죽음이 우리를 삼킬 수 없었습니다. 주님의 십자가의 보혈이 우리를 지켰습니다. 십자가의 은혜가 있기에 우리는 살 수 있었습니다.

오늘도 믿음으로 사는 우리에게는 십자가의 은혜가 늘 함께합니다. 예수님을 믿는 것은 이 사실을 믿는 것입니다. 어떤 상황에서도 예수님은 우리와 함께 하십니다. 십자가의 사랑과 능력이 우리의 믿음입니다. 이 믿음이 세상을 이깁니다. 이 믿음으로 이 땅을 살아가기를 주님의 이름으로 축복합니다.

7장

교회는 승천하신 예수님의 말씀을 따라
예루살렘과 온 유대와 사마리아와 땅 끝까지
증인이 되라는 말씀에 따라 대한민국에까지 왔습니다.
그리고 오늘 우리들이 존재합니다.
세상의 주권자는 적그리스도처럼 보이지만, 아닙니다.
예수 그리스도입니다. 그 앞에 모두 무릎을 꿇습니다.
이것이 약속의 말씀입니다.

소멸되지 않는 영원한 권세 (단 7:1-14)

　세계관 강의를 하는데 한 청년이 이렇게 질문하였습니다. '대부분 사례가 서구의 것인데, 우리와 어떤 관계가 있는지 잘 모르겠습니다.' 그래서 제가 이렇게 질문하였습니다. 지금 입고 있는 옷이 우리나라 전통 옷인가요, 서구에서 들어온 옷인가요? 그리고 우리의 생각은 어디서 왔나요? 조선인가요? 그럼 조선의 생각은 어디서 왔나요? 고려, 그럼 고려의 생각은 어디서 왔나요? 신라, 그럼 신라는요? 대답하기가 참 어렵죠? 우리는 변화의 상황 가운데 현실에 있습니다. 그래서 현실이 어디서 왔는지 살피는 것이 중요합니다. 놀랍게도 우리 가운데 서당에서 공부한 사람이 없습니다. 다 초등학교 출신입니다. 초등학교 제도는 어디서 왔나요? 일본에서 왔습니다. 그럼 지금 우리의 교육은 일본 교육입니까? 영어 교육의 열풍이 불고 있습니다. 이미 우리는 서구의 모든 세계관을 가지고 살고 있으면서 몸은 한국 사람입니다. 그래서 종종 내가 한국 사람인지 서구 사람인지 혼동합니다. 역사라는 거대한 흐름 속에서 나를 보면 유익함이 많습니다. 역사가 무엇이고, 역사 가운데 산다는 것이 어떤 의미인지 함께 생각해보고자 합니다.

교회를 세우는 다니엘 강해

본문은 5, 6장보다 앞선 이야기입니다. 벨사살 원년에 하나님은 다니엘에게 환상을 보여주셨습니다. 환상은 장차 있을 역사이자, 교회의 고난입니다. 7-12장은 계시문학입니다. 계시문학은 상징을 통한 예언을 말씀합니다. 그리고 계시문학은 일반적으로 고난의 삶 가운데 살아가는 성도를 위한 격려의 내용을 담고 있습니다. 계시문학은 예언을 통하여 말씀하시는 역사라 할 수 있습니다.

벨사살 시대에 다니엘이 꾼 꿈은 네 동물에 관한 내용입니다. 벨사살은 느부갓네살의 외손자라 하였습니다. 벨사살을 언급한 것은 역사적인 한 시점에 계시가 있었음을 의미합니다. 다니엘의 꿈을 통하여 미래의 역사와 하나님 나라의 모습을 보여줍니다. 다니엘은 자신이 꾼 꿈을 기록하였습니다.(1절)

7장의 꿈 내용은 2장의 느부갓네살의 꿈과 연결하여 볼 수 있습니다. 그가 본 금 신상에 대한 반복된 환상이라 할 수 있습니다.

"왕이여 왕이 한 큰 신상을 보셨나이다 그 신상이 왕의 앞에 섰는데 크고 광채가 매우 찬란하며 그 모양이 심히 두려우니 그 우상의 머리는 순금이요 가슴과 두 팔은 은이요 배와 넓적다리는 놋이요 그 종아리는 쇠요 그 발은 얼마는 쇠요 얼마는 진흙이었나이다 또 왕이 보신즉 손대지 아니한 돌이 나와서 신상의 쇠와 진흙의 발을 쳐서 부서뜨리매 그 때에 쇠와 진흙과 놋과 은과 금이 다 부서져 여름 타작 마당의 겨 같이 되어 바람에 불려 간 곳이 없었고 우상을 친 돌은 태산을 이루어 온 세계에 가득하였나이다."(2:31-35)

느부갓네살이 보았던 꿈을 다니엘은 하나님의 은혜로 해석하였습니다. 그리고 이제 벨사살 시대에 다니엘 자신이 꿈을 꿉니다. 하나님의 계시를 직접 받았습니다. 꿈의 시작은 하늘의 네 바람이 큰 바다로 몰려 부는 것으로 시작합니다.(2절) 바다는 지중해입니다. 이스라엘에서 볼 수 있는 바다입니다. 여기에서 바람이 불어옵니다. 바람은 성경에서 혼돈과 전쟁을 상징합니다. 혼돈의 바다에서 네 동물이 올라오는 환상입니다.

첫째 짐승은 '사자' 같았습니다.(4절) 이 사자는 독수리의 날개를 가졌습니다. 얼마 전에 홀씨학교와 함께 바벨론 전시회를 다녀왔습니다. 거기서 본 바벨론의 상징이 사자였습니다. 바벨론 유적에서 날개 달린 사자 석상이 발견되었습니다. 이는 바벨론 제국을 의미합니다. 그러나, 다니엘은 곧 그 날개가 뽑힌 것을 보았습니다. 그리고 이 날개 달린 사자는 사람처럼 두 발로 서게 되었으며 또 사람의 마음을 받게 되었습니다. 사자가 사자의 마음을 가지고 있지 않습니다. 즉 사자의 지위를 잃게 되었음을 의미합니다. 사자가 사람의 마음을 입었다는 것은 사자의 마음을 잃고, 용기를 잃어버리고, 모든 것을 두려워하는 존재가 되었음을 의미합니다. 바벨론의 몰락을 보여줍니다.

둘째 짐승은 '곰' 같습니다.(5절) 곰은 바사 제국을 의미합니다. 이 곰은 사자를 대적하여 몸 한쪽을 들었습니다. 이 말은 바사와 메대의 연합 정부 페르시아를 의미합니다. 아직 곰은 그 입의 이 사이에 세 갈빗대를 물고 있습니다. 이는 정복 전쟁을 계속하고 있다는 의미입니다. 세 갈

교회를 세우는 다니엘 강해

빗대는 페르시아의 정복에 의하여 무너지고 있는 나라를 의미합니다. 페르시아의 정복욕은 참으로 대단하였습니다.

셋째 짐승은 '표범' 같았습니다.(6절) 표범은 매우 빠른 동물입니다. 이것은 알렉산드로스 대왕에 의해 세워진 헬라 제국을 의미합니다. 그 등에는 새의 날개 넷이 있습니다. 느부갓네살보다 빠른 알렉산드로스의 정복을 의미합니다. 이 짐승은 네 개의 머리를 가지고 있습니다. 일반적으로 알렉산드로스 사후에 그의 영토가 네 명의 장군에 의해 나뉘어짐을 의미합니다.

셀레우코스는 시리아 지역, 리시마코스는 트라키아와 소아시아 지역, 안티파트로스와 카산드로스는 헬라와 마게도냐 지역, 프톨레마이오스는 이집트입니다. 넷째 짐승은 이름이 없습니다. 다만 다른 짐승보다 사납고 무서운 것이었습니다.(7절) 앞의 모든 짐승들의 특징을 가졌다고 할 수 있습니다. 넷째 짐승에 대하여 여러 해석이 공존하지만, 일반적으로 로마를 의미합니다. 이는 요한계시록의 해석과 연동됩니다.(계 13, 17장)

"내가 보니 바다에서 한 짐승이 나오는데 뿔이 열이요 머리가 일곱이라 그 뿔에는 열 왕관이 있고 그 머리들에는 신성 모독 하는 이름들이 있더라 내가 본 짐승은 표범과 비슷하고 그 발은 곰의 발 같고 그 입은 사자의 입 같은데 용이 자기의 능력과 보좌와 큰 권세를 그에게 주었더라"(계 13:1-2)

넷째 짐승은 쇠로 된 이를 가지고, 열 뿔을 가졌습니다. 열 뿔은 로마제국 이후의 역사를 의미합니다.

> "네가 보던 열 뿔은 열 왕이니 아직 나라를 얻지 못하였으나 다만 짐
> 승과 더불어 임금처럼 한동안 권세를 받으리라"(계 17:12)

그리고 뿔 가운데 작은 뿔이 그 사이에서 나옵니다. 열한 번째 뿔이라고 할 수 있습니다. 열한 번째 뿔 앞에서 그 앞에 있는 세 뿔이 뿌리까지 뽑혔습니다. 즉 앞의 세 왕국을 물리쳤음을 의미합니다. 그래서 일곱 뿔이 남았습니다.(8절) 작은 뿔이 누군지가 중요합니다. 가장 강력한 세력이기 때문입니다. 이는 종말론적 이해가 필요합니다. 계시의 상징성을 볼 때 장차 올 하나님의 교회를 대적하는 권력과 핍박자라고 할 수 있습니다.

작은 뿔이 말하는 사이에 넷째 짐승인 로마가 멸망합니다. 그런데 12절은 독특한 장면입니다. 다른 짐승은 권세는 빼앗겼지만, 생명은 보존합니다. 이것은 로마와 같은 극단적인 멸망은 당하지 않음을 의미합니다. 어떤 학자들은 작은 뿔이 의미하는 것은 문화의 존속이라고 말하는데 합당하지 않습니다. 더구나 이들이 영원하지도 않습니다. 마침내 멸망합니다.

다니엘은 이러한 왕국의 흥망성쇠를 보는 가운데 옛적부터 계신 성부 하나님과 인자 같은 성자 하나님을 봅니다. 성부 하나님의 영광과 거룩함을 다니엘은 보았습니다. 그의 옷은 희기가 눈과 같습니다. 그의 머리털은 깨끗한 양의 털 같습니다. 그의 보좌는 불꽃입니다. 그의 바퀴는 타오르는 불입니다. 이 모두는 하나님의 거룩함과 전능하심을 우리가 이해할

교회를 세우는 다니엘 강해

수 있도록 보여주는 모습입니다. 성부 하나님 앞에 놓여 있는 것이 있는데 심판 책입니다.

심판 책을 보는데 작은 뿔이 말하는 사이에 넷째 짐승이 죽임을 당합니다. 즉 로마가 멸망합니다. 그리고 남은 짐승들은 생명이 보존되다가 정한 시기, 곧 최후 심판의 날을 기다리고 있습니다. 이는 앞선 제국들에 속한 이들이 최후의 심판까지 기다림을 의미합니다. 이 부분을 이해하기가 어렵습니다. 그러나 분명한 것은 이 땅의 모든 적그리스도의 세력들은 마지막 심판을 받게 된다는 것입니다.

그런 후에 다니엘은 또 하나의 환상을 봅니다. 성부 하나님께서 모든 권세를 인자에게 위임하십니다. 인자는 성육신하시기 전의 예수 그리스도입니다. 다니엘은 인자 같은 예수 그리스도를 보았습니다. 하나님은 예수 그리스도에게 영원한 권세와 영광과 나라를 주셨습니다. 모든 이들의 섬김을 받으실 분입니다. 예수님의 권세는 결코 소멸되지 않습니다. 다니엘이 본 환상은 앞서 5장에서 보았던, 그가 벨사살 왕 앞에서 담대했던 이유를 보여줍니다. 이 모든 것을 알려주었음에도 교만했던 벨사살을 향한 다니엘의 준엄한 책망은 합당하였습니다. 다니엘이 이방의 땅에 있음에도 담대할 수 있었던 것은 역사의 흥망성쇠를 주관하시는 하나님을 보았기 때문입니다. 하나님은 때마다 역사의 주인이 누구인지를 알려주심으로 믿음의 길을 가게 하셨습니다.

본문은 다니엘이 받은 환상입니다. 역사를 움직이시는 하나님을 재확인한 시간이었습니다. 다니엘의 시대는 물론이고 오늘 우리에게 중요한 가르침을 주고 있습니다.

소멸되지 않는 영원한 권세 (단 7:1-14)

첫째, 모든 역사는 하나님의 섭리 가운데 존재합니다. 결코 우연히 존재하지 않습니다. 역사의 실체에 대하여 우리는 잘 알고 있습니다. 역사에는 우연은 존재하지 않습니다. 종종 "만약"이라는 말을 하지만 역사에는 "만약"도 없습니다. 오직 실체만 있습니다. 그래서 역사는 기록이 중요합니다. 기록이 없이 역사가 존재할 수 없습니다. 어제의 역사도 기록을 통하여 증거합니다.

역사는 우연이 아니고 실체로서의 역사입니다. 그렇다면 역사는 어떻게 존재합니까? 모든 역사는 하나님의 섭리 가운데 이뤄진 사건입니다. 하나님은 다니엘을 통하여 이 사실을 분명하게 보여주십니다. 네 짐승의 상징을 통하여 앞으로 이뤄질 역사가 어떻게 진행될지를 보여줍니다. 그리고 실제의 역사 속에서 성취됩니다. 그런데 이 환상이 다시금 요한계시록을 통하여 등장합니다. 그것은 예언된 역사가 실제 역사 가운데 성취되었듯이 종말의 역사가 어떻게 진행될지를 보여주는 말씀입니다. 즉 모든 인류의 역사는 하나님의 섭리 가운데 진행됩니다. 이것은 우리 개인의 삶도 우연히 존재하는 것이 아니라 하나님의 섭리 가운데 있음을 의미합니다.

둘째, 모든 역사는 구속을 위한 역사입니다. 모든 역사는 그리스도를 중심으로 주어진 역사입니다. 그리고 그리스도를 통하여 하나님 나라를 완성하는 역사입니다.

모든 역사가 우연하지 않고 하나님의 섭리 가운데 있음을 살펴보았습니다. 그러면 자연스럽게 하나님의 섭리는 어떤 목적을 가지고 있는지 질문하지 않을 수 없습니다. 섭리의 목적이 무엇입니까? 성경의 역사는 선분적 직선 사관이라 할 수 있습니다. 시작이 있고 끝이 있습니다. 창조가 있으며 새 하늘과 새 땅의 완성이 있습니다. 순환적 역사가 아닙니다. 역사는 돌고 돈다는 말을 합니다. 그러나 역사는 돌고 돌아서 다시 그 자리에 오지 않습니다. 모든 역사는 끝을 향하여 진행되고 있습니다. 그 끝은 예수 그리스도를 통하여 완성되는 하나님의 나라입니다.

그래서 구약의 역사는 예수 그리스도를 향합니다. 예수 그리스도 안에서 약속된 역사는 성취됩니다. 그리고 종말의 시대를 건너 새 하늘과 새 땅의 하나님 나라에서 완성됩니다. 그렇기에 모든 역사는 예수 그리스도를 중심으로 하는 구속사입니다.

"또 이르시되 내가 너희와 함께 있을 때에 너희에게 말한 바 곧 모세의 율법과 선지자의 글과 시편에 나를 가리켜 기록된 모든 것이 이루어져야 하리라 한 말이 이것이라 하시고"(눅 24:44)

예수님은 구약의 모든 역사가 누구를 향하고 있으며, 누구에게서 완성되는지를 말씀하십니다. 모든 역사는 예수 그리스도를 통한 구원의 역사입니다.

셋째, 다니엘을 이끌었던 하나님은 오늘 우리를 이끄십니다. 역사의 주인이자, 심판자이신 주님은 교회가 받을 핍박을 이기고 마침내 그 나라를 완성하십니다. 여기에 믿는 자의 담대함이 있습니다. 마지막 영광은 그리스도인에게 주어집니다. 이 땅에서의 핍박과 고난과 아픔은 반드시 거룩한 열매를 맺습니다. 십자가 없이 면류관은 없습니다. 믿음으로 역사의 현장에서 살아갈 때 역사의 주인이신 그리스도께서 우리를 넉넉히 이기게 하십니다. 이 은혜로 오늘도 믿음으로 살아갑니다.

이처럼 다니엘과 함께하며 역사를 이루셨던 주님은 이제 믿음으로 고백하며 살아가는 신자들을 이끄십니다. 이 사실이 역사의 현장에서 살아가는 우리에게 큰 힘을 줍니다. 염려와 두려움이 가득한 세상이지만 담대하게 견디는 것은 바로 주님이 함께함을 알기 때문입니다. 다니엘의 하나님이 바로 우리의 하나님입니다. 이 사실을 항상 기억하시기 바랍니다.

예수님은 세상 끝날까지 우리와 함께하신다고 약속하셨습니다.(마 28:20) 우리가 두려워할 것은 세상이 아니라 예수님을 믿는 자리에서 멀어지는 것입니다. 예수님은 세상을 이기셨습니다. 예수님께서 눈동자와 같이 우리를 지켜주십니다. 이 믿음이 더욱 견고해지기를 소망합니다.

다니엘이 보았던 네 짐승의 환상을 통하여 우리에게 말씀하시는 것이 무엇인지 살펴보았습니다. 다니엘이 본 것은 앞으로 펼쳐질 제국의 흥망성쇠의 역사입니다. 다니엘은 바벨론의 무너짐과 페르시아의 등장은 보았지만, 헬라와 로마 제국은 보지 못하였습니다. 그러나 우리는 그 역사적 실체를 보고 있습니다. 우리는 앞으로 100년 뒤에 어떤 일이 일어날지 모릅니다. 그러나 언약의 성취를 통하여 주님의 역사는 여전히 존재할 것이라 믿습니다.

소멸되지 않는 영원한 권세는 오직 예수 그리스도에게만 있습니다. 썩을 동아줄을 붙잡고 아등바등하는 것처럼 불쌍한 것이 없습니다. 영원하신 야훼 하나님과 함께하는 것만이 끊어지지 않습니다. 이 사실을 굳게

교회를 세우는 다니엘 강해

붙잡을 때 우리는 세상의 두려움과 불안을 내쫓을 수 있습니다. 예수 믿어도 당장 어려울 수 있습니다. 예수 믿으면 복받는다던 생각도 사라지고 있습니다. 기복주의 신앙이 더 이상 작동하지 않습니다. 그러자 어떻게 신앙생활 해야 할지 우왕좌왕하고 있습니다. 신앙의 공동화 현상이 나타나고 있습니다. 이때 우리는 역사의 주인이신 삼위 하나님을 만날 수 있어야 합니다. 다시금 그 자리에서 새로 시작하여야 합니다. 소멸되지 않는 권세를 가지신 주님이 우리를 넉넉히 이기게 하십니다. 이 믿음이 우리를 단단하게 만듭니다. 언제나 이 믿음 가운데 있기를 소망합니다.

진리를 아는 자들의 번민 (단 7:15-28)

    남들이 모르고 있는 비밀을 안다면 기분이 어떨까요? 신날까요? 고통스러울까요? 아마 대답은 비밀의 내용에 따라 다를 것이라고 생각합니다. 모두에게 행복을 주는 내용이라면 너무 행복할 것입니다. 그러나 누군가 심판을 받아야 한다면 번민이 생길 것입니다. 알려주어야 하는지 모른 척 해야 하는지? 전자라면 아마 대부분 알리는 데 열심을 낼 것입니다. 그런데 후자라면 주저할 것입니다. 아마 침묵을 지킬 것이라 생각합니다. 이 일에 가장 힘든 직종이 있다면 의사일 것입니다. 환자의 상황에 따라서 결정해야 하기 때문입니다. 목사 역시 같은 역할을 합니다. 다만 차이가 있다면 의사는 당면한 문제를 다룬다면, 목사는 앞으로 당면해야 할 문제를 다룬다는 면에서 다릅니다. 다니엘은 하나님의 뜻을 알고 번민합니다. 그 이유가 무엇인지 본문을 통하여 함께 살피면서 하나님의 마음을 살펴보고자 합니다.

    다니엘은 이 땅 가운데 일어날 하나님 나라의 역사를 보았습니다. 이 꿈은 이방의 땅에서 살고 죽어야 할 다니엘에게 큰 위로와 도전을 주었습니다. 하나님을 모시고 있는 한 천사(10절)에게 환상에 대하여 정직한 질

교회를 세우는 다니엘 강해

문을 합니다. 그러자 천사가 자세하게 이 내용에 대하여 해석(정직한 답변)하여 줍니다.(16절) 천사는 네 짐승이 세상에 일어날 네 왕이라고 알려줍니다.(17절) 그러면서 지극히 높으신 하나님의 성도들이 나라를 얻을 것이고 영원할 것임을 말씀합니다. 그러나 네 왕은 아무리 강력하여도 사라질 것이지만, 그리스도가 다스리는 나라는 영원할 것임을 말씀합니다.(18절)

특별히 다니엘이 보았던 왕들의 모습은 짐승의 모습으로 나타났지만, 네 번째 짐승은 구체화되지 않았습니다. 다니엘은 넷째 짐승에 대하여 궁금해합니다. 그래서 자세한 해석을 요청합니다. 다니엘이 본 넷째 짐승은 대단하였습니다. 쇠 이빨과 구리 발톱을 가지고 무지막지하게 파괴하였습니다.(19절) 또한 넷째 짐승은 그의 머리에 열 뿔이 있었습니다. 넷째 짐승은 지난 말씀에서 살펴보았듯이 로마를 상징합니다. 그리고 열 뿔은 로마에서 나온 열국을 의미합니다. 그러나 다니엘이 집중한 것은 작은 뿔인 열한 번째 나라입니다. 이 작은 뿔이 세 뿔을 없앴습니다. 그리고 강력한 존재로 커졌습니다. 이 뿔에는 눈도 있고, 큰 말을 하는 입도 있습니다. 그 모습이 그의 동료들보다 컸습니다.(20절) 그런데 이 뿔이 성도들과 더불어 싸워 이겼습니다.(21절)

강력하게 자란 열한 번째 뿔의 정체는 모릅니다. 칼빈은 그것을 로마 황제의 후예들이라고 생각하였습니다. 그 가운데 도미티아누스가 있습니다. 가장 강력하게 기독교를 핍박하였기 때문입니다. 또한 청교도들은 로마 교황으로 보기도 하였습니다. 그러나 작은 뿔은 교회와 성도를 괴롭히는 핍박자이며 마귀가 조종하는 강력한 세상 권력자 적그리스도의 세력입니다. 이들의 괴롭힘은 믿음의 길을 가는 데 걸림돌이 됩니다. 그렇지만 이들의 권세는 영원하지 않습니다. 옛적부터 계신 하나님께서 성도들을 위하여 원한을 풀어주셨습니다. 때가 이르러서 성도들이 빼앗겼던 나라를 얻게 됩니다.(22절)

하나님은 교회와 성도들을 지켜주시고 영원한 나라를 주십니다. 다니엘은 넷째 짐승이 멸망은 하지만 잠깐 성도를 괴롭힐 것임을 들었습니다. 다니엘은 핍박의 시간이 한 때와 두 때와 반 때임을 보았습니다. 이것은 3년 6개월의 시간입니다. 이 시기는 주님의 초림과 재림 사이의 기간, 즉 종말의 때를 의미합니다. 이 시간 동안 하나님을 대적하고, 성도를 괴롭게 하고, 때와 법을 고쳐서 힘들게 할 것입니다. 때와 법은 자연법과 도덕법을 의미합니다. 이것을 변개하는 것이 사단의 손에 있는 권력자들의 행동입니다. 이렇듯 하나님을 대적하는 세상 권력과 조직과 제도들이 교회를 힘들게 하고, 성도를 핍박할 것입니다. 도덕적 기준이 바뀌면 성경의 진리가 왜곡되고 훼손됨을 의미합니다.(25절) 계시록에서 살펴본다면 이 "때"는 교회 시대를 의미합니다.

"내가 보니 바다에서 한 짐승이 나오는데 뿔이 열이요 머리가 일곱이라 그 뿔에는 열 왕관이 있고 그 머리들에는 신성 모독 하는 이름들이 있더라 내가 본 짐승은 표범과 비슷하고 그 발은 곰의 발 같고 그 입은 사자의 입 같은데 용이 자기의 능력과 보좌와 큰 권세를 그에게 주었더라 그의 머리 하나가 상하여 죽게 된 것 같더니 그 죽게 되었던 상처가 나으매 온 땅이 놀랍게 여겨 짐승을 따르고 용이 짐승에게 권세를 주므로 용에게 경배하며 짐승에게 경배하여 이르되 누가 이 짐승과 같으냐 누가 능히 이와 더불어 싸우리요 하더라

교회를 세우는 다니엘 강해

또 짐승이 과장되고 신성 모독을 말하는 입을 받고 또 마흔두 달 동안 일할 권세를 받으니라 짐승이 입을 벌려 하나님을 향하여 비방하되 그의 이름과 그의 장막 곧 하늘에 사는 자들을 비방하더라 또 권세를 받아 성도들과 싸워 이기게 되고 각 족속과 백성과 방언과 나라를 다스리는 권세를 받으니 죽임을 당한 어린 양의 생명책에 창세 이후로 이름이 기록되지 못하고 이 땅에 사는 자들은 다 그 짐승에게 경배하리라 누구든지 귀가 있거든 들을지어다 사로잡힐 자는 사로잡혀 갈 것이요 칼에 죽을 자는 마땅히 칼에 죽을 것이니 성도들의 인내와 믿음이 여기 있느니라"(계 13:1-10)

이 시기에 일어날 세상 권력들의 교회 핍박은 거세어집니다. 종말의 심판이 다가올수록 자연법과 도덕법의 왜곡은 심각해집니다. 자연법의 관점에서 세상은 스스로 존재하였다고 믿습니다. 창조가 아니라 수억 년의 시간을 통하여 진화되었다고 말합니다. 누구도 증명할 수 없음을 과학이라는 이름으로 호도합니다. 인간은 어느 한 시점에 인지 혁명을 통하여 사피엔스가 출현하였다고 말합니다. 도덕법은 어떻습니까? 인권이 하나님의 법을 넘보고 있습니다. 생물학적인 성을 이제 사회적 성으로 바꾸고 있습니다. 생물학적 성은 다수의 의견으로 바뀌지 않습니다. 그러나 사회적 성은 다수의 의견으로 바뀝니다. 이런 끔찍한 도전을 받고 있습니다. 이렇게 다양한 도전을 통하여 교회에 도전하고 허물고자 합니다.

그러나 그 모든 핍박이 하나님의 심판이 임하면 다 사라집니다. 영원할 것 같은 그 권세들이 멸망합니다.(27절) 핍박하는 권력이 적그리스도입니다. 이들이 승리하는 것 같지만 하나님의 심판에 모두 멸망당합니다.

그리고 모든 권세가 영원하신 하나님 앞에 무릎을 꿇고 복종할 것입니다. 다니엘은 이 환상에 대한 해석을 듣자 마음이 편안해졌습니다.

다니엘이 환상의 의미를 깨닫자 마음이 변하였습니다. 이것은 진리를 아는 자가 누리는 행복입니다. 진리는 억압에서 자유와 평화를 줍니다. 그러므로 정직한 질문에 대한 정직한 답을 얻는 것이 너무 중요합니다. 다니엘은 심판이 시작되면 교회를 핍박하는 권세들이 완전히 멸망할 것을 알았습니다. 다니엘이 마음에 간직하였던 역사를 우리는 다 보았습니다. 그리고 마지막 열한 번째 뿔의 핍박 앞에 서 있습니다. 믿음의 길이 쉽지 않음을 보여줍니다. 고난을 대비하는 믿음이 되어야 합니다. 하지만 고난은 영원하지 않습니다. 하나님의 심판에 의하여 사라질 것입니다. 그러나 믿음을 지킨 우리들은 그 영광을 볼 것입니다. 하나님의 나라만이 영원합니다.(27절)

다니엘은 놀라운 하나님의 섭리를 보고 번민하였습니다. 어마어마한 역사의 빛을 보았기에 얼굴빛도 변하였습니다. 역사의 비밀을 가지고도 평범할 수 있겠습니까? 다니엘은 하나님이 보여주신 역사를 마음에 간직하였습니다. 다니엘의 삶은 이제 역사가 어떻게 진행되는지를 바라보는 삶입니다.

우리는 다니엘이 보았던 역사를 역사적 실체로 알고 있습니다. 그리고 넷째 짐승의 열한 번째 뿔의 시대에 살고 있습니다. 우리는 역사의 종말이 어떻게 될 것인지 알고 있습니다. 놀라운 비밀을 아는 자로서 살아가고 있습니다. 영적 비밀을 알고 있는 자로서 오늘의 삶과 앞으로 삶을 어떻게 살고 맞이해야 하겠습니까? 오늘 말씀이 주는 교훈이 무엇인지 살펴보고 다니엘처럼 마음에 간직할 수 있기 바랍니다.

첫째, 예수 믿으면 고난없고 행복만 있지 않습니다. 하나님 나라를 향한 여정에서 고난이라는 쉽지 않은 길을 통과할 수 있습니다. 예수님을 믿는 것이 명확하지 않으면 우리는 매우 이상한 신앙생활을 합니다. 한국교회는 지난 40년 동안 번영신학에 물든 기복주의 신앙을 추구하였습니다. 긍정의 힘만 있으면 모든 것이 다 잘 될 수 있다는 믿음입니다. 그런 모습이 한국교회를 성장시키는 데 일조하였습니다. 하지만 장기적으로는 한국교회의 기반을 약하게 하여 마침내 무너지게 하는 역할을 하고 있습니다.

예수님 믿어도 세상적인 복이 없을 수 있습니다. 이것이 이상한 일이 아닙니다. 세상적 복이 있어야 믿음의 축복을 받는 것이 아닙니다. 세상의 것은 다 사라지는 것입니다. 성경이 반복적으로 강조하는 것은 일용할 양식의 감사입니다. 우리는 예수님이 부자라는 말을 들어 본 적 없습니다. 사도들이 부자였다는 말도 못 들었습니다. 부자가 된다는 것이 신앙이 좋다는 표지가 아닙니다.

예수님 믿어도 고난이 다가올 수 있습니다. 가난하게 살 수 있습니다. 핍박을 받을 수 있습니다. 손해를 볼 수 있습니다. 손해 보지 않으려고 세상 사람처럼 불의와 부정을 저지르고 싸움을 한다면 그것은 사탄이 원하는 일입니다. 교회를 허무는 일이기 때문입니다.

다니엘에게 이 사실을 분명하게 말씀하십니다. 앞으로 나타날 역사 속 나라들은 예수님께 호의적이지 않습니다. 교회를 핍박하고 하나님을 무시하고, 예수님을 죽입니다. 그리고 끊임없이 교회를 핍박합니다. 주님이 재림하시는 날까지 이들의 횡포는 계속됩니다. 그래서 예수님 믿어도 가난할 수 있습니다. 고난의 길에 설 수 있습니다. 이러한 길을 가는 것에 대하여 의기소침하지 말아야 합니다. 하나님 나라를 향한 여정입니다.

둘째, 주님은 자녀가 믿음의 여정에 다가오는 각종 유혹과 고난을 이기고 영광의 길로 갈 수 있도록 인도하십니다. 하나님 나라를 향하여 가는 길에 나타나는 적그리스도의 횡포는 다양합니다. 각종 유혹과 핍박이 있습니다. 자연법과 도덕법을 고쳐서 하나님의 법을 무산시키려고 합니다. 우리가 사는 시대는 서구의 사상이 물길처럼 들어왔습니다. 도덕법이 다 무너지고 있습니다. 그나마 일반은총의 영역에서 유지되었던 유교의 정신도 서구의 사상 앞에 추풍낙엽이 되었습니다. 사회적 성이 기준이 되고, 결혼이 부정되고 있습니다. 인간의 존엄성이 자본주의 물질 앞에 완전히 무너졌습니다. 돈이 인간의 존재를 판가름하는 사회가 되었습니다. 창조의 법이 부정되니 진화의 법이 주인 노릇 합니다.

예수 믿음이 우스운 시대가 되어가고 있습니다. 이것이 우리가 맞이하는 유혹과 고난의 현실입니다. 이것을 받아들이지 않으면 세상에서 왕따를 당합니다. 그러나 우리는 무너지지 않습니다. 주님께서 유혹과 고난을 이기고 영광의 나라에 갈 수 있도록 인도하십니다. 이것이 다니엘을 통하여 미리 약속하여 주셨습니다. 다니엘도 자신의 시대에 고난과 유혹이 만연하였지만, 주님의 도우심을 알았기에 승리하였습니다. 기꺼이 사자굴에 들어갈 수 있었습니다. 역사의 결과를 알고 있었기에 이방의 땅에서 담대하였습니다. 믿음이 흔들리지 않았습니다.

셋째, 적그리스도의 세력은 강력하여도 마침내 몰락합니다. 적그리스

교회를 세우는 다니엘 강해

도의 세력은 참으로 강력합니다. 그 앞에 자신 있게 대적할 수 있는 존재가 피조물 가운데 없습니다. 그래서 세상의 주인처럼 행사합니다. 사람들이 적그리스도의 도전에 흔들리는 것은 자연스러운 일입니다. 우리가 사는 세상을 보면 교회가 점점 사라지고 있습니다. 예수 믿음을 자랑하는 이들이 줄어들고 있습니다. 오히려 예수 믿음으로 인하여 받는 조롱이 이전보다 심해졌습니다. 단지 물리적인 핍박이 아니라 세계관의 관점에서 엄청난 도전이 몰려오고 있습니다. 도덕이 상실된 세상, 탈 진리 시대가 되었습니다. 주변에서 들려오는 불특정 다수를 향한 폭력은 참으로 끔찍합니다. 도대체 이러한 원인이 어디에 있습니까? 가정, 학교 교육의 문제입니까? 영향을 줄 수 있습니다. 그러나 본질적인 원인은 죄입니다. 그리고 죄를 이용한 적그리스도의 횡포입니다. 참으로 무서운 세상입니다.

하지만 적그리스도의 세력이 아무리 강하여도 마침내 몰락합니다. 그 사실을 다니엘을 통하여 보여 주셨습니다. 그리고 요한계시록을 통하여 확증하셨습니다. 역사상 강력한 나라가 오고 교회를 핍박하여도 교회는 무너지지 않습니다. 적그리스도의 핍박이 거셀수록 교회는 강력하게 세워집니다. 선교의 역사는 피의 역사라고 합니다.

교회는 사라진 적이 없습니다. 에덴동산에서 나타난 교회는 역사의 수많은 소용돌이 가운데 흔들리지 않았습니다. 나라가 망하는 상황에서도 교회는 진전되었습니다. 그리고 마침내 예수님께서 믿음 위에 교회의 실체를 보여주셨습니다.

주님의 오심과 재림 사이에 열한 번째 뿔인 적그리스도가 교회를 허물고자 온갖 핍박을 하겠지만 교회는 무너지지 않습니다. 오히려 열한 번째 뿔이 꺾입니다. 우리는 여기에서 힘을 얻고 위로를 받습니다. 예수 믿음을 핍박하는 자들이 승리할 것 같지만 패하고 말 것입니다. 완전히 몰락하고 맙니다. 적그리스도는 반드시 몰락합니다. 우리는 이 약속을 가지고 믿음의 길을 가야 합니다. 우리 앞에 있는 적그리스도는 결코 우리를 이길 수 없습니다. 그러므로 몰락한 세력에 대하여 담대한 자세를 가져야 합니다.

넷째, 온 세상의 주권자는 예수 그리스도입니다. 모두 예수 그리스도 앞에 무릎을 꿇습니다. 주님 오시는 날이 가까이 올수록 핍박은 심해집니다. 적그리스도가 마지막 발악을 하기 때문입니다. 그래서 마치 교회가 무너지는 것 같은 착각을 합니다. 바벨론이 이스라엘을 정복하였을 때 이스라엘이 사라지는 것 같았습니다. 페르시아가 통치할 때 이스라엘이 무너지는 것 같았습니다. 헬라의 통치 때도 그러하였습니다. 참으로 무서운 박해가 있었습니다. 하지만 로마에 비하면 아무것도 아닙니다. 로마의 시대에 그리스도가 왔습니다. 그런데 박해를 멈추지 않았습니다. 예수님을 죽였습니다. 그리고 황제들의 박해는 참으로 무서울 정도였습니다. 도미티아누스의 박해는 견디기 힘들 정도였습니다. 사도들도 순교하였습니다. 그렇게 교회가 사라지는 줄 알았습니다.

그런데 교회는 승천하신 예수님의 말씀을 따라, 예루살렘과 온 유대와 사마리아와 땅 끝까지 증인이 되라는 말씀에 따라 대한민국에까지 왔습니다. 그리고 오늘 우리들이 존재합니다. 세상의 주권자는 적그리스도처럼 보이지만, 아닙니다. 예수 그리스도입니다. 그 앞에 모두 무릎을 꿇습니다. 이것이 약속의 말씀입니다.

교회를 세우는 다니엘 강해

"하늘에 있는 자들과 땅에 있는 자들과 땅 아래에 있는 자들로 모든 무릎을 예수의 이름에 꿇게 하시고"(빌 2:10)

모든 피조물이 다 예수님의 이름에 꿇게 하셨습니다. 그리고 어린 양이신 예수님을 경배합니다. "주여 누가 주의 이름을 두려워하지 아니하며 영화롭게 하지 아니하오리이까 오직 주만 거룩하시니이다 주의 의로우신 일이 나타났으매 만국이 와서 주께 경배하리이다 하더라"(계 15:4)

만국이 주님을 경배합니다. 이것이 약속입니다. 적그리스도의 유혹과 핍박과 조롱이 아무리 대단하여도 마침내 주님 앞에 무릎을 꿇게 됩니다. 다니엘을 통하여 우리는 이 약속을 받았습니다. 다니엘은 이 사실을 미리 보고서 자신의 시대의 고난을 이겨냈습니다. 그리고 우리는 다니엘이 보지 못하였던 예수 그리스도를 보았습니다. 그리고 그리스도와 함께 우리의 시대를 살아갑니다. 만물이 주님께 무릎을 꿇는 날에 우리는 주님의 품에서 영광을 누릴 것입니다. 이 약속을 가지고 오늘을 살아가기를 소망합니다.

우리는 세상이 알지 못하는 비밀을 가진 사람들입니다. 마지막 날 나타날 영광을 아는 사람입니다. 최후의 심판 때 어떤 일이 일어날지 알고 있습니다. 이 비밀을 우리에게 주셨습니다. 우리는 이 비밀을 가지고 살아가는 사람입니다. 이 세상에서 아무리 잘 살아도 예수 믿지 않으면 심판을 받습니다. 그래서 번민이 됩니다. 그러나 돌이킬 수 없는 하나님의 말씀입니다.

또한 우리가 알고 있는 비밀이 있습니다. 지금은 세상 권력자들인 적그리스도가 교회와 성도를 허물고자 오늘도 호시탐탐 노리고 있습니다. 그러나 적그리스도는 결코 우리를 무너지게 할 수 없습니다. 십자가에서 승리하신 주님께서 우리와 함께하시기 때문입니다. 최후의 승리는 우리에게 있습니다. 지금은 잠시 힘들고 어려운 것 같아도 최후의 승리는 우리에게 있습니다. 우리는 이 비밀을 소유한 사람입니다.

그러기에 우리가 분명히 해야 할 자세는 세상의 편이 아니라 주님의 편이 되는 것입니다. 역사는 분명합니다. 주님이 승리하십니다. 그리고 성도들은 주님과 함께 승리의 영광을 봅니다. 예수님을 붙잡고 있어야 합니다. 예수님을 아는 지식 가운데 자라나야 합니다. 그러기 위하여 무엇보다도 믿음의 고백이 확고해야 합니다.

예수님은 나의 주님이십니다. 예수님은 나의 구원입니다. 예수님은 나의 피난처입니다. 예수님은 나의 소망입니다. 예수님은 나의 사랑입니다. 예수님은 나의 전부입니다. 사람을 보며 세상을 볼 때 만족함이 없지만 예수님 한 분만으로 만족합니다. 모든 것을 합력하여 선을 이루어 주시는 예수님을 믿습니다. 예수님은 나의 은혜이고 예수님의 영광을 위하여 살아갑니다. 이 믿음으로 오늘도 복음과 함께 고난받기를 감당하기를 주님의 이름으로 축복합니다.

교회를 세우는 다니엘 강해

8장

주님 오시는 그날까지 그리스도를 모독하는 작은 뿔들은
계속해서 나타날 것입니다.
유형이든, 무형이든 나타나 교회를 흔들고
그리스도인 들을 미혹하여 신앙에서 떨어지게 할 것입니다.
이들이 쳐놓은 장애물들이 얼마나 많은지 모릅니다.
그러나 주님은 세상을 이기었다고 선포하셨습니다.

숫양과 숫염소의 환상 (단 8:1-14)

역사를 안다는 것은 참으로 책임이 있는 일입니다. 더구나 미래의 역사를 안다는 것은 더욱 큰 책임이 있습니다. 이것은 선지자와 사도들에게 주어진 책임이었습니다. 이러한 역사적 이해는 성경이 완성된 이후에는 더 이상 존재하지 않습니다. 그렇다면 역사를 이해하고 예견하는 일은 불가능한 일일까요? 그렇지 않습니다. 우리는 다른 관점에서 역사를 바라봅니다. 그것은 과거의 역사를 통하여 현재와 미래를 준비하는 일입니다. 이것이 역사가 존재하는 이유입니다.

다니엘은 역사의 미래를 보았습니다. 그리고 현재를 준비하였습니다. 우리는 역사의 과거를 보고 현재를 살아갑니다. 그리고 미래를 대비합니다. 오늘 말씀에서 이러한 가르침을 얻을 수 있기를 소망합니다.

바벨론의 벨사살 통치 3년에 다니엘이 수산 도성에 있는 을래강가에서 환상을 보게 됩니다. 이번에는 숫양과 숫염소의 환상입니다. 다니엘이 꿈을 꾼 것이 아니라 환상을 보았습니다. 그가 어떻게 환상을 보았는지 모르지만 을래 강가에서 하나님은 다니엘에게 환상을 보여주셨습니다. 놀랍게도 수산은 바벨론을 물리친 바사 제국의 왕도가 됩니다. 다니엘이 을래강가에서 보았던 환상은 3-14절의 내용입니다.

교회를 세우는 다니엘 강해

다니엘은 두 뿔 가진 숫양을 보았습니다. 두 뿔이 다 길었지만, 서로 크기가 다릅니다. 나중에 난 뿔이 더 길었습니다.(3절) 숫양이 서쪽, 남쪽, 북쪽을 향하여 받으니 누구도 막을 자가 없습니다. 그의 힘은 원하는 대로 강하여졌습니다.(4절)

여기서 두 뿔은 메대와 바사를 의미합니다.(20절) 처음에는 메대의 왕 다리오가 힘을 얻었으나 후에는 바사 왕 고레스가 권력을 잡습니다. 이들은 숫양의 특성처럼 들이박는 일, 즉 정복하는 일에 열심이었습니다. 바사의 상징은 숫양입니다. 그래서 정복 전쟁 시에 숫양의 깃발을 가지고 출전하였습니다. 그러나 바사는 동쪽의 땅은 많이 정복하지 못하였습니다.

다니엘의 환상이 바뀌어 숫염소에 대한 환상을 봅니다. 두 눈 사이에 뿔을 가진 숫염소가 서쪽에서부터 와서 숫양을 향하여 돌진하고 숫양의 두 뿔을 꺾습니다. 그러나 누구도 숫염소에게서 숫양을 구해낼 자가 없었습니다. 숫염소는 점점 강성해졌습니다.(5-7절)

숫염소는 헬라 제국이고 두 눈 사이의 뿔은 첫째 왕 알렉산드로스를 의미합니다.(21절) 헬라 제국 알렉산드로스 왕의 엄청난 정복 전쟁을 말하고 있습니다. 무서울 정도로 정복 전쟁을 일삼았던 알렉산드로스 대왕이었습니다. 이렇게 숫염소가 스스로 심히 강대하여져 갔습니다. 그때 큰 뿔이 꺾이고 그 대신에 네 뿔이 나서 하늘 사방으로 향하였습니다.(8절) 이 말은 헬라 제국이 네 나라로 분할됨을 의미합니다. 역사를 보면 마게도냐는 카산드로스, 트라키아와 소아시아는 리시마코스, 시리아는 셀레우코스, 이집트는 프톨레마이오스에게 분할되었습니다. 다니엘은 다가올 역사를 미리 보았습니다.

그런데 그 가운데 한 뿔에서 작은 뿔이 나서 나머지 뿔들을 꺾고 강성한 자가 됩니다. 그 권세가 하늘에 미치고 하늘의 군대 중 몇을 쳐서 땅에 떨어뜨리고 짓밟습니다.

이 작은 뿔은 셀레우코스 왕조의 안티오코스 4세 에피파네스입니다. 그는 여러 나라를 정복하고 가나안 지역을 정복하였습니다. 에피파네스는 유다를 강하게 핍박하였습니다. 유대인 역사가 요세푸스의 기록과 마카비 1(마카베오 상)서에 의하면 안티오코스 에피파네스의 핍박이 기록되어 있습니다.

"그들 중에서 한 왕이 일어나서 유대 나라에 전쟁을 선포하고 그들의 율법 체제를 무시하며, 성전을 약탈하고, 3년간 희생 제물을 드리지 못하게 할 것이다. 유대 나라는 다니엘이 여러 해 전에 예견하고서 장차 일어날 일로 예언했었던 이 불행한 사례들을 실제로 안티오코스 에피파네스 밑에서 겪었다."(요세푸스)

"143년에 애굽을 쳐부순 안티오쿠스는 돌아오는 길에 대군을 이끌고 이스라엘로 가서 예루살렘으로 쳐들어갔다. 그는 무엄하게도 성전 깊숙이 들어가서 금 제단, 등경과 그 모든 부속물, 젯상, 술잔, 그릇, 금향로, 휘장, 관 등을 약탈하고 성전 정면에 씌웠던 금장식을 벗겨 가져갔다. 또 금과 은은 물론 값비싼 기물들을 빼앗고 감추어 두었던 보물들을 찾아내는 대로 모두 약탈해 갔다. 그는 이 모든 것을 차지하고 많은 사람을 죽인 다음 오만불손한 욕설을 남기고 자기 나

교회를 세우는 다니엘 강해

라로 돌아갔다."(마카베오상 1:20-24)

"그 후 안티오쿠스 왕은 온 왕국에 영을 내려 모든 사람은 자기 관습을 버리고 한 국민이 되어야 한다고 했다. 이방인들은 모두 왕의 명령에 순종했고 많은 이스라엘 사람들도 왕의 종교를 받아들여 안식일을 더럽히고 우상에게 제물을 바쳤다. 왕은 또 사신들을 예루살렘과 유다의 여러 도시에 보내어 다음과 같은 칙령을 내렸다. 유다인들은 이교도들의 관습을 따를 것. 성소 안에서 번제를 드리거나 희생제물을 드리거나 술을 봉헌하는 따위의 예식을 하지 말 것. 안식일과 기타 축제일을 지키지 말 것. 성소와 성직자들을 모독할 것. 이교의 제단과 성전과 신당을 세울 것. 돼지와 부정한 동물들을 희생제물로 잡아 바칠 것. 사내아이들에게 할례를 주지 말 것. 온갖 종류의 음란과 모독의 행위로 스스로를 더럽힐 것. 이렇게 하여 율법을 저버리고 모든 규칙을 바꿀 것. 이 명령을 따르지 않는 자는 사형에 처한다."(마카베오상 1:41-50)

이렇게 작은 뿔은 스스로 높아져서 하나님을 대적하고, 매일 드리는 제사를 없애고, 성소를 허물었습니다. 진리를 땅에 던지고 자의로 형통을 말하였습니다. "그것이 하늘 군대에 미칠 만큼 커져서 그 군대와 별들 중의 몇을 땅에 떨어뜨리고 그것들을 짓밟고 또 스스로 높아져서 군대의 주재를 대적하며 그에게 매일 드리는 제사를 없애 버렸고 그의 성소를 헐었으며 그의 악으로 말미암아 백성이 매일 드리는 제사가 넘긴 바 되었고 그것이 또 진리를 땅에 던지며 자의로 행하여 형통하였더라"(10-12절)

숫양과 숫염소의 환상 (단 8:1-14)

하나님을 대적하고, 규칙적으로 예배하는 것을 금지하고 성소를 헐었습니다. 진리, 즉 하나님의 말씀을 무시하였습니다. 안티오코스의 무자비한 박해가 이스라엘에게 이뤄짐을 의미합니다.

그때 거룩한 자, 즉 천사가 이들의 죄악이 언제 끝나는지를 묻습니다. 그러자 대답하기를 그날은 이천삼백 주야까지니 그때에 성소가 정결하게 되리라고 하였습니다.(14절) 이 기간은 2300일로 6년 4개월입니다. 이에 대한 일반적인 해석은 BC 171-165년 사이에 일어난 안티오코스 에피파네스의 유대인 핍박과 성소에서 예배드리지 못하게 한 일입니다.

역사적 사건은 유대인으로서 제사장의 직분을 돈을 주고 사려던 일에서 시작합니다. 당시의 제사장은 오니아스 3세였습니다. 그런데 오니아스 3세가 직분을 박탈당합니다. 그러자 그의 동생 야손이 안티오코스에게 뇌물을 주고 직분을 계승합니다. 그러자 그의 또다른 동생인 메넬라오스도 안티오코스에게 거대한 뇌물을 주고 야손을 이어 제사장이 됩니다. 메넬라오스는 성전 기물을 팔았던 자기를 책망한 오니아스 3세를 암살합니다. 이것이 유대인들을 분노케 하여 안티오코스를 비판합니다. 이에 화가 난 안티오코스는 유대인을 향하여 끔찍한 박해를 시작합니다. 이때가 바로 BC 171년입니다. 그리고 안티오코스에 반란을 일으키고 성공한 마카비 사건은 165년입니다. 마카비 혁명이 일어났고, 성소의 예배가 재개되고 곧이어 안티오코스 에피파네스가 죽습니다. 이 기간이 2300일입니다.

이렇게 다니엘은 놀라운 환상을 봅니다. 그런데 7장에 이어 8장에서도 작은 뿔이 등장합니다. 그러나 8장의 작은 뿔은 7장에 나온 작은 뿔과 다릅니다. 7장에서는 그리스도인을 핍박하는 적그리스도의 세력을 의미하였습니다. 그러나 8장에서는 역사 가운데 실재하였던 안티오코스 에피파네스라고 지정하였습니다. 서로 다른 내용입니다. 하지만 그 의미는 다르지 않습니다. 역사 가운데 나타난 핍박자들의 실체를 말하기 때문입니다. 15-27절에서 자세하게 살펴볼 수 있습니다.

다니엘이 본 환상은 자신이 살았던 시대와 바로 다가올 시대를 보여주고 있습니다. 바벨론의 시대와 바사와 헬라 제국의 시대를 보여줍니다. 그리고 이방인이 지배하는 시대에 그리스도인으로서 어떻게 살아야 할지를 보여주고 있습니다. 우리 역시 이방의 왕이 다스리는 이방의 시대에 살고 있습니다. 우리가 가지고 있어야 할 신앙의 자세는 어떠해야 하겠습니까? 주께서 우리에게 가르치시는 교훈은 무엇입니까?

첫째, 종말의 시대를 사는 성도에게는 복음의 기쁨과 함께 고난도 받습니다. 하나님은 이 사실을 역사적 사실을 통하여 말씀하십니다. 때마다 복음을 가로막는 세력들이 작든 크든 존재합니다. 그것이 종말을 사는 모든 그리스도인들에게 주는 가르침입니다.

예수님은 제자들이 모든 것을 버리고 주님을 따랐음을 고백하자 놀라운 말씀을 하십니다. "예수께서 이르시되 내가 진실로 너희에게 이르노니 나와 복음을 위하여 집이나 형제나 자매나 어머니나 아버지나 자식이나 전토를 버린 자는 현세에 있어 집과 형제와 자매와 어머니와 자식과 전토를 백 배나 받되 박해를 겸하여 받고 내세에 영생을 받지 못할 자가 없느니라"(막 10:29-30)

예수님은 "박해를 겸하여 받음"을 말씀하십니다. 이러한 말씀은 실제

숫양과 숫염소의 환상 (단 8:1-14)

로 사도들과 초대교회 성도들의 삶에서 나타났습니다. 13번째 사도인 바울도 말세에 고통하는 때가 있음을 강조하였습니다.(딤후 3:1) 그리고 경건하게 사는 자들에게 주어질 고난도 증거하였습니다. "무릇 그리스도 예수 안에서 경건하게 살고자 하는 자는 박해를 받으리라"(딤후 3:12)

이것이 '이미'와 '아직' 사이를 살아가는 성도의 삶입니다. 오늘 우리는 구원받은 자로서 살고 있지만 창조경륜을 완성해야 하는 사명이 있습니다. 그리고 이 사명을 완수할 때까지 복음의 기쁨과 함께 고난의 현실도 있음을 기억해야 합니다. 이것이 다니엘이 본 환상을 통하여 배우는 교훈입니다.

둘째, 그리스도를 대적하는 세력들은 영원하지 않습니다. 오직 영원한 분은 예수 그리스도입니다. 안티오코스 에피파네스가 아무리 대단하여도 약속된 날짜에 죽습니다. 2300일이 그의 생명입니다. 이것은 하나님 앞에 교만하고 하나님을 모독하고 자기 권력을 욕망의 도구로 사용하는 자에게 주어진 결말입니다. 세상의 어떤 세력도 하나님 앞에서 아무것도 아님을 알아야 합니다. 이들은 작은 뿔입니다. 세상에서 크게 보여도 하나님 앞에서는 작은 뿔에 불과합니다.

우리가 살아가는 시대에도 이러한 자들이 많습니다. 하나님을 모독하는 자, 교회를 조롱하는 자, 성도를 무시하는 자들의 시간은 결코 길지 않습니다. 영원한 것 같지만 반드시 심판에 이르게 됩니다. 이것은 우리에게도 동일한 교훈을 줍니다. 우리가 받은 은사와 재능과 부와 권력은 하나님을 경외하는 일에 사용되어야 합니다. 하나님께 영광 돌리고, 이웃을 섬기고, 창조경륜을 완성하는 일에 사용해야 합니다. 이것이 하나님을 영

교회를 세우는 다니엘 강해

화롭게 하는 일입니다.

이 땅의 것들은 잠시 있다가 사라집니다. 오직 예수 그리스도만이 영원하십니다. 보이는 것을 의지하며 사는 것이 아니라 보이지 않지만, 영원하신 주님을 바라보며 살아야 합니다. 역사의 주인은 예수 그리스도입니다. 모든 역사가 예수 그리스도 안에서 완성됩니다. 이 눈으로 세상을 바라보며 오늘을 살아가야 합니다. 그것이 험악한 세상에서 실족하지 않고 믿음을 살아가는 힘이 됩니다. 이러한 은혜가 넘치기를 소망합니다.

오늘 살펴본 다니엘의 환상은 에스겔을 통하여 주신 이스라엘의 회복과 영원한 나라에 대한 비전을 바르게 이해하게 합니다. 선지자들이 예언한 말씀은 이스라엘의 회복을 통한 부분 성취와 그리스도의 오심으로 완성될 나라를 바라보게 합니다. 그리고 창조경륜이 완전히 성취될 새 하늘과 새 땅을 보게 합니다. 그날까지 있을 역사의 소용돌이를 보게 됩니다. 재림이 늦어지는 것이 아니라 역사의 성취가 이뤄지고 있음을 봅니다.

역사는 계속됩니다. 주님이 오시는 그날까지 이어집니다. 그리고 모든 역사는 다 그리스도를 향하여 가고 있습니다. 그리고 그리스도 안에서 해석됩니다. 바벨론, 바사, 헬라 그리고 안티오코스 에피파네스의 역사도 그리스도를 향합니다. 그리고 역사 안에서 살아가는 우리들의 신앙이 어떠해야 하는지를 알려줍니다. 하나님을 모독하고, 교회를 핍박하고 우리를 조롱하는 이들이 받을 형벌을 보면 참으로 끔찍합니다. 그러기에 어떠한 상황에서도 믿음을 상실하면 안 됩니다. 더욱더 힘을 다해 예수님을 고백하여야 합니다. 예수님은 나의 주님이심을 끝까지 고백해야 합니다.

그 환상을 간직하라 (단 8:15-27)

중요한 사건을 나 먼저 알게 된다면 그 마음이 어떻겠습니까? 흥분이 될 것입니다. 그러나 동시에 부담도 됩니다. 그 중요한 사건이 역사의 변곡점이 된다고 생각한다면 더욱 큰 책임감이 들게 됩니다. 에스더가 왕비로 있던 바사의 아하수에로 왕 시대에 유대인 모르드개는 왕을 암살하려고 하는 모의를 듣게 되었습니다. 모르드개의 선택이 중요합니다. 가만있으면 왕권이 무너질 수 있습니다. 강력한 왕의 몰락이 이스라엘에게 어떤 도움이 될지도 모릅니다. 반면에 알려주면 아하수에로의 왕권은 건재하고 이스라엘의 모습은 지금처럼 변함이 없게 됩니다. 무엇이 옳은 일인지 결단하는 것이 쉽지 않습니다. 이것이 역사의 변곡점을 아는 사람의 고민입니다. 모르드개는 즉시로 왕에게 고발하였습니다. 그리고 이 일이 이후에 하만의 무지막지한 계략을 없애는 데 결정적인 역할을 합니다.

역사의 변곡점이 될 만한 사건을 아는 자의 부담입니다. 앞서서 이러한 부담을 가진 다니엘의 모습을 보았습니다. 다니엘이 받은 역사 전개의 예언은 참으로 무거운 일입니다. 다니엘은 이 일 앞에서 진중해지지 않을 수 없었습니다. 오늘 말씀에서 이러한 다니엘의 모습을 볼 수 있습니다.

교회를 세우는 다니엘 강해

다니엘이 받은 역사의 전개 예언은 참으로 무거운 일입니다. 앞으로 일어날 역사를 환상으로 본다는 건 참 무거운 일입니다. 오늘 우리 시대의 모습으로 생각한다면 일어날 일을 영상으로 쭉 보는 것입니다.

다니엘은 이 환상 앞에 진중해지지 않을 수 없었습니다. 이 환상을 들었을 때 다니엘이 가졌던 마음은 도대체 그 뜻이 무엇일까 궁금해할 수밖에 없었습니다. 그래서 다니엘은 하나님께 구합니다. 하나님, 저에게 이 환상을 알려주시라고 구합니다. 말씀 앞에서 바른 뜻을 구하는 자세가 참 중요합니다. 환상을 보고 그 뜻을 알고자 할 때 중요한 것은 정확하게 깨닫고자 하는 마음입니다. 이 모습이 우리에게 매우 중요한 교훈입니다. 말씀을 듣고, 성령의 영감으로 쓰여진 성경을 읽을 때, 우리의 마음이 어떠해야 합니까? 말씀의 뜻을 알고자 해야 합니다. 그때 성령께서 우리에게 조명하여 주셔서 깨닫게 하십니다. 이것도 오늘 본문을 통해서 얻을 수 있는 중요한 교훈입니다.

다니엘은 이 사건 앞에서 알고 싶어 합니다. 궁금할 수밖에 없고 그래서 하나님께 간절히 구하게 됩니다. 다니엘이 바벨론 왕 벨사살 3년에 받은 환상에 대하여 하나님께서 가브리엘 천사를 통하여 해석해주신 말씀입니다. 다니엘이 받은 환상은 정한 때, 곧 여러 날 후의 일이었습니다. 즉 미래에 일어날 역사입니다. 정한 때의 끝에 관한 이야기입니다.(18, 19절) 앞으로의 역사의 진행이 어떻게 될지를 알려주심입니다. 이러한 환상은 고국으로 회복할 이스라엘 백성들에게 온전한 역사의식을 가지게 하기 위함입니다.

앞으로 살펴보겠지만 이스라엘은 온전히 독립 국가로 살기 위해서 매우 긴 시간을 기다려야 합니다. 바벨론에서 돌아왔지만 독립국의 형성은 한참 기다려야 합니다. 처음 독립 국가의 모습을 가진 것은 마카비 가문의 하스모니아 왕국입니다. 그러나 바로 BC 63년에 로마가 다시금 이스라엘을 점령함으로 독립 국가의 꿈은 또 끊어지게 됩니다. 결국 오늘날의 이스라엘이 독립되는 것은 1948년 5월 14일입니다. 정말 긴 역사 동안 이스라엘은 독립 국가로서의 모습을 갖추지 못합니다.

그런데 이스라엘이 독립 국가가 되는 꿈을 언제부터 가졌습니까? 바벨론 포로로 잡혀갈 때부터 꿈을 꿨습니다. 하지만 이스라엘이 그 꿈이 실현되는 것을 보기까지 오랜 시간이 걸렸습니다. 하나님은 다니엘에게 미래 역사를 보여줌으로 그때를 준비하게 하십니다.

다니엘이 본 두 뿔 가진 숫양은 메대와 바사입니다.(20절) 숫염소는 헬라 왕이고 가운데 뿔은 첫째 왕인 알렉산드로스 대왕입니다. 헬라 제국은 네 개의 나라로 분리되고. 그 가운데 한 왕이 나옵니다. 앞서서 살펴보았던 나라입니다. 마게도냐, 시리아와 이집트와 트라키아와 소아시아입니다. 그 가운데 나온 왕은 뻔뻔하고, 속임수에 능하고, 권세가 강하고. 하나님을 무시하고, 놀라운 파괴 행위를 합니다. 이는 로마가 아닌 셀레우코스의 안티오코스 4세 에피파네스 왕입니다. 강력한 권세로 이스라엘을 핍박하였습니다. 에피파네스는 하나님을 대적합니다. 스스로 형통한 자리에 오릅니다. 그러나 하나님의 심판으로 멸망합니다.(23-25절)

핍박은 결국 마카비 혁명의 단초가 되었습니다. 마카비 혁명은 신·구약의 중간기에 해당하는 시기에 나타난 유다 가문의 저항 운동입니다. 셀레우코스 왕조의 안티오코스 3세는 이집트의 프톨레마이오스 왕조와의 싸움에서 이김으로 팔레스타인을 직접 통치할 수 있는 정권을 인수받습니

교회를 세우는 다니엘 강해

다. 문제는 안티오코스 4세(BC 175-163)가 통치하던 때에 일어납니다. 안티오코스 4세, 즉 안티오쿠스 에피파네스는 교만하였습니다. 자신을 신으로 착각하여 '신의 현현(顯現)'을 뜻하는 '에피파네스'라고 개명하였습니다.

에피파네스는 BC 170년경에 애굽과의 전쟁에서 패하고 말았습니다. 그런데 시리아로 돌아가는 길에 예루살렘에 들어가 수많은 유대인을 학살했습니다. 많은 노략물을 가지고 갔지만 반유대주의적 관점에서 이스라엘을 핍박하였습니다. 이때 예루살렘 성전에서 제우스 신에게 돼지머리를 제물로 바치게 했습니다. 더구나 에피파네스는 제사장직을 경매에 붙이기도 하였습니다. 그러나 결정적인 것은 BC 171년부터 시작된 반유대주의 핍박이었습니다. 이 핍박이 유대인을 자극하게 합니다. 그리고 BC 168년에 에피파네스는 애굽과의 전쟁에서도 이기지 못합니다. 그리고 돌아가면서 또 이스라엘을 향하여 분풀이를 합니다. 참으로 악한 통치자라 할 수 있습니다.

유대인들은 에피파네스가 성전을 더럽힌 것에 대하여 분노하고 저항을 합니다. 이것이 마카비 혁명을 일으킨 가장 중요한 원인이 됩니다. 유다 마카비는 성전을 청결케 하겠다는 일념으로 셀레우코스 왕조와 투쟁을 벌였습니다. 마카비의 맛디디아는 BC 168년에 예루살렘에서 30킬로 떨어진 모데인에서 항쟁을 선포합니다. 그리고 배교한 유대인과 에피파네스의 신하들을 죽입니다.

이때 정통 유대주의를 강조하는 하시딤과 맛디디아가 연합하여 에피파네스를 공격합니다. 이때 하시딤 사람들은 안식일에는 싸울 수 없다고 하여서 수많은 사람들이 학살을 당합니다. 그러자 맛디디아는 안식일에 방어전을 할 수 있다고 허용하기도 합니다. 맛디디아가 죽자 그 아들 유다 마키비가 혁명을 이어받습니다. BC 166년 엠마오 전투에서 셀레우코스에게 크게 승리합니다. 그리고 에피파네스가 BC 163년에 죽습니다.

BC 160년 엘리사 전투에서 유다 마카비가 사망했습니다. 그 후 유다 마카비의 형제인 요나단이 뒤를 이어서 혁명을 이끌었고, 요나단은 연이은 승리로 많은 영토를 차지했습니다. BC 153년에 요나단은 예루살렘에서 대제사장으로 취임하였으며 새로운 이스라엘 왕조(하스모니아 왕조)를 세울 기초를 다졌습니다. 그러나 요나단은 아론의 직계가 아니었습니다. 이로 인하여 하시딤(바리새파)과의 갈등을 가지게 됩니다. 하시딤은 자신들이 대제사장직을 빼앗겼다고 생각하였습니다.

요나단이 죽은 후에 다른 형제인 시몬이 뒤를 이어 오랜 전쟁 끝에 BC 141년 이스라엘은 셀레우코스 왕조의 속박에서 벗어나 완전한 정치적 독립을 이루었습니다. 바벨론에서 돌아온 후에 처음으로 독립 국가가 됩니다. 이것이 하스모니아 왕조입니다.

셀레우코스 왕조는 유다의 독립을 결국 인정했습니다. BC 63년에 로마가 이스라엘을 점령할 때까지 마카비의 후손들이 독립적으로 나라를 다스렸습니다. 하스모니아 왕조는 시몬의 아들인 요한 히르카노스 1세 때 전성기를 누렸습니다. 그는 남쪽 에돔(이두매)과 네게브 북부, 욥바와 아스돗 사이의 평야, 사마리아 인근 지역, 벧산 계곡과 남부 샤를 지역까지 국경을 넓혔습니다. 점령한 지역에 살던 유대인들에게는 유대교로 강제 개종하게 했습니다. 그런데 이때 신약 사복음서에 나오는 바리새파와 사두개파로 대표되는 종파 간 갈등이 심각했습니다.

바리새파는 후대에 탈무드로 대변되는 구전 율법과 글로 된 모세오경,

즉 성문 율법을 모두 성경으로 인정하며 예언자들의 가르침도 성경으로 취급했습니다. 그러나 사두개파는 오직 모세오경만을 성경으로 인정했습니다.

마카비 가문의 통치는 100년 동안 이뤄집니다. 알렉산드로스 야나이 (BC 103-76)는 영토를 더 확장했으며 특히 예수께서 탄생할 때 재위한 헤롯 대왕의 아버지인 안티파트로스를 유다 남쪽 이두매 지방의 지방 장관으로 임명했습니다. 그리고 BC 63년에 폼페이우스 장군이 예루살렘에 입성하여 로마의 통치 시대가 시작됐습니다.

다니엘은 이 일이 장래에 일어날 일인 줄 알게 됩니다. 다니엘은 이 말씀을 들은 후에 지쳐서 여러 날 앓습니다. 그러나 누구도 이 환상을 깨달은 사람이 없습니다.(27절) 다니엘은 이스라엘이 포로 상황에서 해방되어 고국으로 돌아올 것을 알고 있었습니다. 그는 회복된 고국의 삶을 누리지 못하지만 조국의 역사를 보았습니다. 페르시아 이후 헬라, 셀레우코스 왕조, 로마 그리고 마지막 때의 역사를 내다보았습니다. 이 놀라운 사실 앞에 두렵지 않은 사람이 어디 있겠습니까?

하나님은 다니엘에게 이 환상을 간직하라고 말씀하십니다.(26절) 하나님의 섭리가 어떻게 진행되는지를 알려주심입니다. 그 환상을 잊어버리지 말고 간직하라고 말씀하십니다. 간직하라는 것은 기억하라는 것 아니겠어요? 그래서 하나님의 섭리가 어떻게 진행되는지 알려주라는 것입니다. 다니엘은 그 역사를 살지 않았지만, 그 역사를 보았습니다. 그 역사 가운데 일어날 자기 백성들의 고난, 핍박, 아픔, 이걸 다 보았습니다. 그리스도가 오기까지 그리고 주님이 재림하실 때까지 자기 백성들의 그 끔찍한 고난과 핍박을 본 것입니다. 그걸 봤으니 편하겠습니까? 우리가 즐거운 걸 보면 괜찮지만 자기 가족들이 끔찍하게 죽어나가는 걸 보는 것이 마음이 편하겠습니까? 다니엘은 에피파네스의 악행을 다 보았습니다. 앞으로 자기 백성들이 어떻게 이 사회를 살아갈지를 다 보았습니다. 그러니 앓을 수밖에 없습니다. 얼마나 마음이 아프겠어요. 내 자식이, 내 자식의 자식이 그 비참한 시간을 살아가게 될 것을 볼 때 정말 힘듭니다.

다니엘은 그 역사의 현장을 보지 못할 것이지만, 지나온 역사를 잘 알고 있었던 다니엘은 다가올 역사를 의심하지 않았습니다. 그리고 말씀으로 기록하였습니다. 마음에 간직한 그 말씀을 지금 우리가 읽고 있습니다. 당대에는 깨달을 수 없는 환상이었지만, 우리는 역사의 지평 가운데 알고 있습니다. 하나님의 말씀은 일점 일획도 땅에 떨어지지 않습니다.

지나온 역사를 안다는 것은 미래를 준비하는 일입니다. 그러나 미래 역사를 안다면 오늘을 온전히 살 수 있습니다. 다니엘은 두렵고 떨린 마음으로 현재를 살았습니다. 우리는 말씀이 보여주고 성취된 지난 역사를 알고 있습니다. 그리고 장차 일어나고 성취될 역사를 알고 있습니다. 오늘 말씀이 우리 시대에 주는 교훈은 무엇입니까?

첫째, 하나님의 말씀을 알고자 하는 열심이 있어야 합니다. 다니엘이 말씀을 받은 후에 무엇을 하였습니까? 그 뜻을 알고자 했습니다. 여러분이 하나님의 말씀을 듣고 읽을 때에 가져야 될 태도가 여기에 있습니다. 하나님의 말씀을 보고 그 뜻을 알고자 하는 마음이 있어야 됩니다. 누구

교회를 세우는 다니엘 강해

한테 우리가 이 뜻을 알려달라고 이야기합니까? 성령 하나님입니다. 왜죠? 이 말씀은 성령의 감동으로 쓰여졌습니다. 그러므로 이 말씀을 깨달을 때는 성령의 조명하심이 있어야 합니다. 성령께서 우리를 조명하셔야 합니다. 그래서 우리가 늘 말씀을 읽을 때, 말씀을 들을 때 먼저 '성령님, 밝히 밝혀주셔서 오늘 설교를 통하여 하나님 뜻을 깨닫게 하고 오늘 말씀을 읽을 때 밝히 이해할 수 있도록 도와주옵소서.' 기도해야 합니다. 그러면 성령께서 다양한 모습으로 우리에게 말씀을 깨닫게 하십니다.

다니엘이 기도할 때 누구를 통해서 말씀을 깨달았습니까? 가브리엘을 통해서 알려주셨잖아요. 우리가 성령 하나님께 이 말씀을 깨닫게 해달라고 한다면 하나님은 다양한 모습을 통해서, 설교자를 통해서 깨닫게 하십니다. 여러분이 읽는 책을 통해서도 깨닫게 하실 수 있습니다. 하나님이 깨닫게 하심이란 하나님의 주권에 속한 것입니다. 그러나 분명히, 우리가 성령의 조명하심을 고백할 때 성령께서 우리에게 말씀하십니다. 깨닫게 하십니다. 왜냐하면 이 말씀은 성령의 영감으로 쓰여진 말씀이기 때문입니다. 그래서 시편 저자가 고백하기를 주의 종이 이 말씀을 깨달을 수 있도록 기도한 것입니다.

그래서 오늘 우리의 삶 속에서 나의 모습은 어떤지 잘 살피고 돌아봐야 됩니다. 성경을 읽을 때, 말씀을 들을 때 이런 자세를 가지고 있어야 됩니다. '성령님, 오늘도 조명하여 주옵소서.' 여러분, 이 말씀에 깊은 깨달음이 있기를 소망합니다.

둘째, 역사를 주관하시는 하나님을 간직해야 합니다. 우리가 간직하고 있어야 할 것은 역사의 주인이 하나님이시고, 역사를 통하여 하나님 나라를 준비하고 계심을 아는 일입니다. "간직하다"라고 할 때 어디에 합니까? 우리의 마음속에, 잘 박힌 못과 같이 박아야 됩니다. 마치 돌에다가 철로서 각인하듯이 각인해야 합니다.

오늘 나의 역사는 하늘에서 떨어진 우연이 아닙니다. 하나님의 섭리 가운데 존재하는 역사입니다. 창세 전에 예정하사 준비하셨습니다. 그러므로 역사적 존재로 우리는 살아야 합니다. 우리는 파편적인 존재로 사는 게 아니라 역사적 존재로 역사 속에서 살아가야 합니다. 역사를 만드는 존재로 내가 존재함을 인식하여야 합니다. 그렇게 되면 작은 것이라도 가볍게 여기면 안 됩니다. 모든 일이 하나님의 역사를 이루는 일입니다. 여러분이 하는 모든 일들이 하나님의 역사를 이루는 일입니다. 내가 하는 작은 것 하나, 여러분이 읊조리는 기도 하나가 하나님의 역사를 이루는 일입니다. 이게 우리가 가지고 있어야 하는 자세입니다. 이게 역사를 주관하시는 하나님을 간직하는 사람들의 자세입니다. 내가 그 역사를 지금 만들어가고 있는 것입니다. 왜 그렇습니까? 하나님이 우리를 대리 통치자로 보내셨기 때문입니다. 여러분이 하는 그 하나하나가 얼마나 소중한 일인지 모릅니다. 가정을 꾸려나가는 일, 공부하는 일, 직장 생활 하는 일, 하나하나가 하나님의 역사를 만들어가는 일입니다. 이게 우리가 가지고 있어야 될 자세입니다.

우연히 오늘의 내가 존재하는 것이 아닙니다. 하나님의 구속사 가운데 준비되었다가 부르시고 교회를 세우는 삶을 살게 하시고 하나님 나라를 예비케 하셨습니다. 어느 것 하나 우연히 존재하지 않습니다. 창세 전에 예정하사 준비하였습니다. 그러므로 역사적 존재로 우리는 살아야 합니다. 역사를 만드는 존재로 내가 존재함을 인식하여야 합니다. 작은 것

교회를 세우는 다니엘 강해

이라도 가볍게 여기면 안 됩니다. 모두가 하나님의 역사를 이루는 일입니다. 이것을 간직해야 합니다.

셋째, 세상에 많은 작은 뿔들이 일어나지만, 구원의 뿔은 예수 그리스도임을 기억해야 합니다.(눅 1:68-69) 또한 참 구원자는 숫양과 숫염소가 아닌 어린양임을 기억해야 합니다.(계 5:12-13) 에피파네스의 악랄한 행위가 있었지만 얼마 가지 못하였습니다. 결국 에피파네스는 죽습니다. 성전을 더럽혔고 하나님을 모독하였던 권력자는 역사 속에서 사라졌습니다. 누가 그의 이름을 기억하겠습니까? 그의 이름은 하나님을 대적하다가 역사 속에서 아무 가치 없이 사라진 존재로 기억됩니다.

주님 오시는 그날까지 그리스도를 모독하는 작은 뿔들은 계속해서 나타날 것입니다. 유형이든, 무형이든 나타나서 교회를 흔들고 그리스도인들을 미혹하여 신앙에서 떨어지게 할 것입니다. 이들이 쳐놓은 장애물들이 얼마나 많은지 모릅니다. 그러나 주님은 말씀하셨습니다. 세상을 이기었다고 선포하셨습니다.(요 16:34)

작은 뿔들이 아무리 대단하여도 이들은 성공하지 못합니다. 그러므로 담대하게 믿음의 길을 가야 합니다. 주님이 이기신 길을 걸어가면 됩니다. 우리의 역사 가운데 함께하실 것입니다. 주님이 오셔서 우리를 어린양의 혼인 잔치에 초청할 때까지 믿음의 길을 감당하기를 소망합니다.

말씀을 통하여 우리가 가지고 있어야 할 자세는 분명합니다. 약속의 말씀을 간직하는 일입니다. 하나님의 약속이 성취되는 것을 기대하고 바라보며 나의 삶을 살아야 합니다. 모든 것이 합력하여 선을 이루게 하실 하나님을 볼 수 있어야 합니다. 무엇보다 말씀을 간직하는 신앙이 되어야 합니다. 말씀을 간직하지 않으면 무너지고 맙니다. 세상의 시험과 유혹에 무릎을 꿇게 됩니다. 그러나 세상은 결코 우리를 이길 수 없습니다. 세상의 거짓말에 속으면 안 됩니다. 거짓을 이기는 길은 말씀입니다. 말씀이 나를 지배하고 있을 때 거짓을 이기고 하나님의 역사를 볼 수 있습니다. 오늘도 역사의 주인이신, 어린 양 되신 주님과 함께 살아가기를 주님의 이름으로 축복합니다.

교회를 세우는 다니엘 강해

9장

다니엘은 기도의 모습을 분명하게 보여주었습니다.
그리고 우리 주님 역시 기도를 가르치시고,
기도하며 사셨습니다.
예수님이 기도하셨다면 인류 가운데 기도하지 않고
살 수 있는 사람이 누가 있겠습니까?
그러나 기도는 성경이 보여주고,
주님이 가르쳐주신 대로 해야 합니다.
거기에 능력이 있고 기쁨이 있습니다.

주여, 주여, 주여 (단 9:1-19)

교회에서 합심하여 기도할 때 주여 삼창을 할 때가 있습니다. 주여 삼창을 하는 이유가 무엇일까요? 3이 완전수이기 때문일까요? 삼세번이라는 말처럼 세 번을 외쳐야 하는 것인지, 여러 생각이 들었던 때가 있었습니다. 그런데 다니엘의 기도를 보면서 "아, 이런 기도가 있구나" 하고 발견하였던 적이 있습니다.

본문에는 아주 특별한 모습이 나타나 있습니다. 말씀이 말씀을 낳고, 말씀이 말씀을 해석하는 원리를 여기에서 볼 수 있습니다. 말씀과 기도의 관계를 잘 보여주는 장면이기도 합니다. 다니엘의 기도이면서, 기도의 본질을 잘 보여준 말씀이라고 할 수 있습니다. 다니엘의 기도를 잘 기억하면서 우리 주님이 가르쳐 주신 기도와 비교해 보면 유익한 점이 많을 것이라 생각합니다. 다니엘의 기도를 통해 우리의 기도가 좀 더 풍성해질 수 있고 좀 더 하나님께 가까이 가는 기도가 될 수 있을 것입니다.

다니엘은 메대 족속 아하수에로의 아들 다리오가 왕으로 세움을 입은 첫 해에, 기록된 예레미야의 말씀을 통하여 이스라엘의 역사를 돌아보게 됩니다. 예레미야는 70년이 차면 이스라엘이 다시 회복될 것임을 예언하였습니다. 황폐한 이스라엘이 회복되어 이전의 영광을 다시 볼 것임을 예언하였습니다.

> "여호와께서 이와 같이 말씀하시니라 바벨론에서 칠십 년이 차면 내
> 가 너희를 돌보고 나의 선한 말을 너희에게 성취하여 너희를 이 곳
> 으로 돌아오게 하리라"(렘 29:10)

예레미야 선지자에게 주셨던 약속의 시간이 가까이 왔습니다. 다니엘은 예레미야에게 알려주신 연수를 깨달았습니다. 예루살렘의 황폐함이 70년이 되면 끝난다는 사실입니다. 그러자 다니엘은 가만히 있을 수 없었습니다. 지금 다니엘이 이 말씀을 다시 읽고 깨달았을 때 나이는 80이 넘었습니다. 그 마음이 어떠하겠습니까? 그 시간이 다가오고 있습니다. 참으로 흥분되는 상태입니다. 잠시 후면 고국으로 돌아가는 기쁨을 누리게 됩니다. 이렇게 기쁘고 감사한 일이 어디 있겠습니까? 모진 시간을 견딘 열매를 드디어 보게 되었습니다.

그런데 다니엘의 태도가 의미심장합니다. 그 모습이 우리가 주님 오심을 맞이할 때 우리의 모습이 어떠해야 하는지 비춰주는 것 같습니다. 재림하시는 주님을 맞이하는 것은 기쁘고 즐거운 일입니다. 얼마나 행복합니까? 그런데 오실 주님은 어떤 분이시죠? 거룩하신 분입니다. 우리는 그 거룩한 신랑 되신 예수님을 맞이할 신부입니다. 그렇다면 거룩한 신랑을 맞이할 거룩한 신부로서 준비해야 되지 않겠습니까? 그것이 주님을 맞이하는 우리의 자세가 아니겠습니까? 신랑이 오는데 그냥 아무렇게나 살다

가 맞이하면 되겠습니까? 마치 기름을 준비하지 않는 어리석은 다섯 처녀와 같은 모습이라면 참 부끄럽지 않겠습니까?

다니엘은 말씀을 깨닫고 금식하며 베옷을 입고 재를 덮어쓰고 기도할 것을 결심합니다(3절). 간절함과 결연함이 있는 모습입니다.

재를 뒤집어쓰는 것은 하나님 앞에 온전한 마음으로 회개할 때 하는 모습입니다. 그런데 70년이 다 되는 날이 다가오는데 이렇게 금식하며 재를 뒤집어쓰는 행위를 어떻게 이해해야 할까요? 70년이라는 세월 동안 이스라엘 백성들이 끔찍한 삶을 살았고, 예루살렘 성과 예루살렘 성전은 다 파괴되고 하나님의 영광이 사라진 사실이 얼마나 끔찍한 일입니까? 그런 징계가 왜 왔는지 다니엘은 이 70년이라는 말 속에서 철저히 깨달은 것입니다. 그래서 두 번 다시 우리에게 이런 아픔과 슬픔과 고통과 끔찍한 역사가 반복되지 않기를 원하는 마음이 아니겠습니까? 또한 주의 약속하심이 반드시 성취되기를 간절히 소망하는 자세가 아니겠습니까? 지금 들뜰 때가 아니라 주님께서 하신 말씀이 그대로 이루어지고 우리가 하나님께 행한 모든 이 악행에 대해서 하나님의 온전한 긍휼하심을 받아야 약속의 나라 그 영광의 나라가 회복될 것임을 다니엘은 알고 있었습니다.

다시 말하면 신랑 되신 예수님을 맞이하는 거룩한 신부의 모습을, 다시 회복될 예루살렘을 맞이하기 위하여 거룩하게 준비하고 있는 다니엘의 모습을 볼 수 있습니다. 우리가 이 종말의 시대를 살아갈 때 어떻게 살아야 하는지를 잘 보여줍니다. 믿음의 선배들이 매 주일 성찬식을 거행한 것은 주일마다 주님의 죽으심을 기념하고 주님이 예배하는 이곳에 임재하심을 늘 묵상해서, 죄의 자리가 아니라 거룩한 신부로 잘 준비되게 하기 위함이었습니다. 그런데 이 인간의 타락한 본성이 이 거룩한 성찬을

교회를 세우는 다니엘 강해

관습적으로 행하는 상황이 되니까 1년에 4번을 한다든지 6번을 한다든지 혹은 12번 한다든지 이렇게 변경된 것입니다. 참 아쉬운 일입니다.

다니엘은 이러한 분명한 사실 앞에서 들뜨지 않고 하나님의 약속이 온전히 이루어지기를 기도하고, 두 번 다시 이러한 슬픔의 역사가 우리에게 일어나지 않도록 철저하게 준비하고 회개합니다. 금식하고 베옷을 입고 재를 덮어쓰고 하나님께 기도하고 간구하기를 결심하였습니다. 이 모습에서 정말 간절함과 결연함을 보게 됩니다. 다니엘의 이 특별 기도에서 참 많은 것을 볼 수 있습니다. 우리가 알고 있다시피 다니엘은 하루에 세 번씩 기도했습니다. 늘 기도했던 사람 아닙니까? 특별 기도가 필요한가요? 매일 세 번 기도하는 것도 엄청나지 않습니까? 그런데 또 특별 기도를 하지 않습니까? 다니엘의 이 모습이 우리에게 주는 교훈이 있습니다. 우리는 늘 일상으로 기도하지만 특별한 사건 앞에서는 정말 금식하며 기도할 필요가 있습니다. 우리에게는 그런 때가 종종 오기도 합니다. 만약 우리 국가가 어려운 상황에 처하면 우리는 금식하며 기도해야 됩니다. 우리 가정이 그렇다면 금식하며 기도해야 됩니다. 교회가 어렵고 힘든 상황에 처하면 우리가 금식하며 기도해야 됩니다. 그런 때가 올 수 있습니다. 다니엘은 매일 세 번씩 기도하였지만 지금 나라의 문제를 앞두고 정말로 금식하며 기도해야 될 때가 왔음을 자각한 것입니다. 그래서 결심합니다. 내가 하나님께 기도해야 되겠다고 작정한 것입니다.

다니엘은 이 놀라운 기도를 통하여서 하나님의 어마어마한 계시를 또 봤습니다. 9장 전반부는 기도의 모습을 나타내고 있지만 9장의 후반부는 그 기도로 말미암아 주어지는 하나님의 계시를 보게 됩니다. 먼저 기도의 모습을 살펴볼 것이고 그 기도의 열매로서의 계시가 어떤 것인지는 다음에 살펴보게 될 것입니다.

다니엘의 기도를 통해서 우리에게 가르쳐 주시는 교훈을 생각해보고자 합니다. 이 기도 전체를 살펴보면 우리의 기도가 어떠해야 하는지를 잘 보여줍니다. 구약에 수없이 많은 기도가 있지만 다니엘의 이 기도는 참 위대한 기도 중에 하나입니다. 그만큼 간절함과 정직함과 그리고 하나님의 뜻을 온전히 드러내고자 하는 결연함이 묻어 있는 기도이기 때문에 그렇습니다.

다니엘의 기도는 어떤 모습을 가지고 있습니까? 다니엘의 모습을 통하여 가르쳐주는 기도의 모습은 무엇입니까?

첫째, 말씀의 인도함을 받는 기도입니다. 말씀을 읽고 깨달은 자에게 나타나는 행동은 기도입니다.

말씀을 깨달으면 가만히 있을 수 없습니다. 성령께서 기도하게 하십니다. 역으로 생각하면 말씀을 읽지 않는 사람들은 기도의 자리에 잘 가지 않거나 기도를 하더라도 그 깊이가 깊지 않습니다. 왜냐하면 말씀은 성령의 영감으로 주어졌고 성령은 말씀을 통해 일하시기 때문입니다. 말씀을 읽으면 성령이 우리 안에서 일하십니다. 그래서 우리로 하여금 기도의 자리로 가게 하십니다. 말씀을 깨달으면 가만히 있을 수 없습니다. 성령께서 강권적으로 기도하게 하십니다.

다니엘은 늘 하루에 세 번씩 기도하였습니다. 그런데 예레미야서를 읽고 하나님이 약속하신 말씀을 보고 깨닫자 그는 하루 세 번 기도로 충분하지 않음을 알았습니다. 그래서 특별히 금식을 스스로 선포하고 기도의

교회를 세우는 다니엘 강해

자리로 나갔습니다. 마치 왕과 제사장들이 국가의 문제라든지 혹은 위험한 상황이 왔을 때 재를 덮어쓰고 기도했던 그 모습 그대로 기도의 자리로 갔습니다. 누가 하라고 한 게 아닙니다. 다니엘이 말씀을 읽고 깨닫자 성령께서 다니엘로 하여금 기도의 자리로 나가게 하신 것입니다. 말씀이 그를 지배하였고 말씀이 그를 기도의 자리로 가게 하였습니다. 금식하지 않을 수 없는 기도를 하게 하였습니다. 말씀이 우리 안에 살아있으면 우리는 기도의 사람이 됩니다. 그러므로 기도의 사람은 말씀의 사람입니다. 기도하는 사람들은 말씀의 사람입니다.

그러나 말씀이 없으면 기도하지 않습니다. 말씀이 없는데 기도 열심히 하는 분은 어떤 사람일까요? 매우 위험한 사람입니다. 대부분 그런 기도는 중언부언이든지, 혹은 자기 욕망을 위한 기도이든지, 혹은 주문에 불과합니다. 기도는 모든 자연 종교에 다 있습니다. 불교도 기도합니다. 기도하지 않는 종교 본 적 있습니까? 인도를 생각해 보시기 바랍니다. 곳곳에서 다 기도하지 않습니까? 일본은 어떻습니까? 신사에 다 기도하러 모입니다. 기도는 다 합니다.

그러나 말씀이 없는 사람의 기도는 주문이 됩니다. 말씀이 없으면 기도가 자기 영광을 채우는 도구가 됩니다. 그리고 중언부언하게 됩니다. 그래서 말씀이 있어야만 참된 기도가 됩니다. 말씀의 사람은 반드시 기도하는 사람이 됩니다. 기도하는 사람은 말씀의 사람이 되어야 합니다. 그래야 참된 기도가 될 수 있고 그 기도가 응답받는 기도가 됩니다. 그것이 바로 다니엘의 모습을 통해서 우리에게 보여주시는 것입니다.

둘째, 하나님을 아는 지식에 확고한 기도입니다. 다니엘은 자신의 하나님 여호와께 기도합니다. 다니엘이 고백하는 하나님 여호와는 크시고 두려우신 하나님입니다. 그리고 주를 사랑하고 계명을 지키는 자에게 언약을 지키시고 인자를 베푸시는 하나님입니다(4절).

우선 하나님은 "크신" 분입니다. 크시다는 말은 창조주이시며, 모든 것을 다 아시는 전능하시고 전지하신 하나님이시라는 의미입니다. 스스로 계시는 분이십니다. 처음과 나중이십니다. 이보다 크신 분은 없습니다. 처음이요 나중이신 하나님, 전능하신 하나님이요 창조주 하나님에 대한 고백입니다. 크신 하나님, 모든 것을 다 담을 수 있는 하나님이십니다. 시편 기자는 139편에서 하나님은 우리의 앉고 일어섬도 아신다고 노래하였습니다. 내가 하늘에 있든지 땅에 있든지 어디에 있든지 그곳에 나와 함께 계신 하나님, 그렇다면 크신 하나님 앞에서 피할 수 있겠습니까? 도망갈 수 있겠습니까? 없습니다. 크신 하나님을 이길 자가 세상에 없습니다. 전능하신 하나님입니다. 감히 누가 하나님을 대적할 수 있겠습니까? 크신 하나님은 이러한 능력을 소유하신 분입니다. 다니엘이 고백하는 하나님입니다. 우리의 기도가 어디를 향하고 있는지 분명하게 인식하고 있어야 합니다.

또한 하나님은 '두려운' 분입니다. 두렵다는 말은 거룩하신 하나님이기에 경배받으시기에 합당함을 의미합니다. 다시 말하면 거룩하신 분이기에 함부로 대하는 자는 죽음을 면치 못합니다. 특별히 죄에 있어서 무서운 심판이 임하십니다. 그러므로 거짓과 선동으로 기도해선 안 되고, 자기 욕망을 위하여 믿음 생활 해서는 안 됩니다. 하나님 앞에서, 크신 하나님이요 또 두려우신 하나님 앞에 기도할 때 그냥 농담하듯이 기도하거나 거짓으로 기도하거나 해선 안 된다는 뜻입니다. 항상 정직하게 기도해야

교회를 세우는 다니엘 강해

합니다. 하나님 앞에 장난으로 기도하는 자는 반드시 심판을 받습니다. 거룩하신 분이시기에 함부로 대하는 자는 죽음을 면치 못합니다. 죄에 대한 무서운 심판이 있을 것입니다.

그리고 하나님은 '언약을 지키시는 분'입니다. 하나님을 사랑하고 계명을 지키는 자에게 하나님은 너는 내 백성이고 나는 너희 하나님이라는 언약을 항상 지키셨습니다. 아담과 맺은 첫 언약을 노아와 아브라함과 야곱과 요셉과 모세와 다윗을 통하여 지키셨습니다. 그리고 선지자를 통하여 새 언약으로 오실 예수님을 알려주셨습니다. 옛 언약의 성취가 바로 새 언약이신 예수님입니다. 그리고 다시 오실 주님을 통하여 하나님 나라가 완성됩니다. 하나님은 언약의 성취자이십니다. 지금 다니엘이 이 사실을 분명히 고백하는 것은 70년에 회복하신다는 그 언약을 지키신 하나님에 대한 고백이 있는 것입니다.

이미 믿음의 선진들에게 언약을 지키셨듯이 예레미야 선지자를 통하여 주셨던 그 약속이 성취될 것이고, 또 예레미야 선지자를 통하여 주신 새 언약도 성취될 것임을 강조하는 말씀입니다. 다니엘은 이처럼 분명한 언약의 성취자인 하나님께 기도하고 있습니다.

끝으로 하나님은 '인자를 베푸시는 분'입니다. 긍휼의 하나님이십니다. 구속주 하나님입니다. 독생자를 보내사 죽어가는 우리를 구원하신 인자하신 하나님입니다. 하나님의 인자가 없다면 우리에게는 소망이 없습니다. 그러자 인자하신 하나님이기에 우리를 구원하여 주셨습니다. 십자가는 인자하신 하나님의 선물입니다. 우리의 기도가 어떠한지 분명하게 인식하여야 합니다.

기도의 대상이 분명하지 않을 때 중언부언하게 됩니다. 주님께서 가르쳐주신 기도의 시작이 무엇입니까? "하늘에 계신 우리 아버지"입니다. 다니엘의 기도에서 분명하게 볼 수 있는 기도의 모습입니다.

셋째, 죄에 대하여 정직하고 철저한 회개가 따르는 기도입니다. 다니엘은 이스라엘이 지은 죄에 대하여 분명하게 알고 있었습니다. 이스라엘은 주의 법도와 규례를 떠나서 패역하고, 행악하고, 반역한 존재입니다.(5절) 하나님은 다윗에게 주의 율례와 법도를 지키면 그 나라가 영원할 것이라고 약속하셨습니다. 그리고 그 아들 솔로몬에게도 그 약속을 주셨습니다. 다윗 시대의 그 어마어마한 영토를 솔로몬이 잘 지켰습니다. 그리고 솔로몬은 하나님께 그 약속을 확인합니다. 하나님은 율례와 법도를 지키면 이 나라가 영원할 것임을 다시 약속하십니다.

그런데 어떻게 됐습니까? 솔로몬이 말년에 율법과 규례를 지키지 않았습니다. 우상숭배와 쾌락과 사치에 빠졌습니다. 결국 솔로몬은 추락하였고 나라는 망하였습니다. 나라가 쪼개지고 열방의 침입에 모든 이스라엘 백성들은 다 흩어졌습니다. 이스라엘이 망할 때 이스라엘 백성들이 바벨론으로만 간 게 아닙니다. 애굽으로 아시리아로 여러 지역으로 다 흩어졌습니다. 뿔뿔이 흩어진 이 끔찍한 역사를 다니엘은 보았습니다.

왜 그들이 이러한 역사를 맞이하였습니까? 주의 규례와 율례를 지키지 않았기 때문입니다. 다니엘은 이 사실을 알기에 분명하게 고백합니다. "우리가 주의 율례와 규례, 주의 말씀을 어겼습니다. 패악한 자입니다." 정직하고 정확하게 자신을 하나님 앞에 내려놓고 기도하는 모습입니다. 우리에게 이런 자세가 참 필요합니다. 새 하늘과 새 땅을 바라보면서 주님을 맞이하려면 죄에 대한 분명한 회개가 우리에게 있어야 됩니다. 그러

교회를 세우는 다니엘 강해

지 않고서는 신랑 되신 예수님을 맞이할 수 없습니다. 다니엘의 기도는 이 사실을 보여줍니다.

그리고 이스라엘은 주의 선지자들이 전한 말씀을 듣지 않았습니다.(6절) 말씀이 생명인 민족이 말씀을 듣지 않으면 죄의 자리로 갈 수밖에 없습니다. 다니엘은 자신과 백성들이 지은 죄에 대하여 회개합니다. 그러기에 하나님의 공의는 하나님께 돌아가고 수치는 이스라엘 백성들에게 돌아가는 것이 합당함을 고백합니다.(7절) 죄에 대한 인정과 고백이 하나님의 마음을 움직이는 기도입니다.

우리가 잘못했으니 수치는 우리가 받는 게 당연합니다. 하나님께서 행하신 공의는 합당합니다. 하나님의 공의에 합당합니다. 우리가 70년 동안 다 뿔뿔이 흩어져서 이런 모욕과 이런 핍박과 이런 고난과 이런 아픔을 당하는 것이 당연합니다. 이게 다니엘의 고백입니다. 변명하지 않습니다.

사실이기에 다니엘은 정직하게 고백합니다. 수치가 우리에게 오는 것이 맞습니다. 이런 분명한 자기 고백이 있어야 합니다. 정직하게 우리의 모습을 하나님께 내려놓는 자세가 필요합니다. 우리는 죄인입니다. 그래서 사도 바울이 고백하는 것처럼 저희는 죄인 중에 괴수라고 표현하는 것입니다. '나는 죄인 중에 괴수입니다.' 이게 사는 길입니다. 이 자세가 거룩하신 주님, 신랑 되신 주님을 맞이할 수 있는 준비입니다. 그 사실을 다니엘의 기도에서 볼 수 있습니다. 죄에 대한 인정과 고백이 하나님의 마음을 움직이는 기도입니다.

넷째, 온 마음으로 용서를 구하는 기도입니다. 다니엘은 하나님께 용서를 구합니다. 용서는 죄를 인정하는 자가 받을 수 있습니다. 죄의 고백이 있은 후에 죄의 용서를 구합니다. 용서를 구하기에 앞서 아주 철저하게 자신을 낮춥니다. 하나님의 목소리, 즉 말씀을 듣지 않았고 우리에게 주신 율법을 행하지 않았습니다. 우리는 주의 말씀을 듣지 않았던 아주 못돼먹은 자였습니다.(9-10절) 그러므로 주님의 저주가 내린 것은 다 이스라엘 공동체의 죄에 있다고 고백합니다.(11절) 다니엘은 아주 철저하게 회개합니다. 대충 하는 것이 아닙니다. 정말로 온 마음을 다하여 회개합니다. 하나님께서 온 천하에 내린 적이 없는 재앙을 이스라엘에게 내리신 것은 이스라엘의 죄가 크기 때문입니다.(12절) 이스라엘은 하나님께서 율법에 기록한 대로 재앙을 내렸음에도 진리를 깨달아 죄악에서 떠나고 하나님 여호와를 기쁘게 해야 하는데 그렇게 하지 않았습니다. 재앙을 보면서도 뉘우치지 아니한 무지와 어리석음을 봅니다.(13절)

회개하지 않는 민족에게 하나님은 약속하신 심판을 내리십니다. 하나님은 사람과 달리 모든 일에 공의로우신 분입니다.(14절) 그런데 공의로우신 하나님의 목소리를 듣지 않았습니다. 순종하지 않았습니다.

다니엘은 이러한 죄를 고백하면서 하나님께 간절히 간구합니다. 기도의 간구는 죄에 대한 고백과 긍휼하심에 대한 소망에 이어서 주어집니다. 하나님이 이스라엘 백성에게 행하신 일은 가장 공의로운 일임을 고백합니다. 다니엘은 변명하지 않고 정직하게 회개합니다.

다섯째, 하나님의 영광을 위한 기도입니다. 하나님의 영광을 위하여 예루살렘을 회복하여 주시기를 기도합니다. 기도의 목적이 하나님의 영광에 있습니다. 기도의 응답이 하나님의 기쁨이 되기를 기도합니다. 다니엘

교회를 세우는 다니엘 강해

은 주의 분노가 주의 성 예루살렘에서 떠나게 해달라고 기도합니다. 다니엘은 하나님의 공의로 인하여 예루살렘과 주의 백성이 현재와 죄와 과거의 죄로 인하여 이방인들에게 수치를 당하고 있다고 말합니다.(16절) 하나님의 자녀들이 이방인들에게 수치를 당하는 것을 모른 체하지 말아 달라고 요청합니다. 다니엘은 주의 얼굴 빛을 주의 황폐한 성소에 비추어 달라고 간절히 간구합니다. 주의 전은 하나님의 임재의 장소이지 않습니까? 하나님의 집이지 않습니까? 그러니 다시금 회복할 수 있는 기회를 달라는 간구입니다.

주의 얼굴 빛을 주의 황폐한 성소에 비추어 달라고 고백합니다. 예루살렘을 기억하여 달라고 기도합니다.(17절) 성소의 회복 없이 이스라엘의 회복이 없습니다. 이스라엘의 시작은 성소입니다. 즉 하나님의 임재가 이스라엘의 생명이기 때문입니다.

다니엘은 자신의 간구가 정당해서 하는 것이 아님을 분명하게 밝힙니다. 공의로운 하나님의 뜻에 순종하지만, 긍휼을 베풀어 달라는 간구입니다.(18절) 하나님을 향한 간절한 긍휼의 기도는 하늘을 움직입니다. 하나님의 성소가 회복되는 것은 하나님의 영광을 위해서입니다.

오늘날 한국교회가 많이 힘들고 어렵고 욕을 먹고 있고 점점 숫자가 줄어들고 있는 이 안타까운 마음을 가지기 전에 우리가 할 기도가 무엇인지 아십니까? "하나님의 영광을 위하여 한국교회를 살려주십시오. 한국교회가 잘했다는 게 아닙니다. 우리가 잘했다는 게 아닙니다. 우리가 잘못했습니다. 말씀을 어겼고 범죄하였고 맘몬에 빠졌고, 하나님의 뜻대로 살지 못했습니다. 그러나 하나님, 하나님의 영광을 위하여 한국교회 좀 살려주십시오. 하나님의 이름이 부끄러움 당하지 않도록 하나님이 좀 살려주십시오." 이렇게 기도해야 합니다. 이것이 다니엘의 기도입니다.

성전을 더럽혔던 이스라엘은 성전 회복을 할 자격도 능력도 없습니다. 오직 하나님의 은혜가 있어야 가능합니다. 성전이 회복되는 것이 진정한 해방이기 때문입니다. 그러기에 주의 얼굴을 비춰달라고 간절히 간구합니다. 우리의 기도가 어디에 있어야 하는지를 잘 보여주는 모습입니다. 기도는 나의 욕망을 채우는 것이 아니라 하나님의 영광을 위하여 나를 사용하여 달라는 간구입니다.

여섯째, 끈질기게 부르짖는 기도입니다. 다니엘은 '주여 들으소서, 주여 용서하소서, 주여 귀를 기울시고 행하소서 지체하지 마옵소서'라고 기도합니다. 간절함과 끈질김이 있습니다. 기도가 응답될 때까지 기도합니다. 다니엘은 간절한 기도가 하나님의 영광을 위한 기도임을 드러냅니다. 우리가 아니라 하나님의 자신을 위하여 기도에 응답해 주실 것을 간구합니다. 다니엘의 기도는 모든 것이 다 하나님의 주권에 있음에 대한 고백입니다. 다니엘은 우리의 일이 곧 하나님의 일임을 강조합니다. 하나님의 영광이 우리의 영광임을 고백합니다.

다니엘의 기도는 말씀에 대한 깨달음에서 시작합니다. 말씀이 다니엘을 깨닫게 하였습니다. 말씀을 읽고, 듣는 것이 시작입니다. 말씀의 깨달음 없이 변화는 없습니다. 말씀이 항상 시작입니다.

그러자 죄의 실체를 정확하게 알게 되었습니다. 이스라엘 민족이 각국에 흩어져 수치스럽게 70년을 보낸 것은 불순종이라는 죄 때문임을 다니엘은 알았습니다. 그러기에 정직하게 하나님께 기도할 수 있어야 합니다.

하나님은 크시고 두려우신 하나님, 언약의 하나님, 인자를 베푸시는 분

교회를 세우는 다니엘 강해

입니다. 죄에 대하여 공의로 징계하시지만, 주를 사랑하고 신실한 자녀들을 위하여 자신이 하신 언약을 지키고 인자를 베푸시는 분임을 알았습니다. 그러기에 온 마음으로 회개할 수 있었습니다.

회개는 말씀을 깨닫고 거듭난 성도의 표징입니다. 회개를 통하여 구원 받음의 영광을 알게 됩니다. 회개는 다시 살아나는 영광입니다. 그런 의미에서 이스라엘이 70년을 지나 다시 회복하는 길에 반드시 회개가 필요하였습니다. 다니엘은 그 징표를 보여주었습니다.

그러나 분명하게 알아야 하는 것은 다니엘의 기도는 철저하게 하나님의 영광을 위한 기도라는 사실입니다. 다니엘의 욕망을 위하여 이스라엘의 회복을 구하지 않았습니다. 하나님의 이름이 높임 받기 위하여 기도하였습니다. 그러기에 하나님은 다니엘에게 놀라운 비밀을 알려주십니다. 그것이 다음에 살펴볼 20-27절의 말씀입니다.

다니엘의 기도와 여러분의 기도는 어떠합니까? 비슷합니까? 아니면 전혀 다릅니까? 기도는 그리스도인의 확실한 정체성입니다. 영적 전쟁에 있어서 능력을 나타내는 무기입니다. 그러므로 그리스도인은 기도 없이는 살 수 없습니다. 우리의 대부분의 문제는 기도가 없어서 나타나고, 기도로 해결됩니다. 기도하지 않는 신자는 존재할 수 없습니다. 기도하지 않는 것은 회심하지 않은 가짜 그리스도인이거나, 유사 그리스도인입니다. 참 신자는 기도 없이 살 수 없습니다. 기도가 생명이고, 양식이기 때문입니다.

다니엘은 기도의 모습을 분명하게 보여주었습니다. 그리고 우리 주님 역시 기도를 가르치시고, 기도하며 사셨습니다. 예수님이 기도하셨다면 인류 가운데 기도하지 않고 살 수 있는 사람이 누가 있겠습니까? 그러나 기도는 성경이 보여주고, 주님이 가르쳐주신 대로 해야 합니다. 거기에 능력이 있고 기쁨이 있습니다.

믿음의 길은 그리스도의 주권에 대한 온전한 고백이 있는 기도와 함께 합니다. "주여, 주여, 주여"라고 부르짖음에 이러한 진리가 담겨 있습니다. 우리 모두 이 사실을 바르게 알 때 주여라는 부르짖음이 참된 기도가 됩니다.

교회를 세우는 다니엘 강해

종말에 나타날 진노 앞에 어떻게 살 것인가 (단 9:20-27)

오늘도 우리에게 들리는 주님의 말씀이 우리의 영혼을 풍요롭게 하기를 소망합니다. 진리의 말씀을 듣고 나누는 이 시간이 무엇보다도 복되기를 소망합니다. 지난주에 살펴보았던 환상을 해설하는 오늘 말씀을 통하여 하나님의 뜻을 풍성하게 이해하는 시간이 되기를 바랍니다.

9:1-19까지는 다니엘이 예레미야서를 읽다가 깨달음을 가지고 금식 기도하는 모습을 보았습니다. 하나님 앞에 처절하게 회개하는 다니엘의 모습입니다. 하나님께서 들으시고 용서하여 달라는 기도입니다. 다니엘은 "주여 들으소서, 주여 용서하소서, 주여 귀를 기울이시고 행하소서"라고 기도합니다. 이 외침에 자신이 무엇을 기도하였는지 다 담고 있습니다.

다니엘이 금식하며 회개 기도를 할 때 이전에 환상 중에 본 그 사람, 즉 가브리엘이 저녁 제사를 드릴 때 즈음에 나타났습니다.(20-21절) 가브리엘은 다니엘에게 지혜와 총명을 주려고 왔다고 합니다.(22절) 다니엘이 기도를 시작할 즈음에 하나님께서 자신에게 명령을 내렸다고 합니다. 가브리엘은 다니엘에게 큰 은총을 받은 자라고 하면서 환상을 깨달으라고 말합니다. 다니엘이 회개의 기도를 할 즈음에 하나님은 이미 가브리엘을 통하여 대답을 준비하셨습니다.(23절)

우리의 기도가 반드시 응답됨을 볼 수 있는 장면입니다. 가브리엘은 안티오코스 에피파네스의 시대와 다른 영원한 종말의 환상을 알려줍니다. 이것이 본문을 이해하는 중요한 기준입니다.

가브리엘이 하나님으로부터 받은 말씀은 이스라엘을 위하여 70이레를 기한으로 정하였다는 말씀입니다.(24절) 70이레는 490년을 의미합니다. 즉 이레를 7년으로 70을 곱하여 생각하면 490년입니다. 물론 성경에 이레가 7년이라는 말은 없습니다. 단지 이레입니다. 그런데 일반적으로 7년으로 생각합니다. 그 이유는 본문에서 이레를 한 주로 생각한다면 490일이 되는데 이것은 문맥상 무의미하기 때문입니다. 반면에 본문은 년의 이레를 의미하는 것이 합당합니다. 더구나 이스라엘 사람들에 희년의 개념이 있기 때문입니다. 70이레의 마지막은 희년이 말하는 모든 것의 회복을 의미합니다. 그리스도의 오심은 희년의 성취라고 할 수 있습니다. 또한 다니엘은 70년 포로시대의 관점에서 생각하고 있기에 이레를 주의 이레가 아닌 년의 이레로 보는 것이 합당합니다. 물론 어떤 학자는 이레는 상징으로 보아야 한다고 하지만 그렇게 되면 가브리엘이 말하고자 하였던 그리스도의 오심과는 점점 멀어지게 됩니다.

이렇듯 490년이 지나면, 허물이 그치고, 죄가 끝나며 죄악이 용서되며, 영원한 의가 드러나고 환상과 예언이 성취되고, 지극히 거룩한 이가 기름 부음을 받을 것입니다.(24절) 다니엘이 흥분하지 않을 수 없는 날입니

교회를 세우는 다니엘 강해

다. 이 말은 단지 안티오쿠스 에피파네스를 비롯한 사탄의 도구들로 인하여 받아야 할 고통과 핍박이 끝나는 것을 의미하지 않습니다. 영원한 의가 드러납니다. 지극히 거룩한 이가 기름 부음을 받습니다. 기름 부음은 왕과 선지자와 제사장만이 받습니다. 지극히 거룩한 이는 이 직분 가운데 하나입니다. 그 영광이 오고 있음을 알려주셨습니다.

가브리엘은 70이레, 즉 490년 동안은 예루살렘을 중건하라는 영을 받을 때부터 그리스도가 오실 때까지라고 말합니다.(25절) 이때가 언제인지 분분합니다. 예루살렘 중건은 두 개의 시점이 있습니다. 하나는 예루살렘 성전의 중건을 의미한다고 할 수 있습니다. 이것은 에스라 1:2에 기록된 고레스 왕의 명령으로부터 시작되었다고 할 수 있습니다.(BC 538) 또 하나는 느헤미야 시대(느 2:1-8) 아닥사스다 왕의 두 번의 조서로 예루살렘 성벽이 재건되는 시점으로도 봅니다.(BC 458/445)

고레스 왕의 시대로 보면 첫 일곱 이레는 에스라 또는 느헤미야 시대의 49년으로 봅니다. 그리고 62이레는 434년으로 예수님의 초림 때를 의미합니다. 그리고 마지막 이레의 3년 6개월은 예수님의 공생애와 예수님의 십자가 사건으로 봅니다. 그리고 나머지 3년 6개월은 사도들이 복음을 전하는 시대이며 예루살렘의 멸망입니다. 이렇게 보는 것은 연도에 대한 상징적인 해석을 전제합니다. 연도에 얽매이는 것이 아니라 연도가 주는 상징적인 의미를 강조합니다.

그러나 일반적으로 세대주의는 예루살렘 중건을 아닥사스다 왕이 두 번째 조서를 내린 시대(BC 445)로 봅니다.(느 2:1-8) 이렇게 볼 때 일곱 이레는 에스라 또는 느헤미야 시대입니다. 62이레는 예수님의 십자가의 죽으심으로 봅니다. 그리고 마지막 이레는 괄호 시대, 즉 교회 시대로 아직 오지 않은 시대입니다. 천년왕국 전에 주님께서 성도들과 함께 지상 재림하는 시기라고 말합니다.

BC 538년과 BC 445년 모두 그리스도의 초림과 십자가의 죽으심을 가리킵니다. 그러나 연도가 서로 다른 것은 연도를 상징으로 볼 것인지 아닌지에 따릅니다.

이렇게 첫 번째 기간에 기름 부음 받은 왕, 즉 그리스도가 올 때까지 일곱 이레 동안 성읍이 재건됩니다. 그리고 두 번째 기간인 62이레, 434년이 지날 것입니다. 62이레 후에는 기름 부음 받은 왕이 끊어집니다. 기름 부음을 받은 자가 끊어져 없어집니다. 이는 메시아가 십자가상에서 죽으심으로 예루살렘과 헤어짐을 의미합니다.

"예루살렘아 예루살렘아 선지자들을 죽이고 네게 파송된 자들을 돌로 치는 자여 암탉이 그 새끼를 날개 아래에 모음 같이 내가 네 자녀를 모으려 한 일이 몇 번이더냐 그러나 너희가 원하지 아니하였도다 보라 너희 집이 황폐하여 버려진 바 되리라 내가 너희에게 이르노니 이제부터 너희는 찬송하리로다 주의 이름으로 오시는 이여 할 때까지 나를 보지 못하리라 하시니라"(마 23:37-39)

주님의 말씀처럼 다시 오실 때까지 주님을 보지 못합니다. 다니엘이 본 환상이 예수님의 십자가에서 이뤄졌습니다. 그리고 장차 한 왕의 백성이 와서 성읍과 성소를 무너뜨릴 것입니다. 즉 예수님의 십자가의 죽음 이후에 한 왕이 와서 예루살렘 성과 성소를 파괴합니다. 이때에 홍수에 휩쓸림같이 성읍이 사라지고, 끝까지 전쟁이 있어서 황폐하게 될 것입니다.(26절) 이 놀라운 일이 예수님이 십자가에서 죽으시고 부활한 후 예루살렘에 일어납니다. 헤롯이 중건한 성전이 돌 위에 돌 하나도 남김없이 무너지게 됩니다. 이 왕은 장차 로마의 황제가 되는 디도(티투스)입니다. AD 70년에 디도 장군에 의하여 예루살렘은 완전히 황폐하게 되고, 헤롯 성전은 파괴됩니다. 다니엘서의 말씀이 성취됩니다.

"그러므로 너희가 선지자 다니엘이 말한 바 멸망의 가증한 것이 거룩한 곳에 선 것을 보거든 (읽는 자는 깨달을진저)"(마 24:15)

다니엘이 보았던 멸망의 가증한 것은 바로 디도에 의한 예루살렘성과 성전의 파괴입니다. 그런 후에 그리스도께서 많은 사람과 더불어 한 이레 동안 언약을 굳게 맺습니다.(27절 상) 이 내용은 예수님께서 마지막 성찬에서 하신 말씀에서 성취됩니다. "이것은 죄 사함을 얻게 하려고 많은 사람을 위하여 흘리는 바 나의 피 곧 언약의 피니라"(마 26:28). 예수님은 성찬을 통하여 언약이 영원함을 알려주시고 잊지 않게 하셨습니다.

예수님이 맺으신 언약은 은혜언약이라 말하는 새 언약입니다. 예수님은 십자가상에서 이 언약을 성취하셨습니다. 예수님이 이루신 십자가의 은혜는 믿는 자들에게 주시는 구원입니다. 옛 언약처럼 율법을 지켜야 얻는 것이 아니라 은혜로 말미암아 믿음으로 받습니다. 이 모든 것이 십자가에서 성취하신 일입니다. 언약을 말씀하신 하나님은 예수님을 통하여 그 언약을 온 인류에게 알리셨습니다. 그리고 오늘 이방 땅의 우리에게까지 그 언약이 주어졌습니다.

또한 다니엘은 언약을 맺을 뿐 아니라 메시아가 그 이레의 절반에 제사와 예물을 금지할 것을 들었습니다.(27절 중) 제사와 제물이 없어집니다. 예수님은 십자가에서 모든 율법의 요구를 다 순종하셨습니다. 그러기에 이레의 절반에 더 이상의 제사와 예물을 금지할 것입니다. 그러나 역사적으로 헤롯 성전의 파괴로 유대 제사가 중단되었다고 볼 수 있습니다.

"예루살렘아 예루살렘아 선지자들을 죽이고 네게 파송된 자들을 돌로 치는 자여 암탉이 그 새끼를 날개 아래에 모음 같이 내가 네 자녀를 모으려 한 일이 몇 번이더냐 그러나 너희가 원하지 아니하였도다 보라 너희 집이 황폐하여 버려진 바 되리라 내가 너희에게 이르노니 이제부터 너희는 찬송하리로다 주의 이름으로 오시는 이여 할 때까지 나를 보지 못하리라 하시니라 예수께서 성전에서 나와서 가실 때에 제자들이 성전 건물들을 가리켜 보이려고 나아오니 대답하여 이르시되 너희가 이 모든 것을 보지 못하느냐 내가 진실로 너희에게 이르노니 돌 하나도 돌 위에 남지 않고 다 무너뜨려지리라" (마 23:37-24:2)

그러나 남은 이레의 절반, 즉 3년 6개월 동안에 포악하고 가증한 것이 날개를 의지하여 설 것입니다.(27절 하) 즉 적그리스도의 발악이 있습니

교회를 세우는 다니엘 강해

다. 그리고 이미 정한 종말까지 진노가 황폐하게 하는 자리에 쏟아질 것입니다. 이 말은 주님 재림하시기 전까지의 교회 시대가 감당할 고난이라고 할 수 있습니다. 하나님은 심판이 성전을 파괴시킨 이교도에게 임하는 것이 아니고 그의 친백성에게 임한다고 말씀하십니다. 철저하게 예루살렘이 무너지고 더 이상 구약의 제사가 드려지지 않게 하십니다. 그러나 때가 되어 이방인의 수가 다시 차면 이스라엘도 구원하실 것입니다.

가브리엘로부터 다니엘이 받은 이 환상은 이스라엘의 회복을 넘어 그리스도의 오심을 준비하고 정한 때에 이뤄질 종말을 보여줍니다. 하나님의 역사는 일반 역사를 넘어서 구속의 완성을 향하여 달려갑니다.

다니엘이 들은 말씀은 신약 시대에 성취되었습니다. 동방의 박사들은 예수님이 나심을 살펴보고 예루살렘으로 와서 베들레헴으로 갔습니다. 율법에 능통하였던 시므온과 경건한 여인 안나가 주님 오심을 기대하다가 만났습니다. 예수님은 다니엘의 말씀을 인용하여 고난의 시기를 준비하라고 하셨습니다.(마 24장)

하나님의 말씀은 역사 속에서 살아 움직입니다. 말씀을 붙잡고 살아야할 이유가 분명합니다. 믿음의 길을 간다는 것은 약속의 말씀을 확신함을 의미합니다. 말씀을 의지하는 성도가 영광을 봅니다. 교회만 왔다가 가는 자는 결코 그 영광을 볼 수 없습니다. 말씀이 심장에 박혀있을 때 약속이 성취되는 것을 기대하고 볼 수 있습니다. 우리에게 아직 남아있는 고난의 시간은 반드시 지나갑니다. 그리고 영광의 날이 다가옵니다. 고난은 잠시이지만, 영광은 영원합니다.

다니엘에게 알려주신 귀한 말씀을 통하여 우리가 들어야 할 가르침을 함께 생각하고자 합니다. 주님의 말씀은 오늘 나에게 주신 말씀이기 때문입니다.

첫째, 기도하는 성도가 하나님의 은혜를 깨닫고 응답을 받습니다. 우리는 다니엘이 말씀에 의지하여 기도하는 가운데 하나님의 선물을 받은 것을 보았습니다. 말씀에 순종하고자 할 때 하나님은 즉시로 우리에게 응답하여 주십니다. 기도가 없이는 은혜의 기쁨을 크게 누리지 못합니다.

다니엘은 예레미야서를 읽고 깨달아 금식하며 하나님의 뜻이 이뤄지기를 기도하였습니다. 그런 다니엘에게 하나님은 말씀의 성취만이 아니라 종말의 영광도 보여주셨습니다. 하나님은 다니엘의 모습을 통하여 오고 오는 모든 이들에게 참된 믿음의 길이 무엇인지 알려주셨습니다. 기도하는 자는 하나님의 뜻을 아는 영광을 누립니다.

이 모습은 예수님을 알아보았던 시므온과 안나에게서도 볼 수 있습니다. 그들은 주님의 오심을 기다리며 기도하였습니다. 구약성경은 예수님의 오심에 대하여 말씀하였지만, 그때가 언제인지 알 수 없었습니다. 그런데 다니엘을 통하여 그 기간을 알려주셨습니다. 70이레를 정확하게 말할 수는 없지만, 그리스도의 오심이 가까이 오고 있음을 알았고, 준비할수 있었습니다. 그 대표적인 사람이 바로 시므온과 안나입니다.(눅 2:25-38) 말씀에 의지하여 기도하던 두 사람에게 성령께서 역사하셨습니다. 그리고 예수님의 오심을 맞이하였고 찬양과 경배를 드렸습니다. 다니엘에게 알려주셨던 그날이 임하였습니다.

교회를 세우는 다니엘 강해

다니엘과 시므온과 안나와 같이 하나님의 뜻을 깨달은 성도는 세상과 싸울 힘을 얻고, 무기력한 삶을 물리칠 힘이 있습니다. 기도가 얼마나 중요한지를 다니엘과 시므온과 안나는 보여주었고, 하나님은 그들에게 그 뜻을 알려주셨습니다. 기도의 자리가 얼마나 복된지 모릅니다. 항상 기도의 자리에 있기를 소망합니다.

둘째, 성도는 종말 신앙으로 오늘을 살아야 합니다. 다니엘의 모습에서 놀라운 사실을 하나 발견할 수 있습니다. 그것은 종말론적 신앙입니다. 다니엘은 이스라엘이 회복되는 가까운 미래를 기대하며 기도하였습니다. 그런데 하나님은 가까운 미래뿐 아니라 종말의 모습도 알려주셨습니다. 인류의 진짜 문제인 죄를 해결하고 짐승의 피로 제사를 드려야 하는 불완전한 삶이 사라질 것을 보여줍니다. 말씀이 육신이 되사 인류 가운데 오신 예수님께서 이 모든 문제를 해결하여 주실 것을 보았습니다. 사람을 괴롭히던 문제가 해결되었습니다. 그리고 완전한 나라를 소망하였던 기도가 해결되었습니다. 하나님 나라가 완성됨을 보았기 때문입니다. 그 나라의 영광은 시간 문제이지 반드시 성취됩니다. 그 성취됨을 앞선 역사의 흐름을 통하여 확인시켜 주셨습니다.

기독교는 단지 추상적이고, 비약적인 자연종교가 아닙니다. 성경이라는 역사적 실체를 가지고 있는 계시종교입니다. 하나님은 말씀을 통하여 역사 가운데 그 누구도 알 수 없고, 깨달을 수 없는 역사의 실존을 알려주셨습니다. 많은 이들이 에스겔과 다니엘의 역사성을 무시하고자 하였지만, 무너뜨릴 수 없었습니다.

그러기에 기독교인의 삶은 분명해집니다. 오늘을 살지만, 종말을 바라보며 삽니다. 이것이 종말 신앙입니다. 땅에 살지만, 하늘을 바라보며 삽니다. 이것이 성경적 신앙을 가진 자세입니다. 그러기에 현실이 어렵다고 절망하지 말아야 합니다. 포기하고 싶을 때가 있습니다. 이때 잠시 물러서서 주님을 바라보시기 바랍니다. 항상 기도의 자리를 가질 수 있어야 합니다.

종말의 때, 즉 교회 시대인 지금은 발악하는 사탄으로 인하여 고난이 있지만 우리를 이기지 못합니다. 주님은 사탄을 향한 진노를 준비하셨습니다. 영원한 무저갱에 떨어질 것입니다. 그러므로 믿음으로 인하여 다가오는 고난으로 인하여 절망해서는 안 됩니다. 저들은 이미 진노 아래 놓여 있습니다. 그러므로 믿음의 자리를 끝까지 지켜야 합니다.

여러분! 오늘이 끝이 아닙니다. 종말이 완성될 날을 바라보면서 오늘을 살아야 합니다. 이것이 종말 신앙입니다. 완성될 그날이 올 때 누릴 영광이 우리에게 있습니다. 그러므로 그날을 바라보면서 오늘을 살아야 합니다. 최선을 다하여 살아야 합니다. 이것이 우리에게 주어진 일입니다.

셋째, 예수 그리스도의 구속은 역사 속에서 약속되고 성취되었습니다. 다니엘에게 주신 말씀을 통하여 이스라엘이 해방되고, 역사 가운데 예수님이 오시고, 십자가에서 죽으시고 예루살렘 성전이 파괴되고, 사탄이 발악하며 교회와 성도를 괴롭힌다는 사실을 보았습니다. 이 모든 것은 하나님이 내리신 일입니다.

이 말씀은 다니엘에게 주신 말씀입니다. 다니엘은 위대한 영광을 보았습니다. 가장 흥분되고, 가슴이 터질 듯하고, 이루 말할 수 없는 기쁨입니

교회를 세우는 다니엘 강해

다. 기꺼이 고난을 감당하고 이겨 낼 수 있는 영광을 보았습니다.

"허물이 그치고, 죄가 끝나고, 죄악이 용서되고, 영원한 의가 드러납니다." 누구를 말씀하십니까? 바로 예수 그리스도입니다. 창조 세계를 괴롭히던 죄가 끝나고 죄악이 용서되는 날이 옵니다. 영원한 의가 드러나는 날이 옵니다. 하나님 나라에 들어갈 수 있는 영광이 주어집니다. 불순종과 탐심과 우상숭배는 돌이킬 수 없는 죄입니다. 그러기에 이스라엘은 영광의 나라에서 비참한 상태로 추락하였습니다. 열방에 흩어져 갖은 고난과 핍박 가운데 살았습니다. 그러나 누구도 이 문제를 해결할 수 없었습니다. 매년 드리는 제사도 타락하였기에 소망이 없습니다. 그리고 성전을 파괴함으로 포로기 동안 성전 제사도 없었습니다. 소망이 없는 것이 인간의 모습입니다.

이스라엘이 회복하여 가장 애를 쓴 것이 성전과 성벽 복구였습니다. 그리고 헤롯이 36년 동안 성전을 지었습니다. 성전 제사의 복구였습니다. 하지만 디도에 의하여 성전은 완전히 파괴됩니다. 아론 계열의 제사장도 사라졌습니다. 더 이상 죄 문제를 해결하는 제사가 드려지지 않습니다. 절망입니다. 그러나 하나님은 다니엘을 통하여 소망의 빛을 보여주셨습니다. 허물이 그치고, 죄가 끝나고, 죄악이 용서되고, 영원한 의가 드러났습니다. 메시아, 곧 예수 그리스도입니다. 그리스도가 오셔서 죄의 문제를 해결하심을 약속하셨습니다. 이렇듯 다니엘서가 보여주는 위대한 증거는 바로 예수 그리스도입니다. 모든 역사가 다 예수 그리스도를 준비합니다. 이것이 다니엘서의 핵심입니다.

"그는 저 대제사장들이 먼저 자기 죄를 위하고 다음에 백성의 죄를 위하여 날마다 제사 드리는 것과 같이 할 필요가 없으니 이는 그가 단번에 자기를 드려 이루셨음이라"(히 7:27)

예수님께서 모든 것을 다 이루셨습니다. 십자가에서 단번에 이루셨습니다. 그러므로 더 이상 율법을 지킴으로 구원에 이르지 않습니다. 오직 예수 그리스도의 십자가의 은혜가 구원에 이르게 합니다. 우리가 해야 할 모든 것을 예수님이 십자가에서 완성하셨기 때문입니다. 다니엘은 이 예수님을 예언하였습니다. 그리고 믿음의 사람들은 새 언약이신 예수님을 기다렸습니다.

앞서 보았듯이 시므온과 안나 같은 성도 역시 말씀을 기억하다가 주님의 오심을 맞이하는 영광을 보았습니다. 다시 오실 예수님도 동일합니다. 약속의 말씀을 믿고 기다리는 자에게 주님을 맞이하는 영광이 주어집니다.

우리가 의지하여야 할 분이 분명합니다. 예수 그리스도입니다. 예수님은 우리를 위하여 희생하시고, 우리에게 새 생명을 주셨습니다. 누구든지 예수님을 믿는 자에게 한없는 은혜를 주십니다. 주님을 굳게 붙잡으시기 바랍니다.

사랑하는 여러분! 약속된 예수 그리스도가 오셨습니다. 성경은 거짓 없는 진리입니다. 말씀하신 대로 성취되었습니다. 성경을 믿음으로 보았던 성도들이 예수님을 만났습니다. 말씀을 탐구하였던 이들이 예수님을 만났습니다. 유대인이든, 이방인이든 관계없습니다. 성경을 믿고 기다리는 자에게 예수님을 만나는 영광이 있습니다.

예수 그리스도를 만나고 믿는 자에게 죄가 용서되고, 구원이 주어집니

교회를 세우는 다니엘 강해

다. 고난의 현실을 살지만, 그리스도께서 반드시 이기게 하십니다. 이 놀라운 영광을 보여준 것이 다니엘이 본 환상입니다. 그리고 우리는 믿고 있습니다. 우리 가운데 오신 예수님을 온전히 고백할 수 있기를 바랍니다. "저는 예수님을 믿습니다. 예수님은 저의 주님이십니다." 하고 당당하게 말할 수 있기를 바랍니다.

종말에 나타날 진노 앞에 어떻게 살 것인지에 대한 확고한 답을 가지고 있어야 합니다. 사탄이 조종하는 세상은 자신들이 승리자라고 생각합니다. 하지만 우리는 압니다. 정한 진노가 저들에게 임할 것입니다. 우리는 이 사실을 알았습니다. 진노를 받을 자들의 노예가 될 것인지, 주님의 자녀가 될 것인지 결정해야 합니다. 주님의 자녀로 살기를 작정하였다면, 자녀의 삶을 살아야 합니다.

다니엘의 모습을 기억하시기 바랍니다. 그가 기도할 때 주님께서 찾아오셨습니다. 동일하게 우리의 기도의 자리에 주님이 함께하십니다. 작은 소리도 들으시는 주님입니다. 주님은 기도의 자리에 언제나 함께하십니다. 기도하는 성도는 오늘을 살지만, 종말을 삽니다. 우리는 항상 종말론적 신앙을 가지고 살아갑니다. 오늘이 나의 생애에 가장 소중한 날이라고 생각하면서 살아가시기 바랍니다. 오늘 하루만 주어진다면 무엇을 할까 생각했습니다. 주님께 예배하다가, 찬양하다가, 주의 말씀을 묵상하다가 부르심을 받고 싶었습니다.

우리는 오늘을 살지만, 주님이 주시는 그 영광을 바라보며 살아갑니다. 우리가 이 땅에서 최선을 다하여 사는 것은 하나님 나라를 아름답게 하는 일입니다. 세상이 어떤 변화를 겪더라도 하나님 나라는 무너지지 않습니다. 하나님 나라는 하나님이 지키고 보호하십니다. 우리는 그 일에 묵묵히 순종할 뿐입니다. 이 땅에서 선지자적 현실주의자로 살아가는 이유입니다.

이 놀라운 믿음을 가지고 살 수 있도록 주님은 다니엘을 통하여 말씀하셨습니다. 예수님은 다니엘의 말씀을 기억하라고 하셨습니다. 이 명령에 순종하여 말씀을 듣고 기억해야 합니다. 그리고 주님 다시 오시는 그날까지 이 땅에서 최선을 다하며 살아야 합니다. 특별히 주님 맞이하는 교회를 세우는 일에 온 힘을 다해야 합니다. 세상에서 어떤 소리가 들리더라도 흔들리지 말고 우리는 말씀에 집중해야 합니다. 이러한 자세가 종말의 시대를 사는 성도의 자세입니다.

교회를 세우는 다니엘 강해

10장

보이는 것이 전부가 아니고 보이지 않는 것이 영원함을 아는 것이
바로 믿음입니다.
성경은 우리에게 이 놀라운 진리를 알려주셨습니다.
모든 역사가 하나님의 섭리 가운데 진행됩니다.
마침내 창조경륜이 완성될 때
온 성도가 그 영광의 잔치에 참여하여 만끽할 것입니다.

기도하는 자에게 주어지는 영광
(단 10:1-21)

다니엘서의 마지막 장면에 이르게 되었습니다. 다니엘서 10-12장은 같은 내용을 다루고 있습니다. 10장은 11-12장 내용의 서문이라 할 수 있습니다. 앞으로 펼쳐질 역사의 시작을 보여주는 것이 10장입니다. 10장을 통하여 주께서 말씀하시는 은혜를 누리고자 합니다.

하나님은 바사 고레스 왕 3년에 다니엘에게 나타나 말씀을 전하십니다. "큰 전쟁"에 관한 말씀입니다. 이 전쟁이 무엇인지는 11-12장에서 자세하게 말씀하십니다. 다니엘은 그 환상을 분명히 알았고 깨달았습니다.(1절) 하나님이 주신 계시의 말씀이 무엇을 말씀하는지를 알았습니다.

"큰 전쟁"에 대한 환상을 깨달았을 때 다니엘은 21일 동안 슬퍼하며 금식 기도를 합니다. 갑자기 21일 기도를 한 이유가 무엇인지 기록되어 있지 않습니다. 그러나 분명히 이스라엘 백성들에 관한 내용입니다. 고레스 3년이면 이스라엘 백성들이 고국으로 돌아감을 허락받은 지 2년 이상이 흐른 시점입니다. 이스라엘에 새로운 변화가 주어진 상황입니다. 그런

　　　　　　　　　　　교회를 세우는 다니엘 강해

데 다니엘이 21일 동안 금식 기도를 한 이유는 무엇이겠습니까? 성경에 기록되어 있지 않지만 크게 두 가지로 생각할 수 있습니다.

첫째는 귀국한 동포들이 들려주는 어려움과 고통 때문입니다. 성전 복구 허락은 받았지만, 주변의 견제와 방해로 인하여 심한 어려움을 당하고 있음을 알았습니다. "이로부터 그 땅 백성이 유다 백성의 손을 약하게 하여 그 건축을 방해하되 바사 왕 고레스의 시대부터 바사 왕 다리오가 즉위할 때까지 관리들에게 뇌물을 주어 그 계획을 막았으며"(스 4:4-5). 다니엘은 이 안타까운 현실에 80대 중반의 노인의 몸으로 금식하며 기도하였습니다.

두 번째 이유는 고레스의 귀국 선언에도 불구하고 이스라엘로 돌아가는 것이 아니라 바사에 그대로 남아 있는 다수의 유대인들 때문입니다. 우상의 나라에서 만족하며 사는 것이 얼마나 슬픈 일인지 모릅니다. 그러므로 다니엘은 금식하며 기도하였습니다.

다니엘은 첫째 달 24일에 힛데겔이라는 큰 강가에 있었습니다. 첫째 달은 유월절을 의미합니다. 니산월 14일이 유월절이고, 무교절 7일을 지난 3일입니다. 이때에 다니엘은 자신을 찾아온 놀라운 분을 만납니다.

"그 때에 내가 눈을 들어 바라본즉 한 사람이 세마포 옷을 입었고 허리에는 우바스 순금 띠를 띠었더라 또 그의 몸은 황옥 같고 그의 얼굴은 번갯빛 같고 그의 눈은 횃불 같고 그의 팔과 발은 빛난 놋과 같고 그의 말소리는 무리의 소리와 같더라"(5-6절)

다니엘이 본 사람이 누구일까요? 이 모습을 보면 사도 요한이 보았던 모습과 비슷합니다.

"촛대 사이에 인자 같은 이가 발에 끌리는 옷을 입고 가슴에 금띠를 띠고 그의 머리와 털의 희기가 흰 양털 같고 눈 같으며 그의 눈은 불꽃 같고 그의 발은 풀무불에 단련한 빛난 주석 같고 그의 음성은 많은 물 소리와 같으며 그의 오른손에 일곱 별이 있고 그의 입에서 좌우에 날선 검이 나오고 그 얼굴은 해가 힘있게 비치는 것 같더라"(계 1:13-16)

바로 성육신하시기 전의 예수님의 현현입니다. 이 환상을 다니엘이 보았습니다. 그때 많은 사람이 같이 있었지만 보지 못하였습니다. 다만 임재의 두려움만 느꼈을 뿐입니다. 그 느낌만으로도 사람들은 모두 도망하여 숨었습니다.(7절)

그런데 다니엘만 놀라운 환상을 보았습니다. 예수님을 만나고 그의 말씀을 직접 듣는 것이 얼마나 두려운 일인지 모릅니다. 경건한 80대 중반의 다니엘은 성자 하나님의 현현 앞에 힘이 빠졌습니다. 그리고 아름다운 빛이 썩은 듯하였습니다. 즉 죽은 자와 같았습니다.(8절) 다니엘은 성자 하나님의 음성을 들을 때 정신을 잃고 땅에 쓰러졌습니다.(9절) 그 영광이 얼마나 큰지를 보여줍니다.

이렇게 쓰러져 있을 때 인자의 손이 다니엘을 어루만집니다. 다니엘은 인자의 손길에 떨었습니다. 그러자 인자가 다니엘의 무릎과 손바닥을 땅

교회를 세우는 다니엘 강해

에 대고 일어나게 하셨습니다. 그리고 다니엘에게 놀라운 말씀을 하십니다. "다니엘아 네게 이르는 말을 깨닫고 일어서라 내가 네게 보내심을 받았느니라"라고 말씀하십니다. 다니엘은 이 말씀에 의지하여 떨며 일어섭니다.(11절) 인자는 다니엘에게 "두려워 하지 말라" 위로하십니다. 주님의 위로를 받는 것은 무엇과도 비교할 수 없는 은혜이고 힘입니다. 그러면서 다니엘이 하나님 앞에 겸손하게 기도할 때 응답받았다고 말씀합니다. 응답의 결과로 다니엘에게 왔다고 말씀합니다.

그런데 뜻밖의 말씀을 하십니다. 바사 왕국의 군주가 21일 동안 나를 막았다고 말씀하십니다. 그래서 바사 왕국의 왕들과 함께 머물러 있다가 가장 높은 군주 중 하나인 미가엘이 도와주어서 이제 왔다고 말씀합니다.(13절)

이 말씀은 무엇을 의미하는지 알기 어렵습니다. 인자는 21일 동안 바사 왕국의 군주가 자신을 막았다고 말씀하십니다. 이 기간은 다니엘의 기도 기간입니다. 역사적으로는 아닥사스다 왕 때 사마리아 사람들의 성전 건축 방해 사건을 의미합니다. 그럼 왜 바사 왕국의 군주라고 하였을까요? 이것은 바사 왕을 의미하는 것이 아니라 바사 왕들을 움직이는 사탄을 의미합니다. 사탄이 사람을 움직이고 왕을 움직여서 하나님의 일을 방해하는 것을 의미합니다. 그런데 천사장 미가엘이 도와주었습니다. 미가엘이 승리하였다는 말씀입니다. 성전 건축이 성공할 것임을 말씀하십니다. 사탄이 아무리 대단하여도 하나님의 일하심을 막을 수 없습니다. 교회가 세워지는 일을 막을 수 없음을 의미합니다.

그런 후에 인자는 다니엘에게 마지막 날에 네 백성이 당할 일을 깨닫게 해주려 한다고 말씀하십니다. 이것은 아주 오랜 후의 일입니다. 다니엘은 인자의 말을 듣자, 얼굴을 땅으로 향하고 말문이 막혔습니다. 무슨 말도 할 수 없었습니다. 그때 인자와 같은 이가 다니엘의 입술을 만졌습니다. 그러자 입이 열리고 비로소 대답합니다. 다니엘은 이 환상으로 말미암아 근심이 더하고, 힘이 없어졌다고 말합니다. 몸에 힘이 없어졌고 호흡이 남지 않았다고 합니다. 초주검이 되었다는 말입니다. 자신은 주님과 말씀을 나눌 수 없다고 말합니다.(14-17절)

그런 후에 인자 같은 이가 다니엘을 만지고 강건하게 하여 주십니다. 인자는 "은총을 받은 사람아 두려워하지 말고 평안하고 강건하라, 강건하라" 하고 힘을 주시고 위로하십니다. 다니엘은 위로의 말을 듣고 힘을 냅니다. 주님의 만져주심이 능력이 됩니다. 힘을 얻은 다니엘은 말씀하시기를 요청합니다.

주께서는 내가 너에게 온 이유를 아느냐고 물으시면서, 돌아가서 바사 군주와 싸우고 후에는 헬라 군주와 싸울 것이라고 말씀하십니다. 인자 같은 이가 진리의 글에 기록된 것으로 다니엘에게 보여주신다고 하십니다. 이것은 하나님의 섭리대로 역사가 이어질 것임을 말씀하심입니다. 다니엘은 하나님의 섭리를 보게 되었습니다. 또한 바사와 헬라를 대적할 자는 미가엘뿐이라고 말씀합니다. 이 말씀은 잘 이해하여야 합니다. 바사와 헬라는 역사적 나라입니다. 그와 싸울 미가엘은 영적 존재인 천사입니다. 결국 이 싸움은 역사의 전쟁이지만 실제는 영적 전쟁임을 의미합니다. 역사 속에 나타날 영적 전쟁을 말씀하시는 것입니다.(21절)

다니엘에게 주신 말씀은 오랜 후에 있을 큰 전쟁에 관한 말씀입니다.

교회를 세우는 다니엘 강해

다니엘이 살아서 볼 수 없는 역사입니다. 그러나 하나님은 다니엘에게 역사가 어떻게 이뤄질 것인지를 알려주셨습니다. 이 역사는 그리스도를 향합니다. 그리스도 안에서 옛 언약이 성취되고 새 언약의 역사가 시작됩니다. 다니엘에게 하나님은 새 언약의 역사가 어떻게 시작되는지를 알려주십니다. 다니엘이 보았던 큰 전쟁에 대한 역사의 가르침을 주고 있는 본문은 중요한 교훈을 우리에게 주고 있습니다. 이제 그 교훈을 함께 생각하고자 합니다.

첫째, 기도하는 신자만이 세상이 영적 전쟁터라는 사실을 알 수 있습니다. 이 세상은 영적 전쟁터입니다. 이 놀라운 사실을 아는 사람은 소수입니다. 오늘 대한민국에서 이 사실을 알고 있는 사람이 얼마나 된다고 생각합니까? 1990년대 이전에는 그래도 귀신이 있다는 것을 심리적으로 믿었습니다. 드라마 내용을 보면 알 수 있습니다. <전설의 고향>이 대표적입니다. 영화 <강시>가 한참 유행이었습니다. 근대 소설 가운데는 김동리의 『등신불』과 『무녀도』가 대표적입니다. 그러나 90년대를 지나면서 전설의 고향은 사라집니다. 그리고 죽은 자가 죽은 자가 아닌 좀비가 나옵니다. 세상에서 죽음에 대한 이해가 달라집니다. 그리고 우리 시대는 귀신이 놀잇감이 되었습니다. 대표적인 문화가 할로윈입니다. 귀신의 존재를 무시하는 것은 결국 내세에 대한 관심이 없어졌음을 의미합니다. 모든 것이 현세일 뿐입니다. 죽은 뒤에 오는 심판과 천국과 지옥에 관심이 없는 시대입니다. 그러므로 복음에 관심이 없고, 세상만 사랑합니다. 신앙은 삶의 무료함을 달래주는 도구에 불과합니다. 그러기에 기도가 점점 죽어갑니다. 기도는 영적인 삶입니다. 영적 세계에 관심이 없으므로 기도도

식어가고 있습니다. 사탄의 전략이 우리 시대에 승리하고 있습니다. 이러한 모습은 교회 안에도 들어오고 있습니다. 기도가 식는 것은 영적 세계에 대하여 점점 관심이 없어지고 있음을 보여줍니다. 젊은 세대가 교회에서 사라지고 있는 이유입니다. 영적인 것에 관심이 없고 오직 현실에만 관심이 있기 때문입니다.

그러나 다니엘에게 보여주신 하나님의 가르침은 분명합니다. 영적 전쟁입니다. 사탄의 세력이 끊임없이 하나님의 일을 방해합니다.

예수님은 이 사실에 대하여 말씀하셨습니다. "칠십 인이 기뻐하며 돌아와 이르되 주여 주의 이름이면 귀신들도 우리에게 항복하더이다 예수께서 이르시되 사탄이 하늘로부터 번개 같이 떨어지는 것을 내가 보았노라"(눅 10:17-18)

전도하는 제자들의 보고에 예수님은 사탄이 하늘로부터 떨어졌음을 보았다고 말씀하십니다. 사도 바울은 믿음의 싸움이 영적인 것임을 더욱 분명하게 강조하였습니다. "마귀의 간계를 능히 대적하기 위하여 하나님의 전신 갑주를 입으라 우리의 씨름은 혈과 육을 상대하는 것이 아니요 통치자들과 권세들과 이 어둠의 세상 주관자들과 하늘에 있는 악의 영들을 상대함이라"(엡 6:11-12)

성경은 이 사실을 분명하게 말씀합니다. 이 놀라운 사실은 기도하는 사람에게 더욱 분명하게 인식됩니다. 기도는 영적인 세상을 인정하는 사람만이 할 수 있습니다. 기도할 때 영적 세력들과 싸울 수 있습니다. 다니엘에게 나타나서 하신 주님의 말씀을 기억해야 합니다. "바사 왕국의 군주가 21일 동안 나를 막았다."(13절) 사탄은 하나님의 일하심을 끊임없이 방해합니다. 지금 우리는 그러한 시대에 살고 있습니다. 더구나 매우 세

교회를 세우는 다니엘 강해

련된 미혹 가운데 살고 있습니다. 그러나 기억하셔야 합니다. 우리의 싸움은 사탄과의 영적 전쟁입니다.

둘째, 기도하는 신자는 영적 전쟁터에서 사탄의 도전에 고난을 겸하여 받습니다. 우리는 이 세상이 영적 전쟁터임을 잘 알고 있습니다. 이 말은 고난이 함께함을 의미합니다. 전쟁은 참혹합니다. 서로 죽여야 하기 때문입니다. 지금 이스라엘과 팔레스타인, 러시아와 우크라이나 그리고 각지에서 일어나고 있는 국지전을 보시기 바랍니다. 거기에 무슨 선이 있습니까? 참혹한 아픔만이 있습니다.

영적 전쟁터를 살아가는 우리 모두에게도 동일합니다. 하나님의 나라는 평화입니다. 그러나 사탄의 나라는 분쟁이고 분열입니다. 분열과 분쟁을 일삼는 사탄의 유혹에 맞서는 것이 쉬운 일이 아닙니다. 탑을 세우는 것은 긴 시간이 필요하지만, 허무는 것은 한순간입니다.

믿음의 성숙은 긴 시간이 필요합니다. 예수 믿자마자 성숙하는 신앙은 없습니다. 긴 시간 동안 믿음의 길을 가야 합니다. 그렇지 않고는 성숙은 불가능합니다. 그런데 사탄은 긴 시간을 감당해야 하는 우리를 시험하고 핍박합니다. 영적 전쟁터를 살아갈 때 이러한 고난이 있음을 이상하게 여기지 말아야 합니다. 예수님도 십자가를 지셨습니다. 사도들도 고난의 십자가를 졌습니다. 그리고 믿음의 사람들이 모두 그러한 길을 걸어갔습니다. 그러나 믿음을 지켰습니다. 믿음의 고백인 히브리서 11장의 기록은 우리에게 큰 격려를 줍니다.

"또 어떤 이들은 조롱과 채찍질뿐 아니라 결박과 옥에 갇히는 시련도 받았으며 돌로 치는 것과 톱으로 켜는 것과 시험과 칼로 죽임을 당하고 양과 염소의 가죽을 입고 유리하여 궁핍과 환난과 학대를 받았으니 (이런 사람은 세상이 감당하지 못하느니라) 그들이 광야와 산과 동굴과 토굴에 유리하였느니라"(히 11:36-38)

고난이 있습니다. 그러나 절망하지 마시기 바랍니다. 혼자만 겪는 것이 아니라 믿음의 사람들이 다 겪는 일입니다. 신앙의 길에 다가오는 보통의 일입니다. 이러한 시험과 고난과 핍박에 무릎 꿇지 마시고 더욱더 믿음의 주님을 바라볼 수 있어야 합니다. 이것이 영적 전쟁터에서 살아가는 방법입니다.

셋째, 기도하는 신자에게 영적 전쟁에서 이길 수 있는 힘이 승리할 때까지 공급됩니다. 이 세상을 살아가는 일에 항상 사탄의 도전이 있습니다. 사탄의 미혹이 있습니다. 그래서 하나님의 일을 방해하려고 합니다. 얼마나 지독한지 모릅니다. 이미 예수 그리스도의 십자가로 말미암아 패하였음에도 육신을 가진 우리를 미혹합니다.

그러나 다니엘을 통하여 보여준 놀라운 사실은, 늦어도 이기게 하신다는 사실입니다. 21일 동안 금식하며 기도하는 동안에 하나님은 사탄을 물리치셨습니다. 미가엘을 통하여 사탄의 공격을 막아냈습니다. 승리는 하나님께 있습니다.

사탄의 계략이 아무리 거세다 할지라도 무너지는 것은 사탄의 나라입니다. 복음이 증거될 때 사탄이 떨어졌습니다. 이것이 가능한 것은 우리

교회를 세우는 다니엘 강해

의 힘이 아니라 주님께서 힘을 주시기 때문입니다.

주님은 다니엘에게 강건하고 강건하라고 말씀하십니다. 얼마나 큰 위로와 격려인지 모릅니다. 기도하는 자에게 이러한 은혜가 임합니다. 다니엘은 이 말씀에 새 힘을 얻습니다. 그리고 역사의 지평을 바라봅니다.

우리의 삶도 동일합니다. 예수님은 사탄을 물리치셨습니다. 그리고 하나님 나라 완성을 위하여 기다리는 그 기간에 있을 사탄의 강력한 도발을 이길 수 있게 성령을 보내주셨습니다. 이제 누구든지 예수 믿는 자에게는 성령이 임재하십니다. 그리고 성령이 사탄을 이기게 하십니다. 우리의 힘이 아니라 성령이 사탄을 이깁니다.

"이와 같이 성령도 우리의 연약함을 도우시나니 우리는 마땅히 기도할 바를 알지 못하나 오직 성령이 말할 수 없는 탄식으로 우리를 위하여 친히 간구하시느니라"(롬 8:26)

성령이 우리를 도우십니다. 그래서 사탄의 모략을 이기게 하십니다. 기도하는 자에게 주어지는 선물입니다. 기도하는 자는 성령의 도우심으로 사탄을 이깁니다. 항상 기도해야 하는 것은 사탄을 이기기 위함입니다. 항상 기도하는 자리에 있기를 소망합니다.

넷째, 기도하는 신자는 모든 역사가 하나님의 섭리 가운데 주어짐을 알기에 믿음으로 살아갑니다. 기도하는 신자에게 주어진 영광은 모든 역사가 하나님의 역사임을 아는 일입니다. 다니엘은 먼 미래의 역사를 보았습니다. 하나님이 어떻게 역사를 이끌어가시는지를 보았습니다. 그러기에 오늘의 삶을 잘 준비하였습니다. 이것이 우리에게도 동일합니다. 성경은 오늘의 역사를 말하면서 장차 이뤄질 역사를 말씀하고 있습니다.

보이는 것이 전부가 아니고 보이지 않는 것이 영원함을 아는 것이 바로 믿음입니다. 성경은 우리에게 이 놀라운 진리를 알려주셨습니다. 모든 역사가 하나님의 섭리 가운데 진행됩니다. 마침내 창조경륜이 완성될 때 온 성도가 그 영광의 잔치에 참여하여 만끽할 것입니다.

기도하는 신자의 영광은 모든 것이 하나님의 섭리 가운데 이뤄짐을 알고, 하나님의 뜻을 아는 일이 가장 중요함을 알고 열심을 낸다는 사실입니다. 당장의 모습에 흔들리지 않고 담대하게 믿음의 길을 걸어갑니다.

다니엘이 기도 가운데 보았던 그 역사의 영광은 오늘 기도하는 우리에게도 동일하게 주어집니다. 하나님의 섭리 가운데 있음을 안다면 우리는 보이는 것에 일희일비하지 않습니다. 세상이 감당치 못하는 삶, 즉 믿음을 살아갑니다. 이것이 항상 기도하는 신자에게 주어지는 선물입니다. 이러한 은혜가 충만하기를 소망합니다.

11장

악인들의 최후는 작정되어 있습니다.
믿음 생활 할 때 악인들이 잘 되는 것을 보면
하나님의 일하심이 이해가 되지 않을 때가 있습니다.
도대체 언제까지 악인들을 내버려두시냐고 항의하고 싶어집니다.
그러나 악인들의 최후는 이미 결정되어 있습니다.
하나님이 반드시 그들의 최후를 부끄럽게 하십니다.

참된 것을 볼 수 있는 사람
(단 11:1-20)

남들이 알지 못하는 것을 아는 사람은 행복을 누리기도 하지만 책임도 있습니다. 남들이 보지 못한 것을 본 사람도 같은 위치에 있습니다. 물리적인 것만이 아니라 영적인 것도 동일합니다. 남들이 이해할 수 없는 영적 진리를 아는 사람은 그만큼 복 있는 사람이지만 동시에 책임을 가진 사람입니다. 믿음의 선진들이 그러하였습니다. 우리들이 그렇습니다. 진리를 알고 있는 우리는 행복한 사람이지만, 동시에 영혼을 향한 책임을 가졌습니다. 그래서 말씀을 듣는 시간이 소중합니다. 오늘도 주님의 귀한 말씀이 충만하기를 바랍니다.

다니엘 11장은 10장에서 언급하였던 예언의 실체들을 볼 수 있는 장입니다. 하나님은 메대 사람 다리오 원년에 다리오를 도와서 강하게 만들어 주셨습니다. 그리고 하나님은 앞으로 일어날 일에 대하여 다니엘에게 말씀하십니다. "내가 참된 것을 네게 보이리라"고 말씀하십니다. 다니엘은 참된 것을 볼 수 있는 은혜를 입었습니다. 모두가 보는 것이 아닙니다. 하

교회를 세우는 다니엘 강해

나님이 보여주시고자 작정한 사람만이 볼 수 있습니다.

다니엘은 고레스 왕 3년에 환상을 받았습니다. 본문은 이 환상의 일부라고 할 수 있습니다. 다니엘은 이스라엘로 귀환한 이후의 예루살렘에서 들려오는 소리와 아직도 메대와 바사에 머물고 있는 사람들의 모습을 생각하면서 21일 동안 금식 기도를 하였습니다. 그리고 기도의 응답을 받습니다. 그 내용이 바로 11장입니다. 기도 응답의 역사를 보여주심이 바로 11장입니다. 기도에는 반드시 응답이 있습니다.

다니엘이 본 내용은 세 왕이 일어나고 그다음 네 번째 왕이 일어난다는 사실입니다. 그런데 네 번째 왕은 앞선 세 왕보다 부요하고 강합니다. 그 부요함과 강함을 이용하여 헬라 제국을 칠 것입니다. 네 명의 왕들이 누구인지 명확하지는 않습니다. 그러나 헬라 제국과 싸운 바사(페르시아)의 왕을 생각하면 아하수에로(크세르크세스) 왕일 것입니다. 그런 면에서 네 번째 왕은 에스더의 남편 아하수에로라고 할 수 있습니다. 아하수에로는 헬라와의 전쟁인 살라미스 해전에서 패하였습니다.

그러나 4절의 기록처럼 아하수에로가 강성할 때 나라가 나뉩니다. 자손에게로 돌아가지 않는다는 것은 나라가 망하였음을 의미합니다. 다른 사람에게로 나라가 돌아갑니다. 그 다른 사람은 5절에 기록된 것처럼 남방의 왕입니다. 남방의 군주 가운데 한 사람은 아하수에로보다 강하여 권세를 펼칩니다. 이 강한 권력자는 바로 알렉산드로스 대왕입니다. 그러나 알렉산드로스는 일찍 죽습니다. 그리고 12명의 장군들이 나라를 이어가고 마침내 네 왕국으로 분할됩니다. 8장에서 살펴보았던 장면입니다. 네 나라와 지도자는 마케도니아의 카산드로스, 트라키아와 소아시아의 리시마코스, 시리아의 셀레우코스, 이집트의 프톨레마이오스입니다.

BC 3-2세기의 고대 역사는 크게 남방 왕인 프톨레마이오스 왕국과 북방 왕인 셀레우코스 왕국의 전쟁입니다. 본문 6-8절의 역사는 실제로 이뤄졌습니다. BC 250년경 남방 왕인 프톨레마이오스 2세가 북방 왕인 안티오코스 2세에게 딸 베레니케를 혼인시켜 사돈을 맺습니다. 그런데 공주인 베르니스가 죽게 됩니다. 이때 안티오코스 2세가 첫 아내인 라오디케와 이혼하고 라오디케 자식들의 상속권을 박탈하려는 음모가 있었습니다. 그러나 이 계획이 탄로가 나고 라오디케가 안티오코스 왕과 베레니케 왕비 그리고 그의 자녀들을 독살한 것입니다. 6절 하반절의 말씀처럼 버림을 받습니다.

이때 이집트에서 베레니케의 부친인 프톨레마이오스 2세가 죽습니다. 그리고 베레니케의 오빠가 왕조를 계승합니다. 7절의 말씀처럼 "본 족속에게서 난 자 중의 한 사람"입니다. 그런 후에 베레니케의 오빠는 셀레우코스를 침략합니다. 그리고 전쟁에 승리하고 정복합니다. 그리고 진귀한 노략물을 가지고 이집트로 갑니다. 그리고 8절의 기록처럼 북방 왕은 오랫동안 남방 왕을 치지 못합니다.

그러나 9-20절의 기록처럼 북방 왕이 다시금 남방 왕을 침략합니다. BC 322-175년 사이에 일어난 전쟁 기록입니다. 150여 년에 걸쳐 7명의 셀레우코스 왕이 다스린 역사입니다. 그리고 셀레우코스 4세가 암살당하는 시기까지의 기록입니다. 150여 년에 걸쳐 서로 죽이고 죽이는 끔찍한 전쟁의 역사가 기록됩니다. 한 절 한 절이 역사의 현장을 다루고 있습니다.

9절은 북왕국의 셀레우코스 칼리니코스가 BC 240년에 프톨레마이오스를 공격하였다가 돌아간 사건입니다.

교회를 세우는 다니엘 강해

10절, 북방의 두 왕자인 셀레우코스 케라우노스와 안티오코스 대제가 전쟁을 준비합니다. 케라우노스는 전사하고 안티오코스만 살아서 전쟁을 계속합니다. 안티오코스는 이집트의 국경인 가사까지 점령하였습니다.

11절, 안티오코스의 군사력은 엄청났지만 남왕국의 프톨레마이오스 4세 필로파토르의 지도 아래 북왕국과의 전쟁에서 승리합니다. '그의 손에 넘겨준 바' 되었다는 말의 의미입니다.

12절, 뜻하지 않은 전쟁에서 승리를 한 남방 왕은 기세를 몰아서 북왕국을 침략하지만, 큰 승리를 얻지 못하고 남쪽으로 다시 돌아갑니다. 그리고 평안한 시간을 보냅니다.

13절은 남쪽 왕의 권세가 오래가지 못함을 보여줍니다. 프톨레마이오스 필로파토르가 죽자 4살밖에 안 된 왕자가 왕이 되었습니다. 이것은 북왕국의 기회였습니다.

14절, 남왕국 왕의 죽음과 견고한 지도자 없는 상황이 위기로 작동하였습니다. 이제 마케도니아의 필리포스가 북왕국과 동맹을 맺고 남왕국 내의 반란 세력들과 손을 잡습니다. 이집트 국경에서 반란이 일어났습니다. 그러나 오래가지 못하였습니다. 하나님께서 다니엘에게 보여주신 환상이 사실임을 보여주시고자 역사의 현장에서 착오 없이 일어났습니다.

15절, 북왕국은 시돈에서 결정적인 승리를 얻습니다. 시돈성은 포위되고 토성을 쌓습니다. 남방왕이 이길 수 없는 견고한 방어막이었습니다.

16절, 안티오코스 대제는 강력한 힘을 가진 왕처럼 보였습니다. 팔레스타인을 점령하고 가나안 땅에는 엄청난 핍박을 가했습니다.

17절, 하지만 안티오코스는 이집트를 온전히 정복할 수 없었습니다.

그래서 전략을 바꿉니다. 바로 정략 결혼을 선택합니다. 안티오코스는 자신의 딸인 클레오파트라와 프톨레마이오스 5세를 혼인시킵니다. 안티오코스는 이 결혼을 이집트를 통치할 기회로 삼습니다. 그러나 안티오코스의 생각은 실패하였습니다. 실패의 원인은 바로 딸 클레오파트라였습니다. 5년 동안 클레오파트라는 아버지가 아닌 남편을 도왔습니다. "이루지 못하리니 그에게 무익하리라"라는 17절의 예언처럼 안티오코스에게 무익한 결과만이 주어졌습니다. 사람의 생각대로 역사는 이뤄지지 않습니다. 역사의 주인은 하나님이십니다.

18절, 안티오코스 대제는 이집트를 향한 자신의 계획이 실패로 돌아감을 알고 전략을 수정합니다. 남왕국은 포기하고 지중해의 섬들을 정복하기로 합니다. 그리고 소아시아를 자신의 영토로 편입시키려고 하였습니다. 하지만 이 일도 실패합니다. 로마의 루키우스 스키피오 아시아티쿠스가 안티오코스와의 전쟁에서 크게 승리하였기 때문입니다.

19절, 안티오코스 대제의 패전은 너무나 커서 회복이 불가능하게 되었습니다. 그래서 외치가 아니라 내치에만 전념하게 됩니다. 그렇게 역사에서 사라집니다. 안티오코스의 역할은 딱 여기까지였습니다.

20절, 안티오코스 대제가 죽고 그의 후계자가 된 왕은 셀레우코스 필로파토르입니다. 셀레우코스 필로파토르는 헬리오도로스라는 사신을 예루살렘에 보내어 성전에 있는 자금을 탈취하려고 하였습니다. 그런데 기록에 의하면 헬리오도로스가 환상을 보았는데 악한 짓을 하지 말라고 하였다는 것입니다. 그리고 얼마 있지 않아 셀레우스 필로파토르가 의문의 죽음을 당합니다. 20절의 예언이 성취됩니다. "그는 분노함이나 싸움이 없이 몇 날이 못되어 망할 것이요." 이렇게 지난한 역사는 흘러갑니다.

교회를 세우는 다니엘 강해

21절 이하의 내용은 안티오코스 4세에 집중하여 예언합니다.

안티오코스 4세의 등장을 위한 역사의 흐름을 하나님은 다니엘에게 알려주셨습니다. 이 역사의 흐름을 정확하게 아는 것은 매우 힘든 일입니다. 정확하게 역사의 씨줄과 날줄을 알지 못해도 괜찮습니다. 왜냐하면 본문을 통해서 말씀하시고자 하는 하나님의 뜻은 분명하기 때문입니다. 본문을 통하여 주시는 영적 교훈을 함께 살펴보고자 합니다.

첫째, 하나님의 예언은 역사 가운데 정확하게 성취됩니다. 이 사실은 성경의 거룩함과 위대함을 보여줍니다. 다니엘의 기도에 하나님은 응답하셨습니다. 하나님의 응답은 미래 역사였습니다. 다니엘이 볼 수도 없고 살 수도 없는 역사입니다. 그러나 그 역사를 다니엘은 보았습니다. 하나님은 다니엘에게 참된 것을 볼 수 있는 믿음을 주셨습니다. 다니엘은 놀라운 역사를 보았습니다. 그리고 우리는 그 역사가 실제로 역사 가운데 성취되었음을 봅니다. 하나님이 주신 말씀대로 역사는 성취되었습니다.

이것은 하나님이 역사의 주인 되심과 동시에 성경이 얼마나 위대한 책인지를 알려줍니다. 성경에 기록된 대로 이뤄짐을 보여줍니다. 말씀하신 대로 역사 가운데 성취됩니다. 우리가 잘 알고 있는 클레오파트라가 성경의 예언 속에 존재하였고 역사의 현장에서 실재하였습니다. 이것으로도 성경은 위대한 약속의 책임을 알 수 있습니다.

하나님의 예언은 역사 가운데 정확하게 성취됩니다. 베드로는 성경이 보여주는 하나님의 역사를 기록하였습니다. "그러므로 모든 육체는 풀과 같고 그 모든 영광은 풀의 꽃과 같으니 풀은 마르고 꽃은 떨어지되 오직 주의 말씀은 세세토록 있도다 하였으니 너희에게 전한 복음이 곧 이 말씀 이니라"(벧전 1:24-25)

자연의 모든 역사는 사라집니다. 그러나 주의 말씀은 영원합니다. 약속의 말씀은 역사 속에 살아있습니다. 그리고 역사 가운데 일하시고 구원을 베푸십니다. 하나님은 말씀은 영원합니다. 사람은 그 역사를 볼 수 없지만 성경을 통하여 그 역사를 생각할 수 있습니다. 그리고 성경을 통하여 역사를 해석할 수 있습니다. 다니엘을 통하여 하나님의 말씀은 역사 가운데 반드시 성취됨을 말씀하십니다. 이 사실을 오늘 말씀이 우리에게 교훈합니다. 그러므로 무엇보다도 말씀을 믿어야 합니다. 이러한 은혜가 있기를 소망합니다.

둘째, 세상의 나라들은 하나님 나라를 이루기 위하여 준비된 도구입니다. 다니엘을 통하여 보여주신 세상 나라들의 모습을 봅니다. 마치 우리와 관계없이 움직이고 있는 역사 같습니다. 이름도 생소하고 나라도 생소합니다. 중동의 역사를 다 이해할 수도 없습니다. 이들의 전쟁 이야기가 지금 나에게 무슨 의미가 있는지 의문이 들 수 있습니다. 지금 전 세계에 존재하는 나라들의 역사를 다 아는 사람은 없습니다. 대부분의 역사는 서구의 관점에서 보기도 합니다. 아시아의 역사를 학교에서 종합적으로 배우지 않습니다. 중앙아시아의 역사에 대하여 아는 사람이 얼마나 되겠습니까? 그런데 고대 중동 역사를 아는 것이 무슨 의미가 있겠습니까?

그런데 하나님께서 예루살렘으로 인하여 금식하고 있는 노년의 다니엘에게 예루살렘과 당장 큰 관계가 없어 보이는 역사를 보여주심은 어떤 의

교회를 세우는 다니엘 강해

미가 있는 것입니까? 다니엘이 보았던 역사는 다니엘이 살아야 하는 역사가 아닙니다. 그렇다면 역사를 알려주신 이유가 무엇입니까? 그것은 세상 나라들은 독립적으로 존재하는 것이 아니라 하나님 나라를 이루기 위한 하나님의 도구임을 알려주시기 위함입니다. 그 예표를 다니엘에게 보여주셨습니다. 그리고 모든 그리스도인이 알게 하셨습니다. 하나님은 고난의 현장에 있는 다니엘에게 역사의 미래를 보여주셨습니다. 이미 과거를 살았던 다니엘은 미래의 역사까지 보게 되었습니다. 이것을 잘 생각해야 합니다. 과거와 미래의 주인이신 하나님은 현재의 주인이십니다. 역사의 과거와 미래를 움직이시는 하나님은 오늘을 인도하십니다. 다니엘은 금식하면서 오늘의 문제를 놓고 간구하였습니다. 그런데 하나님은 내일의 모습을 보여주셨습니다. 역사의 주인이신 하나님의 일하심을 보라는 말씀입니다. 다니엘은 이 환상을 통하여 오늘의 문제를 걱정하지 않게 되었습니다.

오늘 우리들 역시 현재를 살고 있습니다. 그런데 우리에게 미래의 모습을 알려주셨습니다. 새 하늘과 새 땅의 모습이 어떠한지 알려주셨습니다. 새 하늘과 새 땅의 상속자가 누구인지 알려주셨습니다. 그렇다면 오늘의 모습도 주님이 지켜주시고 인도하십니다. 새 하늘과 새 땅에 들어가려면 오늘이 없이는 불가능합니다. 그러므로 우리가 오늘의 문제를 놓고 간절히 기도할 때 주님은 기꺼이 응답하십니다. 우리가 기도한 것은 응답된 것으로 믿어야 합니다.

예수님은 오셔서 땅끝까지 복음을 전하라고 하셨습니다. 주님 오실 때까지 복음을 전하라고 하셨습니다. 각 나라와 백성에게 복음을 전하라고 하셨습니다. 온 세상은 함께 붙어있지 않지만, 하나님 나라 안에서 하나

참된 것을 볼 수 있는 사람 (단 11:1-20)

입니다. 세상에서 일어나는 모든 것이 다 하나님의 주권에 있습니다. 하나님의 나라를 위하여 존재합니다. 하나님은 처음과 나중이십니다. 역사의 주인이십니다. 세상에서 어떤 일이 일어나더라도 분명한 것은 하나님의 손이 붙잡고 있다는 사실입니다. 때로는 앞이 깜깜하고 보이지 않는다고 하더라도 걱정하지 않는 이유는 하나님의 주권이 움직이고 있기 때문입니다. 과거와 오늘과 내일이 다 하나님의 주권에 있습니다. 이 사실을 기억해야 합니다. 나의 모든 일이 하나님의 주권에 속합니다. 이것이 우리가 이 세상을 살아가는 능력이 됩니다.

셋째, 모든 역사는 하나님 나라를 향하여 진행됩니다. 모든 역사는 하나님의 역사라는 말은 모든 역사가 하나님의 주권에 따라 움직이는 이야기라는 뜻입니다. 모든 역사는 하나님이 만들고 이루어 가시는 시나리오입니다. 창조와 타락과 구속과 완성이라는 줄기 속에 만들어 가시는 이야기입니다.

클레오파트라의 이야기가 있기에 성경이 존재합니까? 성경에 기록되었기에 클레오파트라가 존재합니까? 모든 역사는 하나님이 말씀하셨기에 존재합니다. 클레오파트라가 태어나기 전에 하나님은 역사 속에 그가 있을 것을 말씀하셨습니다. 하나님께서 역사를 이뤄가시기 위하여 준비하심입니다.

그런 의미에서 역사는 처음과 나중이 분명합니다. 선분적 이야기라고 할 수 있습니다. 처음이 있고 끝이 있습니다. 그리고 목적도 분명합니다. 역사를 해체하려는 우리 시대의 사악한 철학자들의 도발이 있습니다. 그래서 사람들이 역사를 우습게 여깁니다. 그러나 역사는 하나님의 구속의

교회를 세우는 다니엘 강해

이야기기에 결코 해체할 수 없습니다.

모든 역사는 하나님 나라를 향하여 나가고 있습니다. 하나님이 말씀하시고 주권적으로 통치하시면서 마침내 역사의 종점에 이릅니다. 그리고 찬송하리로다라고 노래할 것입니다. 이미 일어난 역사도, 지금 일어나고 있는 역사도 아직 일어나지 않은 역사도 하나님의 이야기 속에 존재합니다. 그리고 이미 말씀하신 이야기대로 완성됩니다. 요한은 이 사실을 알려줍니다.

"보라 내가 속히 오리니 이 두루마리의 예언의 말씀을 지키는 자는 복이 있으리라 하더라"(계 22:7)

말씀하신 대로 속히 오십니다. 그때까지 성경의 말씀을 지켜야 합니다. 성경이 말씀하시는 하나님의 이야기를 잘 살피고 믿음으로 순종하여야 합니다. 이러한 은혜가 우리 모두에게 있기를 소망합니다.

참된 것을 볼 수 있는 사람은 누구일까요? 우리 시대는 배교의 시대입니다. 말씀을 기준으로 삼지 않습니다. 진리를 소망하지 않습니다. 신앙을 문화나 기호로 생각하고 있습니다. 천국과 지옥을 SF로 생각합니다. 이러한 시대에 역사의 주인이신 하나님의 말씀을 믿는 것이 가능할까요?

역사를 예언하시고 그대로 성취하신 이 놀라운 역사가 지금 우리 가운데 일어나고 있음을 믿으십니까? 여러분의 눈에는 하나님의 역사가 보이십니까? 세상의 모든 역사가 하나님의 이야기임을 믿으십니까? 나의 역

참된 것을 볼 수 있는 사람 (단 11:1-20)

사도 하나님의 주권에 속하여 있음을 확신하십니까? 이 모든 것에 "아멘" 할 수 있다면 참으로 복받은 사람입니다. 아멘 할 수 있는 것은 사람의 지혜가 아니라 하나님의 은혜입니다. 주의 은혜가 아니면 아멘 할 수 없는 것이 우리 시대입니다.

하나님은 다니엘에게 다가올 역사를 보여주셨습니다. 다니엘은 금식 기도하는 중에 이 놀라운 은혜를 받았습니다. 역사 가운데 일하신 하나님은 마침내 역사의 종착점에 데려가실 것입니다. 예수 그리스도의 오심을 보게 하셨고 그의 죽으심과 부활하심과 다시 오심이 역사임을 말씀하십니다. 그리고 이 모든 역사는 하나님의 주권으로 성취하십니다. 다니엘이 보았던 역사는 지금 우리가 보고 기다리고 있는 역사입니다. 그러므로 오늘도 역사 가운데 일하시는 하나님을 온전히 믿고 살아갈 수 있어야 합니다. 지금 잘 보이지 않는 것 같아도 두려워하지 말아야 합니다. 의심하지도 말아야 합니다. 하나님은 역사의 주인이시며 우리를 끝까지 사랑하시는 분입니다. 영광의 그날이 우리에게 있습니다. 믿음으로 승리하기를 주님의 이름으로 축복합니다.

교회를 세우는 다니엘 강해

도와줄 자가 없는 자의 멸망
(단 11:20-45)

역사의 흐름을 막을 수 있는 사람은 없습니다. 오직 하나님만이 역사를 주관하십니다. 하나님은 역사의 주인이시기 때문입니다. 그러므로 역사에서 일어난 일은 우연이 없습니다. 모두 하나님의 섭리 가운데 일어난 사건입니다.

다니엘을 통하여 보여준 역사도 이러한 하나님의 섭리하심을 정확하게 보여주고 있습니다. 모든 역사는 그리스도를 향하고 그리스도에서 시작하고 그리스도에서 끝납니다. 그 역사의 현장을 미리 볼 수 있는 장면이 바로 다니엘서입니다.

본문은 셀레우코스 필로파토르의 즉위와 갑작스러운 죽음으로 시작합니다. 그리고 안티오코스 4세 에피파네스의 등장을 보게 됩니다. 이스라엘 역사에 있어서 가장 잔인한 통치를 하였던 안티오코스 4세의 등장은 이제 그리스도가 오심이 가까이 왔음을 의미합니다.

21절 이하의 말씀은 안티오코스 4세 에피파네스의 이야기라 할 수 있습니다. 그가 누구인지, 왜 중요한지 말씀을 통하여 자세하게 살펴보고자 합니다.

21절은 필로파토르의 후계자의 등장을 알립니다. 후계자는 비천한 사람입니다. 나라의 영광이 그에게 주어지지 않습니다. 그러나 그가 평안한 시기를 틈타서 속임수로 그 나라를 얻을 것입니다. 안티오쿠스 에피파네스는 왕으로서의 자질이 없었습니다. 성품도 온전하지 못하였습니다. 그러기에 왕위를 이어받을 수 없지만 모략을 통하여 왕위를 쟁취하였습니다.

22절의 넘치는 물 같은 군대는 애굽 왕조입니다. 안티오코스 에피파네스는 이집트 군대를 물리칩니다. 또한 가까운 지역에 있는 동맹국들도 쳐들어갔습니다.

23절, "그"와 약조를 맺고 거짓을 행합니다. 이 말은 안티오코스 에피파네스가 이집트 왕조와 거짓 동맹을 맺음을 의미합니다. 소수의 백성을 가졌지만, 큰 세력을 가지게 됩니다.

24절, 안티오코스 에피파네스는 그 지방의 가장 기름진 곳, 즉 비옥한 지역에 들어가서 그의 조상들이 하지 못하였던 일을 합니다. 그리고 노략물은 무리에게 흩어 나눠줍니다. 또한 산성들을 칠 것입니다. 그러면서 이집트의 다른 산성들을 점령하고 싶어 합니다.

25-26절, 안티오코스 에피파네스의 군대가 남방, 즉 이집트 왕을 점령하기 위하여 전쟁을 준비합니다. 그리고 이집트가 안티오코스 에피파네스를 대적하지만 크게 패하고 맙니다. 안티오코스 에피파네스의 전략이 뛰어났고 이집트의 내부 분열로 인하여 군대가 흩어지고 많은 군인들이

죽음을 당하게 됩니다.

27절을 보면 두 나라의 왕들이 화해를 목적으로 식사 자리에 앉습니다. 전쟁을 멈추자는 휴전의 의미가 강합니다. 그러나 다니엘에게 보여준 환상을 보면 왕들이 서로에게 거짓말을 합니다. 결국 화해하지 못하고 두 나라는 계속하여 전쟁을 하게 됩니다.

28-29절은 안티오코스 에피파네스가 많은 재물을 가지고 본국으로 돌아가는 장면을 기록합니다. 그는 전쟁에서 승리한 후에 엄청난 약탈물을 가지고 자신의 나라로 돌아갑니다. 다니엘에게 안티오코스 에피파네스가 거룩한 언약을 거스르며, 자기 마음대로 행하는 아주 사악한 모습을 보여줍니다. 그는 다시금 이집트 정복에 나섭니다. 그때가 BC 168년경입니다. 그러나 이전 전쟁과 다른 결과를 가지게 됩니다. 절반의 성공만 합니다.

30절을 보면 안티오코스 에피파네스가 절반의 성공만 거둔 이유를 알 수 있습니다. 바로 깃딤의 배들 때문입니다. 이들이 전쟁을 해 옴으로 이집트와의 전쟁에 전력할 수 없었습니다. 깃딤의 배들은 로마의 군대를 의미합니다. 역사적으로 포필리우스 라이나스가 이끄는 함대를 가리킵니다. 안티오코스 에피파네스는 이집트 정복이 힘들어지자 본국으로 돌아가면서 분풀이를 이스라엘에 퍼붓습니다.

31절은 예루살렘이 안티오코스 에피파네스의 군대에 유린당하는 모습을 보여줍니다. 성소가 더럽혀졌습니다. 매일 드리는 제사를 없애 버렸습니다. 그리고 성소에 우상을 세웠습니다.

32절에서 볼 수 있듯이 언약을 배반하고 악행하는 자를 속임수로 타락시킬 것입니다. 배교한 유대인들을 자기 편으로 만들고 앞잡이로 사용하였습니다. 그러나 여전히 믿음을 가진 경건한 유대인이 있었습니다. 하나님을 아는 유대인들은 안티오코스 에피파네스에 저항하였습니다. 강하여 용맹을 떨쳤다는 의미는 적극적으로 저항함을 의미합니다.

33절, 안티오코스 에피파네스의 강력한 핍박이 있음에도 불구하고 지혜로운 자들이 백성들에게 하나님의 말씀을 가르쳤습니다. 메시아에 대한 소망을 전하는 이들은 안티오코스 에피파네스의 억압정책에 고문과 약탈과 순교를 당하였습니다. 여러 날 동안 혹독한 고난을 겪어야 했습니다.

34절, 고난의 시간이 너무나 길어서 경건한 사람들이 견디지 못할 것처럼 보였습니다. 이때 마카비의 반란이 일어납니다. 하지만 마카비는 경건한 하나님의 사람들을 적극적으로 돕지 않습니다. 그러나 많은 사람들이 마카비 사람들과 함께하였습니다.

35절, 비록 고난이 심하였지만 영적으로 정결케 되는 은혜를 누렸습니다. 연단을 받아 정결하게 되고 마지막 때까지 즉 고난이 끝날 때까지 감당할 수 있게 하였습니다.

여기까지 안티오코스 에피파네스의 역사적인 사실을 기록하고 있습니다. BC 6세기에 BC 2세기의 일을 기록하였는데 정확하게 역사에서 성취되었습니다. 이것은 하나님이 역사의 주인이심을 명백하게 보여주시는 장면입니다. 그리고 36절부터는 조금 다른 안티오코스 에피파네스의 이야기를 합니다. 이것은 8장에서 예언하였던 작은 뿔의 모습입니다. 그런데 작은 뿔은 앞서서 살펴보았듯이 안티오코스 에피파네스를 통해 적그리스도를 지시하는 것이었습니다. 36절에서 12장에 이르기까지는 이러한 중의적 의미가 담겨있음을 기억해야 합니다. 그럼 다시금 36절로 돌아가서 그 의미를 자세하게 살펴보겠습니다.

교회를 세우는 다니엘 강해

36절은 자기 마음대로 행하는 왕의 모습을 서술합니다. 그는 스스로 높여 모든 신보다 크다고 합니다. 신들의 신을 대적합니다. 형통하기를 분노하심이 그칠 때까지 한다는 것은 평생 동안 종교적인 일을 일삼았음을 의미합니다. 안티오코스 에피파네스의 신적 교만입니다. 자신이 하나님보다 크다고 말하고 있습니다. 이것은 적그리스도의 모습입니다.

"그는 대적하는 자라 신이라고 불리는 모든 것과 숭배함을 받는 것
에 대항하여 그 위에 자기를 높이고 하나님의 성전에 앉아 자기를
하나님이라고 내세우느니라"(살후 2:4)

바울은 장차 올 적그리스도가 누구인지를 보여줍니다. 그는 스스로 자신을 하나님이라고 떠벌입니다. 이러한 적그리스도는 역사 속에서 늘 존재하였습니다. 안티오코스 에피파네스가 그러한 사람입니다. 로마의 도미티아누스 황제가 그러합니다. 문선명과 안상홍과 이만희 같은 무리가 그러합니다. 마지막 때에는 자신이 하나님이라고 부르는 이들이 나타납니다. 그 예표를 다니엘을 통하여 보여주셨습니다.

37절은 이 적그리스도의 모습이 어떠한지를 보여줍니다. 여자들이 흠모하는 신은 이집트의 아도니스나 디오니시오스라고 할 수 있습니다. 이렇듯 모든 것보다 스스로 크다고 말합니다. 조상의 신들, 어떤 신도 돌아보지 않습니다.

38-39절에서 아주 독특한 표현이 나옵니다. 자신은 강한 신을 공경한다고 말합니다. 조상들이 알지 못하던 신에게 금은보석과 보물을 드려 공

경할 것이라고 말합니다. 그리고 이 신을 통하여 나라들을 점령하고 자기를 알고 따르는 자들에게 영광을 주고, 나라를 다스리게도 하고, 뇌물을 받고 땅을 나눠 주기도 합니다. 강한 신은 '권력의 신'이라고 할 수 있습니다.

40절은 마지막 때가 언급됩니다. 이때에 남방 왕, 즉 이집트 왕과 북방 왕 안티오코스 에피파네스와 전쟁을 합니다. 그리고 북방 왕 안티오코스 에피파네스의 군대가 승리합니다.

41절, 안티오쿠스 에피파네스는 전쟁의 승리로 영화로운 땅에 들어갑니다. 많은 나라를 패망시킵니다. 그러나 오직 에돔, 모압, 암몬은 그의 손에서 벗어납니다. 그 이유는 이들은 이미 안티오코스 에피파네스에게 항복하였기 때문입니다. 그런데 문제가 발생합니다. 모압은 안티오코스 에피파네스 시대에는 없는 나라입니다. 그렇다면 이 표현은 40절의 마지막 때를 생각하면서 영적으로 해석을 해야 합니다. 이것은 마지막 때에 적그리스도가 나타날 때 그와 연합하여 그리스도인을 대적하는 세력을 의미합니다.

42-44절은 안티오코스 에피파네스의 손에서 피할 자가 없음을 의미합니다. 여러 나라를 정복하였습니다. 이집트도 마찬가지입니다. 이집트의 모든 보화들이 그의 것입니다. 리비아와 구스 사람이 그의 종이 됩니다. 그리고 그를 번민하게 하는 소문, 즉 반란의 시도가 있다는 말을 들으면 즉각적으로 나가서 죽이고 멸망시킵니다.

45절은 절정과 심판을 함께 보여줍니다. 안티오코스 에피파네스의 권력의 절정은 그의 궁전이 바다와 산 사이에 세워집니다. 이것은 거룩한 산 시온산에 세워질 자신의 보좌입니다. 그러나 하나님은 이 절정의 시간에 그를 심판하십니다. 그의 죽음 앞에 아무도 그를 도와줄 수 없습니다.

교회를 세우는 다니엘 강해

다니엘 11장은 역사의 현장에서 나타났던 일련의 사실을 기록합니다. 그렇다면 하나님께서 다니엘에게 단지 역사를 알려주시기 위함일까요? 앞에서 살펴보았듯이 그렇지 않습니다. 역사적 사실을 미리 보여주신 것은 역사의 주인이 하나님이심을 분명하게 보여주시기 위함입니다. 그러나 동시에 역사를 통하여 말씀하시고자 하는 영적인 의미가 담겨있습니다. 즉 예언의 말씀은 이중적 의미를 함의하고 있습니다.

안티오코스 에피파네스의 역사를 향하여 말씀하신 것은 마지막 때에 나타날 적그리스도를 알려주심이라 할 수 있습니다. 안티오쿠스 에피파네스의 모습이 적그리스도의 특징입니다. 자기 마음대로 하며, 하나님보다 더 위에 있는 신이라고 유혹합니다. 이러한 적그리스도는 시대마다 나라마다 나타납니다. 그러므로 깨어 정신을 차리고 있어야 합니다. 이제 본문 말씀이 주고 있는 영적 교훈을 차례대로 살펴보고자 합니다.

첫째, 모든 역사는 하나님이 정한 때를 따라 진행됩니다. 반복되는 말씀이지만, 모든 역사는 하나님의 섭리 가운데 진행됩니다. 사람의 눈으로 볼 때는 역사는 우연의 연속같이 보이지만 그렇지 않습니다. 하나님의 정해진 때를 따라 움직입니다. 하나님이 창세 전에 세우신 시간표대로 운행됩니다. 결코 우연한 역사가 존재하지 않습니다.

안티오코스 에피파네스와 이집트의 전쟁을 통하여 그 사실을 잘 보여주고 있습니다. 27절 말씀을 보면 두 나라가 화해를 하려고 합니다. 하지만 이뤄지지 않습니다. "아직 때가 이르지 않았기" 때문입니다. 29절은

"작정된 기한"에 다시 전쟁을 시작합니다. 36절은 이 사실을 분명하게 보여줍니다. 안티오코스 에피파네스가 자기 멋대로 행하지만 하나님은 작정된 일을 반드시 이루십니다.

역사는 사람이 만드는 것이 아닙니다. 자연적으로 흘러가는 것도 아닙니다. 역사는 하나님의 손 안에 있습니다. 하나님의 섭리가 역사를 움직이십니다. 이 사실은 마지막 때에 안티오코스 에피파네스와 비교할 수 없는 적그리스도가 나타날 것을 의미합니다. 그것은 마지막 때가 시작되었음을 의미합니다. 우리는 예수님의 오심으로 종말이 시작됨을 알 수 있습니다. 현재 우리는 종말의 때를 살고 있습니다. 이때는 안티오코스 에피파네스와 같은 적그리스도가 유혹하고, 고난을 주고, 믿음의 자리에서 떠나게 하려는 온갖 사악한 일을 합니다. 지금 우리가 살고 있는 시대가 그러합니다. 그러나 이 역사도 하나님의 손에 있음을 기억해야 합니다.

둘째, 적그리스도의 최후는 작정되어 있습니다. 적그리스도는 결코 승리자가 될 수 없습니다. 11장 전체를 보면 참으로 암담하게 보입니다. 힘들고 어려운 일들이 믿음 생활 하는 우리 앞에 있습니다. 고난을 당하고 때로는 순교를 당해야 하는 자리에 이를 수 있습니다. 바울은 1차 전도 여행을 마친 후에 쓴 서신에서 고난이 있어서 천국 백성의 삶을 누릴 수 있다고 말하였습니다.

"이는 하나님의 공의로운 심판의 표요 너희로 하여금 하나님의 나라에 합당한 자로 여김을 받게 하려 함이니 그 나라를 위하여 너희가

교회를 세우는 다니엘 강해

또한 고난을 받느니라"(살후 1:5)

하나님 나라를 위하여 고난을 받습니다. 사탄은 예수님을 괴롭혔듯이 그리스도인을 괴롭힙니다. 어떻게 해서라도 믿음의 자리에서 떠나게 합니다. 그 대표적 도구가 바로 고난입니다. 이것이 적그리스도가 행하는 일입니다. 그러나 적그리스도는 결코 승리하지 못합니다.

안티오코스 에피파네스를 생각하면 분명합니다. 그는 의기양양하여서 이집트와 이스라엘을 다 점령하고 세상의 군주가 되리라 생각하였습니다. 그런데 이스라엘에서 마카비 가문의 저항이 일어났습니다. 그는 페르시아를 정복하고 싶어 했습니다. 그런데 자신의 부하가 마카비와의 전쟁에서 패전을 당했다는 소식을 듣습니다. 결국 안티오코스 에피파네스는 실의에 빠졌고 마침내 죽었습니다. 신들의 신이라고 외쳤던 안티오코스 에피파네스가 죽었습니다.

45절의 말씀처럼 "그의 종말이 이르리니 도와줄 자가 없으리라" 이것이 현실입니다. 적그리스도의 세력이 아무리 대단하여도 결코 우리를 이길 수 없습니다.

"그 때에 불법한 자가 나타나리니 주 예수께서 그 입의 기운으로 그를 죽이시고 강림하여 나타나심으로 폐하시리라"(살후 2:8)

이것이 하나님 나라의 역사입니다. 믿음의 역사입니다. 적그리스도는 결코 우리를 이길 수 없습니다. 그리고 저들은 영원한 멸망에 이르게 됩니다. 이 믿음을 굳게 가져야 합니다.

 셋째, 마지막 때에 성도가 가지고 있어야 할 자세는 하나님을 아는 지식과 악에 대한 저항 의식, 그리고 공동체적 가르침입니다. 다니엘은 안티오코스 에피파네스의 핍박 가운데 살아가는 성도의 모습을 기록하고 있습니다. 32절은 하나님을 아는 백성이 강함을 말씀합니다. 어떤 상황에서도 영생을 얻는 길은 하나님을 아는 신앙입니다. 하나님을 아는 일이 고난을 이기게 합니다. 적그리스도의 도전을 견디게 합니다. 욥이 괴로움과 고난 가운데 있을 때 믿음의 자리에서 이탈하지 않고 믿음을 지킬 수 있었던 원동력은 바로 하나님을 아는 지식이 견고하였기 때문입니다. 하나님께서 자신이 가는 길을 알고 있다고 확신하였습니다. 이 믿음이 그를 고난에서 이기게 하였습니다.(욥 23:10)

 또한 하나님을 아는 신앙은 악에 대하여 저항합니다. 31절의 모습처럼 안티오코스 에피파네스는 하나님의 성소를 더럽혔습니다. 그리고 각종 우상으로 하나님을 대적하였습니다. 적그리스도의 세력이 범하는 이런 끔찍한 일이 벌어질 때 성도가 할 일은 불복종하고 저항하는 일입니다. 악에 대한 저항은 그리스도인의 본성입니다. 죄에 지지 말고 선으로 악을 이겨야 합니다. 악을 보고서도 아무런 반응이 없다면 이미 악의 종이 되었기 때문입니다. 악과 우상 숭배에 저항하는 것이 하나님을 아는 신자들의 자세입니다. 하나님을 모욕하는 자에 대한 저항은 가장 신성한 믿음입니다. 이것이 종말이 가까울수록 더욱 심하여집니다. 오늘 우리는 그 현상을 보고 있습니다.

 그리고 하나님의 뜻을 서로 나누고 가르쳐야 합니다. 하나님의 뜻을 아는 일이 고난을 이기고 영광을 보기 때문입니다. 악에 지지 않으려면 공동체의 결속이 너무나 중요합니다. 악의 세력을 이기기가 혼자서는 어렵습니다. 삼겹 줄이 튼튼합니다. 이 일을 위해 모두가 하나님의 뜻을 바르게 알고 있어야 합니다. 33절을 보면 지혜로운 자들이 많은 사람을 가르쳤습니다. 지혜의 가르침을 통하여 고난이 반드시 심판이 아님을 배워야 합니다. 때때로 고난은 순금 같은 신앙으로 나오기 위한 연단의 과정일 수 있습니다.(욥 23:10) 35절의 말씀처럼 연단을 받아 정결하게 될 수 있음을 말해야 합니다. 이것이 종말을 살아가는 성도의 자세입니다. 사단의 발악이 점점 거세어지는 시대에 믿음으로 사는 일은 쉽지 않습니다. 그래서 견고한 신앙을 가져야 합니다. 다양한 유혹에서 이길 힘이 필요합니다.

모든 역사는 그리스도안에서 성취되고 완성됩니다. 그리스도인은 이미와 아직 사이에서 더욱 예수 그리스도의 가르침을 기억하고 알아야 합니다. 구약 성도들이 오실 그리스도를 바라보며 모든 고난을 견디었듯이, 신약 성도들은 다시 오실 그리스도를 기대하며 살아야 합니다.

이 땅에서 아무리 대단한 권세를 가지고 살더라도 개인의 종말을 피할 수 없습니다. 영원한 것이란 이 땅에는 없습니다. 안티오코스 에피파네스의 교만과 죽음을 통하여 하나님이 가르쳐주시는 교훈을 바르게 인식하고 있어야 합니다.

역사의 움직임이 사람의 손에 있지 않습니다. 하나님의 손에 있음을 기억해야 합니다. 나의 삶이 하나님의 주권에 달려있습니다. 주님이 오라 하시면 이 땅에서 그 어떤 영광을 가지고 있더라도 즉시 내려놓게 됩니다. 어떤 권력자라 하더라도 그 영화가 오래가지 못합니다. 곧 무너지고 맙니다.

더구나 악인들의 최후는 작정되어 있습니다. 믿음 생활 할 때 악인들이 잘 되는 것을 보면 하나님의 일하심이 이해가 되지 않을 때가 있습니다. 도대체 언제까지 악인들을 내버려두시냐고 항의하고 싶어집니다. 그러나 악인들의 최후는 이미 결정되어 있습니다. 하나님이 반드시 그들의 최후를 부끄럽게 하십니다. 혹 부유함 속에 죽더라도 역사의 심판과 최후의 심판을 통하여 결정 내리십니다.

그러므로 믿음의 사람은 이러하 현실에 주눅 들 것이 아니라 더욱 하나님을 아는 신앙이 깊어져서 죄악과 싸우고 서로 믿음의 공동체를 세워야 합니다. 이것이 안티오코스 에피파네스의 만행에 대응하였던 선배들의 모습이었으며, 오늘 우리들이 감당해야 할 신앙의 자세입니다. 하나님의 약속을 의지하여 더욱더 믿음의 길을 감당할 수 있기를 주님의 이름으로 축복합니다.

교회를 세우는 다니엘 강해

12장

우리는 땅에 살지만, 하늘을 바라보는 사람입니다.
우리의 시민권이 하늘에 있습니다.
종말의 시간은 우울하지 않습니다.
주님의 오심을 기대하는 시간입니다.
그래서 하루하루를 최선을 다하며 살아갑니다.
이렇게 그리스도인은 영광의 날을 기다리는 사람입니다.

책에 기록된 모든 자의 구원
(단 12:1-4)

11장 45절은 안티오코스 에피파네스의 종말을 말씀하십니다. 이는 장차 올 종말의 시대에 나타날 하나님을 대적하는 세력을 의미합니다. 교만함과 오만함으로 성도들을 괴롭힐 것입니다. 하지만 그의 마지막은 심판입니다.

이제 12장에서 하나님은 다니엘에게 종말에 일어날 일들을 말씀하십니다. 10대에 포로로 와서 팔순 노인이 된 다니엘은 이제 세계의 마지막을 보게 됩니다. 그는 이 땅에서 얼마 살지 못하고 하나님 품에 안기지만 그가 본 환상은 오고 오는 모든 세대에게 들려주시는 하나님의 말씀입니다.

1절은 "그때에"로 시작합니다. "그때"는 종말의 때를 의미합니다. 종말의 때에 네 민족, 즉 이스라엘을 호위하는 큰 군주인 미가엘이 일어납니다. 미가엘은 이스라엘 백성들을 보호하는 임무를 가진 천사장입니다. 미가엘이 등장하는 것은 이스라엘을 괴롭히는 존재가 있음을 함의합니다. 종말의 때에 영적 이스라엘인 그리스도의 교회를 대적하는 자들이 일

교회를 세우는 다니엘 강해

어나서 괴롭히는 일을 할 것임을 말씀하십니다.

"그때"에 엄청난 환난이 있습니다. 개국 이래로 없던 환난이라는 말은 그만큼 엄청나고 끔찍한 환난이라는 의미입니다. 큰 박해가 종말의 시대에 주어집니다. 종말의 시대를 사는 지금 감사하게도 큰 박해가 없지만, 역사 가운데 있었던 박해가 우리에게 올 수 있음을 의미합니다.

그러나 큰 박해가 있어도 구원받기로 작정된 성도는 모두 구원받습니다. "네 백성 중 책에 기록된 모든 자가 구원을 받을 것이요"라고 말씀하십니다. 책은 하늘에 있는 생명책을 의미합니다. 예수님께서 제자들을 전도자로 보낸 후에 전도 상황을 보고받을 때 제자들이 자신이 행한 일로 인하여 기뻐하는 모습을 보고 하신 말씀을 기억해야 합니다. "그러나 귀신들이 너희에게 항복하는 것으로 기뻐하지 말고 너희 이름이 하늘에 기록된 것으로 기뻐하라 하시니라"(눅 10:20) 이름이 하늘에 기록된 것으로 기뻐하라고 하였습니다. 이에 사도 요한은 하늘에 기록된 것이 생명책임을 알려줍니다. "누구든지 생명책에 기록되지 못한 자는 불못에 던져지더라"(계 20:15), "무엇이든지 속된 것이나 가증한 일 또는 거짓말하는 자는 결코 그리로 들어가지 못하되 오직 어린 양의 생명책에 기록된 자들만 들어가리라"(계 21:27)

박해가 있어도 성도들은 모두 구원받습니다. 예수님은 나의 주님이심을 고백하는 자들은 한 사람도 예외 없이 하나님 나라에 들어갑니다.

마지막 날에는 천국 시민이 되는지가 중요한 문제가 됩니다. 이 땅에서 부유하게 살았느냐, 권력을 가지고 살았느냐, 가난하게 살았느냐가 중요하지 않습니다. 생명책에 내 이름이 있느냐가 중요합니다.

2절은 마지막 때에 일어나는 부활의 사건을 말씀합니다. 땅의 티끌 가운데에서 자는 자 중에서 많은 사람이 깨어나 영생을 받는 자가 있고 수치를 당하여 영원히 부끄러움을 당할 자가 있습니다. 자는 것은 죽은 자를 의미합니다. 그들은 모두 부활합니다. 그러나 성도는 영생에 이르는 부활에 이르고 불신자는 영원한 부끄러움에 이르는 부활에 이릅니다. 구원받지 못한 사람은 수치를 당하는 부활을 마지막 날에 보게 됩니다.

3절은 지혜 있는 자가 얻는 복을 말씀합니다. 종말의 심판은 지혜 있는 자에게는 축복의 날입니다. 지혜 있는 자는 궁창의 빛과 같이 빛날 것입니다. 지혜 있는 자가 누구입니까? 11:33은 지혜 있는 자를 보여주고 있습니다. "백성 중에 지혜로운 자들이 많은 사람을 가르칠 것이나 그들이 칼날과 불꽃과 사로잡힘과 약탈을 당하여 여러 날 동안 몰락하리라"

지혜 있는 자들은 박해의 시대, 환난의 시대에 담대하게 하나님의 말씀을 가르치는 사람입니다. 비록 박해로 인하여 순교를 당한다 하더라도 포기하지 않고 복음을 전하는 사람을 의미합니다. 이들에 대하여 하나님은 궁창의 빛과 같이 빛날 것이라고 말씀합니다.

또한 많은 사람을 옳은 데로 돌아오게 하는 사람은 별과 같이 영원토록 빛날 것이라 말씀합니다. 이것은 복음을 전하는 자들입니다. 박해의 시대에 진리를 전하는 사람입니다. 우상숭배의 시대에 유일하신 하나님을 전하는 사람입니다. 점점 교회를 등지는 시대에 끝까지 믿음을 가지고 살아내는 사람입니다. 옳은 데로 이끄는 사람이 적은 시대입니다. 예수 그리스도께로 인도하는 사람에게 하나님은 하늘의 별과 영원토록 빛나는 복을 주십니다.

그런 후에 4절에서 이해하기 어려운 말씀을 하십니다. 그것은 마지막

교회를 세우는 다니엘 강해

때까지 이 말을 간수하고 봉함하라는 명령입니다. 자칫 다니엘만 알고 있으라는 말처럼 들립니다. 그렇다면 오늘 우리들은 다니엘서를 알지 못했을 것입니다. 아무도 알지 못하도록 주신 말씀이 아니라면 무슨 의미입니까? 이 말씀은 고대 페르시아의 관습을 생각하면 이해가 됩니다. 페르시아는 집필된 책을 배포하면 1권은 봉인하여서 도서관에 비치합니다. 그래서 오고 오는 모든 사람들이 다니엘서를 읽을 수 있게 되었습니다. 모든 사람들이 하나님의 뜻을 알고 종말의 시대를 준비하기 위함입니다.

마지막 4절은 "많은 사람이 빨리 왕래하며 지식을 더하리라"라고 기록합니다. 이 말씀으로 인하여 많은 해석이 존재하였습니다. 빨리 왕래하는 것은 기차라고 말하기도 하고, 비행기라고 말하기도 합니다. 그러나 지금에 와서는 그렇게 돌아다니면서 지식을 얻을 필요가 없습니다. 인터넷 세상에서 무궁무진한 지식이 있기 때문입니다. 이제 사람들이 빠르게 인터넷으로 들어왔다 나갔다 하면서 온갖 지식을 얻고 있음을 봅니다.

하지만 참된 지혜, 구원 얻는 지식을 얻을 수 없습니다. 참된 지식은 여호와를 경외하는 자에게 주어지기 때문입니다.(잠 1:7) 사람들은 하나님의 말씀을 듣는 것을 싫어하므로 구원의 길에 이르지 못합니다. 말씀을 떠나면 사람들은 체험과 간증을 따릅니다. 하지만 체험과 간증과 경험이 그리스도를 아는 지식에 이를 수 없습니다. 바른 교리를 배우고자 하지 않는 시대는 진리에서 멀어진 시대입니다. 그러므로 교회는 더욱 힘써 시대의 문화와 싸우고 진리의 말씀을 끝까지 전하는 일에 힘을 다해야 합니다. 성도는 무엇보다도 말씀을 듣고 배우기 위하여 열심히 다녀야 합니다.

종말의 시대가 왔습니다. 예수님의 초림으로 우리는 종말의 시대를 살고 있습니다. 안티오코스 에피파네스 못지않은 박해들이 역사 가운데 있었습니다. 로마의 10대 박해도 있었습니다. 공산주의 세력에 의한 박해도 있습니다. 또한 이슬람과 힌두교도의 박해도 여전히 존재하고 있습니다. 물론 여기에는 선교에 있어서 강압적인 방법으로 행한 불편함이 있었기에 나타나는 박해도 있습니다. 예를 들자면 중국 선교에 있어서 선교사들을 통하여 묵인된 아편전쟁과 같은 실수입니다. 그러나 여전히 복음이 증거되는 곳에는 박해가 있습니다. 천국에 들어가려면 고난을 통과해야 한다는 말씀이 현실입니다.

더구나 현 시대는 자본주의가 우상이 되었습니다. 자본의 공격에 여지없이 무너지고 있는 세상입니다. 이제는 탈교회 현상이 한국 교회에도 급속히 진행되고 있습니다. 예수 믿음이 기득권을 가졌던 시대가 저물어 가고 있습니다. 이러한 시대에 다니엘에게 주신 말씀은 큰 교훈이 됩니다. 종말의 시대를 우리는 어떻게 살아야 합니까?

첫째, 종말의 시대에 여전히 하나님의 보호하심이 있음을 기억해야 합니다. 미가엘 천사를 통하여 보호하신 하나님은 오늘도 우리를 보호하십니다. 여전히 천사들을 통하여 우리를 지키시고 보호하십니다. 예수 믿는 우리에게 성령이 임재하십니다. 우리 안에 계신 성령이 우리를 끝까지 인도하시고 보호하십니다. 또한 영적인 박해에 미가엘 천사가 우리를 지키시고 보호하여 주십니다. 그러므로 박해와 고난이 있다고 두려워할 필요가 없습니다. 주님의 도우심이 함께하십니다. 우리가 어디에 있든지 무엇을 하든지 주의 손이 우리와 함께함을 기억하시고 항상 주님을 부르시기 바랍니다. 우리의 가는 길을 아시는 주님께서 변함없는 사랑으로 우리를 인도하십니다. 그러므로 우리가 무엇보다도 힘쓸 일은 기도입니다. 기도

교회를 세우는 다니엘 강해

할 때 미가엘이 일어납니다. 우리가 기도할 때 성령께서 우리와 함께하십니다. 기도할 때 하나님이 우리를 보호하고 계심을 알게 됩니다. 힘을 다해 기도하기를 소망합니다.

둘째, 성도는 반드시 종말을 이기고 부활의 영광에 들어갑니다. 성도는 생명책에 기록된 사람입니다. 생명책에 기록되면 누구도 그 이름을 지울 수 없습니다. 우리를 구원하신 그리스도의 보혈로 쓰여진 이름입니다. 우리의 행위와 선함이 아닙니다. 그리스도의 십자가의 보혈이 생명책에 기록되게 하였습니다. 성도의 자존감은 보이는 것이 전부가 아닙니다. 보이지 않지만 영원한 것인 부활의 약속입니다. 모든 사람이 죽으면 티끌로 돌아갑니다. 흙에서 흙으로 돌아가는 것이 우리의 육신입니다. 그러나 인격의 중심인 영혼은 하나님 앞에 서게 됩니다. 그리고 마지막 날 영혼과 티끌이 하나가 되는 부활을 누리게 됩니다.

이때까지 종말이 주는 고통을 당할 수 있습니다. 때로는 박해를 당하기도 합니다. 육체적인 고난을 겪기도 합니다. 정신적인 아픔을 당하기도 합니다. 사탄의 다양한 유혹에 넘어가기도 합니다. 하지만 성도는 종말을 견디어 냅니다. 이기어 냅니다. 그리고 부활의 영광을 봅니다. 그것도 영생의 부활입니다. 영생의 부활을 누립니다. 둘째 사망에 이르지 않습니다. 영원한 부활에 이릅니다. 이것이 다니엘을 통하여 우리에게 들려주시는 하나님의 약속입니다. 우리는 이 믿음으로 살아가는 존재입니다.

셋째, 종말의 때를 사는 신앙은 그리스도를 아는 지식과 전하는 일을

감당하며 살아갑니다. 종말을 아는 것은 오직 말씀을 들은 사람만이 압니다. 이미 BC 6세기에 BC 2세기의 역사를 알려주셨습니다. 그리고 역사의 진행을 통하여 이루어질 종말의 때를 말씀하셨습니다. 그리스도인은 종말의 시대가 어떻게 올 것인지를 배웠습니다. 그리고 반복해서 전달되었습니다. 교회를 통하여 이 일이 가르쳐졌습니다. 종말의 때는 갑자기 온 것이 아니라 하나님이 미리 알려주심입니다. 이것은 종말의 때를 준비하라는 말씀입니다.

종말의 때는 안티오코스 에피파네스 때의 지혜자들처럼 그리스도를 아는 지식에 열심을 내야 합니다. 영생에 이르는 길이 그리스도를 아는 지식에 있습니다. 사도들은 그리스도를 아는 지식에서 자라 갈 것을 가르쳤습니다. 이것이 종말의 때, 유혹과 고난의 시기를 이기는 능력이기 때문입니다.

그리고 가르치고 전해야 합니다. 예수님께서 제자들에게 주신 명령이 세상 끝까지 가르쳐 지키게 하라는 명령이었습니다.(마 28:20) 그래서 미혹의 영에 사로잡히지 않도록 해야 합니다. 주님이 주시는 복을 잃어버리지 않게 해야 합니다. 주님의 사랑을 품고 살아갈 수 있게 해야 합니다. 이것이 종말의 시대를 살아가는 성도의 자세입니다.

예수님은 성도를 향하여 세상의 빛과 소금이라고 하셨습니다. 이 말은 사람들로 하여금 옳은 데로 돌아오게 하는 존재라는 의미입니다. 빛을 보고 어둠에서 벗어나게 해야 합니다. 소금으로 부패를 막고 거룩한 삶을 살 수 있도록 도와야 합니다. 우리 시대는 술과 마약 등으로 몸이 부패해지고 있습니다. 절제하지 못함으로 부패한 모습이 되어가고 있습니다. 사람들은 부패를 촉진하는 쾌락을 누리고자 교회를 떠나기도 합니다. 물론 교회의 부패한 모습이 성도로 하여금 떠나게 하기도 합니다. 이것은 참으로 슬픈 일입니다. 하지만 일반적으로는 전자의 모습이 훨씬 많습니다. 이러한 시대에 옳은 데로 이끄는 삶을 잘 감당할 수 있어야 합니다.

넷째, 성도는 영원토록 빛나는 별임을 기억해야 합니다. 종말의 때를 이기는 성도에게는 영생의 선물이 주어집니다. 그리고 하늘의 별과 같이 영원히 빛나게 하십니다. 이것은 하나님의 약속입니다. 이 땅의 것은 잠시 있다 사라집니다. 아무리 아름다운 외모라 할지라도 유지하는 것은 한계가 있습니다. 계속해서 시술을 한다고 해결되는 것이 아닙니다. 잠시는 유지할 수 있지만 무너지게 됩니다. 권력과 물질도 마찬가지입니다. 화무십일홍이라는 말이 있습니다. 열흘 붉은 꽃이 없다는 의미입니다. 어떤 권세도 곧 지게 되어있습니다. 역사상 악독한 독재자들이 잠시 설치다가 죽었습니다. 지식도 동일합니다. 다 사라집니다. 붙잡고 있을 것이 없습니다.

그런데 복음을 전하며 사는 성도를 향하여 영원토록 빛나는 별이 되게 하신다고 약속하셨습니다. 영원하신 하나님이 영원토록 기억하신다는 의미입니다. 예수님을 믿고 살면 그런 은혜를 주십니다. 오직 한 가지, 십자가에서 나의 죄를 위하여 죽으시고 부활하신 예수님을 믿으면 그 믿음으로 우리를 하늘의 별처럼 여겨주십니다. 이러한 은혜를 받은 여러분을 축복합니다.

우리는 종말의 시간을 살고 있습니다. 다양한 적그리스도의 세력이 미혹하고 조롱하고 때로는 박해하는 시대입니다. 예수 믿지 않는 가정에 들어가서 믿음을 가지고 사실 때 얼마나 힘들었습니까? 예수 믿지 않는 기업에 들어가서 믿음을 가지고 살 때 얼마나 괴로웠겠습니까? 주님이 그 길을 아십니다. 그리고 믿음을 지키고 인내하신 여러분을 하나님은 하늘의 영원한 별처럼 존중히 여겨주십니다.

우리는 종말의 때를 지내야 합니다. 피하여 갈 수 없습니다. 그러나 혼자 가는 길이 아닙니다. 주의 천사가 우리를 보호하십니다. 그리고 믿음의 성도가 함께합니다. 이 사실을 기억하시면서 믿음의 길을 감당해야 합니다. 무엇보다 말씀을 최고의 음식으로 알고 날마다 먹어야 합니다. 어떠한 어려움이 있더라도 순금 같은 신앙으로 나오는 과정임을 기억해야 합니다. 그리고 나에게 주어진 오늘을 믿음의 공동체와 함께 걸어가야 합니다. 함께 기도하고, 함께 사랑하고, 서로 돌아보고, 서로 나누며 살 수 있어야 합니다. 이것이 종말의 시대를 살아가는 방법입니다. 이러한 은혜가 삶으로 나타나기를 주님의 이름으로 축복합니다.

너는 마지막을 기다리라
(단 12:5-13)

인생의 마지막을 기다리는 사람의 마음은 어떨까요? 세상의 마지막을 아는 사람의 마음은 어떨까요? 5분 뒤의 일도 알지 못하는데 세상의 마지막을 알 때 그 마음은 어떨까요? 본문은 다니엘에게 마지막을 알려주면서 마지막을 기다리라고 말씀합니다. 말씀하시는 하나님의 뜻을 알아갈 수 있기를 소망합니다.

본문은 다니엘서의 마지막 부분입니다. 그리고 가장 난해한 숫자로 기록되어 있습니다. 한 때 두 때 반 때(7절), 1290일(11절)과 1335일(12절)입니다. 이러한 숫자가 의미하는 것이 무엇인지 바르게 이해할 때 본문이 말씀하는 교훈을 바르게 이해할 수 있습니다.

다니엘은 강을 두고 서로 다른 쪽에 있는 두 천사를 봅니다. 그중 한 천사가 세마포 옷을 입은 자, 즉 강물 위쪽에 있는 분에게 이르러서 이 놀라운 일의 끝이 언제냐고 묻습니다.(5-6절) 이 사람은 성자 하나님의 현현이라고 할 수 있습니다. 성육신 전 예수님의 나타나심입니다. 성자 하나님은 강물 위에 계십니다. 예수님이 성육신 전에 나타난 모든 피조 세계의 주인이심을 보여주시는 장면입니다.(막 6:48)

다니엘은 천사의 질문에 답을 하시는 주님의 소리를 듣습니다. 세마포 옷을 입고 강물 위쪽에 있는 자, 즉 성육신 이전의 예수님께서 좌우의 손을 들어서 하늘을 향하여 영원히 살아계시는 분, 즉 하나님께 맹세하며 말씀합니다. 두 손을 들어서 맹세하는 것은 매우 엄숙한 태도입니다. 지금 다니엘이 듣고 보고 있는 것은 매우 중대한 맹세임을 나타냅니다.

주님은 한 때 두 때 반 때가 지나서 성도의 권세가 다 깨지기까지 하니 그렇게 되면 모든 일이 다 끝난다고 말씀하십니다.(7절) 이미 7:25에서 알려주었던 말씀입니다. 다시 한번 기억하자면 이 시간은 3년 6개월을 의미합니다. 그렇다고 단지 숫자상의 날짜를 의미하는 것이 아니라 "때"에 대한 말씀입니다. 즉 상징적으로 예수님의 초림부터 재림까지의 기간인 종말의 시간을 의미합니다.

이때는 성도의 권세가 깨집니다. 앞서 7:25의 말씀을 인용한다면 하나님을 대적하고, 성도를 괴롭게 하고, 또 때와 법을 변개합니다. 즉 자연법과 도덕법을 자기 마음대로 바꾸는 행위입니다. 하나님의 형상으로서의 인간의 존재를 사람의 기호로 바꾸는 행위입니다. 종말의 때에 교회는 힘들어지고 성도들의 신앙은 각종 유혹과 핍박에 무너집니다. 마치 적그리스도의 세력이 승리한 것처럼 보입니다. 그것이 바로 한 때 두 때 반 때입니다. 미래의 일입니다.

이 말은 쉽게 이해되지 않습니다. 다니엘도 이해가 되지 않았습니다. 다니엘은 강물 위쪽에 있는 분, 즉 주님께 질문을 합니다. "내 주여, 내가 듣고도 깨닫지 못하였는데 이 일의 결말은 어떻게 됩니까?"(8절) 다니엘은 "일의 결말"을 알고 싶어합니다. 어떤 결론이 날지 알고 싶어 합니다.

주님은 다니엘의 질문에 답을 하십니다. 그런데 동문서답 같은 답을 하십니다. 다니엘에게 이 말을 마지막까지 간수하고 봉함하라고 말씀하십니다.(9절) 결말을 알려주지 않고 들은 말을 간수하라고 하신 이유가 무엇일까요? 그것은 종말의 때가 다니엘의 생애에 일어나지 않기 때문입니다. 다니엘은 종말의 때를 알려주어야 할 책임만 있습니다. 그리스도의 오심을 준비하는 소명이 다니엘에게 주어졌지, 종말의 결말을 알 필요가 없습니다. 이 말씀은 성경이 기록된 이유를 분명하게 보여줍니다. 성경은 개인의 호기심을 채우고자 주신 것이 아니라 그리스도를 중심으로 한 하나님 나라의 이야기이기 때문입니다. 물론 그때의 징조는 어떻게 나타날지를 말씀합니다. 마태복음 24장의 종말의 모습이 잘 보여줍니다. 또한 요한계시록이 말씀하고 있는 적그리스도의 출현과 핍박이 있습니다.

많은 사람이 연단을 받고 스스로 정결하게 하며 희게 할 것이나 악한 사람은 악을 행할 것이라고 알려주십니다. 악인들은 아무것도 깨닫지 못할 것이지만, 오직 지혜 있는 자가 깨닫고 정결한 신앙으로 나올 것이라는 말씀입니다.(10절) 이 말씀은 종말에 있을 박해와 환란이 있음을 의미합니다. 악인들의 악행이 교회와 성도를 향하여 주어짐을 알려주십니다. 다니엘은 그 박해를 겪지 않지만, 종말의 성도들은 겪어야 합니다. 그러나 지혜 있는 성도는 고난을 이기고 순금 같은 신앙으로 나오게 됩니다.

그러면서 의미심장한 숫자를 알려주십니다. 매일 드리는 제사를 폐하고 멸망하게 할 가증할 것, 즉 우상을 세울 때부터 1290일이 지날 것이라고 강조하십니다. 그러면서 기다려서 1335일까지 기다리는 사람은 복 있다고 말씀하십니다. 1290일은 3년 6개월에 30일을 더한 시간입니다. 그리고 1335일은 3년 6개월에 75일을 더한 시간입니다. 이렇게 말씀하신 이유가 무엇인지 명확하게 알 수 없습니다. 고대사 연구에 의하면 당시에 사용된 달력 가운데 태음력으로 계산하면 3년 6개월은 윤달이 포함된 1290일이 됩니다. 즉 한 때 두 때 반 때와 1290일은 같은 날이라고 할 수 있습니다.

반면에 1335일은 어떤 의미인지 더 어렵습니다. 어떤 이들은 1290일에서 45일의 날짜를 더 둔 이유는 주님의 재림이 더디 온다고 할지라도 의심하지 말고 인내하여야 한다는 의미로 생각합니다. 즉 참고 견디라, 포기치 말고 45일만 더 기다리라는 의미가 담겨있다고 할 수 있습니다. 그런 후에 사람으로 나타난 성자 하나님은 다니엘에게 가서 마지막을 기다리라고 하십니다. 그리고 다니엘에게 평안히 쉬다가 끝 날에 네 몫을 누릴 것이라고 말씀하십니다.(13절)

초림과 재림 사이의 시대, 즉 종말의 시대를 살아갈 성도들의 삶은 결코 평탄하지 않습니다. 사탄의 발악으로 인하여 악한 자들의 박해와 핍박이 있기 때문입니다. 예수님이 오신 이후부터 교회를 향한 박해는 끊임이 없었습니다. 사탄의 유혹은 더욱 지능적이 되었습니다. 지금은 물질과 성공과 쾌락으로 성도를 유혹하여 믿음의 자리에서 떠나게 합니다.

하나님은 다니엘에게 이러한 시대를 살겠지만 조금만 인내하고 기다리라고 말씀하십니다. 그러면 주의 영광을 봅니다. 예수님은 끝까지 견디는 자가 구원을 얻는다고 말씀하셨습니다.(마 24:13) 나이 많은 다니엘이 이 말씀을 받았을 때 많은 생각이 들었을 것입니다. 바벨론에서 페르시아에 이르는 시간 동안 지켜온 믿음이 얼마나 귀한 것인지 다시금 깨달았을 것입니다. 그리고 평안을 약속하시는 하나님의 은혜에 감사하였을 것입니다. 다니엘이 받은 약속은 종말의 시대를 견딘 모든 성도에게 주어집니다.

이것이 다니엘서의 마지막입니다. 쉽게 이해가 되지 않는 부분도 있습니다. 그러나 끝 날이 있고, 끝 날까지 견디라, 조금만 더 참으라는 말씀은 분명합니다. 다니엘의 마지막 말씀이 주는 가르침을 통하여 우리는 어떻게 살아야 할 것인지 은혜를 나누고자 합니다.

첫째, 종말의 시대는 고난의 시간이지만 영원하지 않습니다. 고난의 끝은 약속되어 있습니다. 종말의 시간을 사는 우리들이 고난을 겪어야 합니다. 말세에는 고통하는 때가 있습니다. 복음과 함께 고난을 받을 수 있습니다. 그러나 영원하지 않습니다. 한 때 두 때 반 때입니다. 아무리 길어도 45일입니다. 이 숫자는 고난의 시간은 정해져 있다는 의미입니다. 그리고 1290일이 지나면 주님은 재림하십니다.

그리고 이 땅에서 겪어야 했던 모든 서러움과 아픔과 슬픔과 박해와 고난과 핍박, 조롱이 다 씻어지는 평화가 옵니다. 이 시간은 도둑이 쳐들어옴과 같이 순식간에 옵니다. 하나님은 이 놀라운 사실을 다니엘을 통하여 미리 알려 주셨습니다. 믿음의 사람은 다가오는 고난에 절망하지 않습니다. 잠시 후면 끝남을 알기 때문입니다. 그리고 주님이 주시는 평안을 영원토록 누림을 알고 있습니다. 앞선 믿음의 선배들이 이 길을 걸어갔습니다. 팔순 노구의 다니엘이 그 길을 보았고, 우리에게 알려주었습니다. 이에 우리가 바통을 이어받아서 믿음의 길을 가야 합니다. 이러한 믿음의 자세가 있기를 소망합니다.

둘째, 종말의 시대는 말씀으로 인내할 때 승리합니다. 인생은 인내의 과정임이 분명합니다. 10절의 말씀처럼 지혜 있는 자들은 압니다. 여기서 지혜 있는 자들은 하나님을 경외하는 성도입니다. 하나님을 경외함이 지혜의 근본입니다. 이러한 지혜는 종말의 시대에 다가오는 고난을 이길 힘을 줍니다. 베드로 사도께서 당부하신 말씀이 있습니다.

"너희는 말세에 나타내기로 예비하신 구원을 얻기 위하여 믿음으로 말미암아 하나님의 능력으로 보호하심을 받았느니라 그러므로 너희가 이제 여러 가지 시험으로 말미암아 잠깐 근심하게 되지 않을 수 없으나 오히려 크게 기뻐하는도다 너희 믿음의 확실함은 불로 연단하여도 없어질 금보다 더 귀하여 예수 그리스도께서 나타나실 때에 칭찬과 영광과 존귀를 얻게 할 것이니라"(벧전 1:5-7)

믿음의 확실함이 금보다 귀합니다. 고난을 견딜 수 있는 믿음이 주님이 재림하실 때 칭찬과 영광과 존귀를 얻게 하기 때문입니다. 그러므로 말씀과 함께 인내하는 일이 우리의 자세입니다. 십자가 없는 면류관이 없음을 우리는 반복하여 듣고 있습니다. 그것은 진리이기 때문입니다. 진리는 사라지지 않습니다. 그리고 마침내 영광을 누리게 합니다. 그러므로 조금만

교회를 세우는 다니엘 강해

인내하신다면 하나님이 주시는 복이 있습니다.

신앙의 여정은 인내의 시간입니다. 우리의 삶에 찾아온 각종 어려움은 우리를 믿음의 자리에서 떨어지게 하려고 합니다. 이때 쉽지 않은 갈등과 고민과 두려움이 있을 수 있습니다. 그러나 믿음으로 조금만 더 참으시기 바랍니다. 모든 것이 해결되는 약속의 날, 재림의 날이 옵니다. 우리에게 약속된 그 영광이 옵니다.

약속의 날을 기다리는 성도의 자세는 항상 말씀을 확신하고, 인내하는 일입니다. 오래 참을 수 있도록 성령의 도우심을 구하고, 구하는 일입니다. 말씀으로 인내하는 자세가 종말의 시대를 건너게 합니다. 그리고 마침내 영광의 나라를 맞이하게 됩니다. 이러한 은혜가 우리 가운데 넘치기를 소망합니다.

셋째, 그리스도인은 땅에 살지만, 하늘을 바라보며 마지막을 기다리는 사람입니다. 그리스도인은 현재를 살지만, 항상 마지막을 기다리는 사람입니다. 현세를 살지만, 내세를 바라보는 사람입니다. 그러므로 보이는 것이 전부가 아님을 알고, 보이지 않지만 영원한 나라를 바라보며 살아갑니다.

때때로 현실을 보면 힘들고 어려울 때가 있습니다. 개인의 모습만이 아니라 나라와 세계의 모습에서도 희망을 찾아볼 수 없는 소식들이 들립니다. 온도가 1.5도만 더 높아지면 전 세계적인 재앙이 온다는 소리를 듣습니다. 그런데 이러한 경고에도 아랑곳없이 전쟁을 일삼고 있는 현실을 봅니다. 엄청난 폭탄이 터지는 세상에 1.5도를 과연 낮출 수 있을까요? 암울

한 이야기를 들으면 삶의 의지가 꺾이기도 합니다. 더구나 경제적 지표는 많은 젊은이에게 결혼, 자녀를 포기하게 합니다. 지금의 현실이 변화 없이 지속된다면 30년 뒤의 한국 사회는 끔찍할 것이라는 소리를 듣습니다. 살 의욕이 없는 세상입니다.

그러나 그리스도인에게는 이 세상이 전부가 아님을 우리가 알고 있습니다. 주님께서 새롭게 하실 새 하늘과 새 땅이 있습니다. 우리는 그 나라를 바라보며 오늘을 살아갑니다. 그리고 주님이 약속하시는 영광과 평안이 있습니다. 그리스도인은 누구든지 이 영광의 선물을 받습니다.

그래서 우리는 땅에 살지만, 하늘을 바라보는 사람입니다. 우리의 시민권이 하늘에 있습니다. 종말의 시간은 우울하지 않습니다. 주님의 오심을 기대하는 시간입니다. 그래서 하루하루를 최선을 다하며 살아갑니다. 이렇게 그리스도인은 영광의 날을 기다리는 사람입니다. 마지막이란 가장 큰 축제가 있는 날입니다. 어린양의 혼인잔치에 참여하는 날입니다. 그 날을 바라보면서 이미와 아직의 현재를 살아갑니다. 그래서 누구보다도 열심을 다하여 살고, 최선을 다해 살아갑니다. 하나님의 나라와 의를 구하는 삶이 멈추지 않습니다. 이러한 아름다운 삶이 충만하기를 소망합니다.

다니엘을 통하여 하나님은 모든 그리스도인에게 영적 진리를 분명하게 말씀하셨습니다. 그것은 종말의 시대가 올 것이라는 사실입니다. 그러나 영원하지 않습니다. 잠깐이지만, 고난과 핍박과 환난이 있습니다. 이 시기는 반드시 거쳐야 합니다. 통과하지 않고 갈 수 없습니다. 그래서 하나님은 말씀과 함께 인내를 말씀하십니다. 조금만 참으라고 말씀하십니다. 비록 더딜지라도 때가 이르면 오시기 때문입니다. 그 역사적 실체가 예수

교회를 세우는 다니엘 강해

님의 초림입니다. 에수님의 초림은 다시 오실 예수님을 바라보게 합니다. 말씀대로 오신 예수님은 말씀대로 죽으셨고, 말씀대로 부활하셨으며 말씀대로 승천하시고 말씀대로 재림하십니다.

주님은 앞에 있는 즐거움을 위하여 십자가의 모든 고난을 감당하셨습니다(히 12:2). 신자는 주님이 가신 길을 따라가는 사람입니다. 자기의 소견대로 신앙 생활 하는 것이 아닙니다. 예수님이 말씀하신 대로 자기 십자가를 지고 예수님을 따릅니다. 예수 믿음은 십자가를 자랑하면서 말씀이 명하는 대로 살아갑니다.

이 사실을 바라보면서 오늘도 믿음의 길을 담대하게 걸어갈 수 있기를 소망합니다. 사람을 보며 세상을 보는 것이 아니라 주님의 약속을 붙잡고 종말의 시간을 이겨낼 수 있어야 합니다. 잠시 잠깐 후면 오실 예수님을 다 같이 바라보면서 오늘을 이겨낼 수 있기를 주님의 이름으로 축복합니다.

함께 읽으면 좋은 우리시대 책

교회를 세우는 요한계시록 강해
Today's Sermon Series
신동식 저 | 38,000원 | 688쪽
요한계시록은 교회를 세우기 위하여 주신 하나님의 말씀이라는 관점에서 개혁신학과
기독교 세계관에 기반하여 요한계시록 전체를 강해한 설교집이다.
저자가 담임목사로 시무하는 빛과소금교회에서 65회에 걸쳐 한 요한계시록 연속강해설교를
다듬어 책으로 펴냈다. 난해한 말씀을 정확하고 균형 있게 해석하면서 일관되게 적용하여
듣는 회중이 쉽게 받아들일 수 있도록 한 설교자의 노력이 녹아 있다.
모든 교회와 성도들의 유익을 위한 책이며, 설교자의 소명을 감당하고 있는 이들에게도
귀중한 참조점이 될 것이다.

도피 성도
교회로부터 도피하는 그리스도인들에게 보내는 부탁
신동식 저 | 12,000원 | 244쪽
한국 교회로부터 도피하여 세상으로 향하고 있는 그리스도인들에 대하여 교회적
신학적으로 접근하여 현실을 담담히 기술하며, 오늘날 빚어진 사태는 개개인의 문제가
아니라 교회와 성도, 목회자 모두가 함께 만들어낸 일이라고 말한다.
그로부터 자연히 교회와 성도, 목회자의 총체적인 개혁이 일어나야 한국 교회가
회복될 것이라는 결론을 얻은 저자는 그 회복을 위하여 각자 무엇을 어떻게 준비해야
할지 실천적인 대안을 제시한다.

구원, 길을 찾다
하나님이 하신 극히 아름다운 일
신동식 저 | 12,000원 | 218쪽
교회를 잘못된 가르침으로부터 돌이켜 세운 종교개혁의 태동은 구원의 문제에 관한
성경적인 이해를 되찾는 것으로부터 시작되었다. 오늘날의 교회는 외적으로는 성장했으나
내적 성숙에 힘쓰지 못한 결과가 나타나 많은 혼란을 겪고 있다. 정보가 범람하는 시대에
일반 성도들은 왜곡된 신학에 무방비로 노출되어 있다. 이 책은 성경에 계시된 믿음과
구원의 관계에 대하여 쉽고 분명하게 가르쳐 준다.

'우리시대'는 기독교 세계관으로 시대를 밝힙니다.

비전
첫째, 정직한 질문에 정직한 답변을 줍니다.
둘째, 균형 잡힌 그리스도인을 세우는 일을 합니다.
셋째, 다음 세대를 준비합니다.
넷째, 변방에서 중심을 깨우는 일을 합니다.

목표
1. 도서를 통해 양식을 보급하고 지식을 확산합니다.
2. 치우침 없이 균형 잡힌 출판을 합니다.
3. 정직하게 벌어서 평등하게 나누고 정의롭게 사용합니다.
4. 여러 매체를 활용하여 지식 확산에 기여합니다.

Today's Sermon Series
교회를 세우는 다니엘 강해

글쓴이: 신동식
펴낸날: 2024년 6월 28일 초판 1쇄
펴낸이: 신덕례
편집: 권혜영
교열교정: 허우주
디자인: 김선
유통: 기독교출판유통
펴낸곳: 우리시대

경기 고양시 덕양구 마상로 102번길 53
SNS f: woorigeneration
Email: woorigeneration@gmail.com

ISBN 979-11-85972-61-9
ISBN 979-11-85972-47-3 (세트)

값 16,000원